CYNDI BRANNEN

Entrando na Caverna de HÉCATE

A jornada através da escuridão rumo à plenitude

CB123924

Tradução
Karina Gercke

ALFABETO

Publicado originalmente pela Weiser Books, e impresso pela Red Wheel/Weiser, llc. 2023
Publicado no Brasil pela Editora Alfabeto, 2024.

Direção Editorial: Edmilson Duran
Produção Editorial: Rackel Accetti
Tradução: Karina Gercke
Revisão: Ana Prôa e Momsen Constancio
Capa: Sky Peck Design
Diagramação: Décio Lopes
Ilustrações das páginas v, vi, xviii, 10, 11, 13, 20, e 47, cortesia de Margie Stingley
Ilustrações das páginas viii, xi, 1, 8, 43, 53, 54, 60, 62, 66, 77, 81, 92, 108, 117, 124, 143, 149, 150, 164, 175, 197, e 209, cortesia de Cyndi Brannen
Ilustrações das páginas 4, 6, 23, 31 45, 55, 61, 67, 70, 79, 93, 98, 109, 112, 113, 125, 129, 145, 165, 170, 172, 173, 177, 183 199, e 203, cortesia de Cyndi Brannen e Margie Stingley

DADOS INTERNACIONAIS DE CATALOGAÇÃO DA PUBLICAÇÃO

Brannen, Cyndi

Entrando na Caverna de Hécate: A jornada através da escuridão rumo à plenitude/ Cyndi Brannen – 1ª edição – São Paulo: Editora Alfabeto, 2024.

ISBN 978-65-87905-71-6
Título original: *Entering Hekate's Cave: The Journey Through Darkness to Wholeness*

1. Bruxaria 2. Espiritualidade 3. Magia I. Título

Todos os direitos reservados. Proibida a reprodução total ou parcial por qualquer meio, inclusive internet, sem a expressa autorização por escrito da Editora Alfabeto.

ALFABETO

EDITORA ALFABETO
Rua Ângela Tomé, 109 | Rudge Ramos
CEP: 09624-070 | São Bernardo do Campo/SP | Tel: (11)2351.4168
editorial@editoraalfabeto.com.br | www.editoraalfabeto.com.br

Nenhum dos deuses imortais ou pessoas mortais a ouviu chorar, nem as oliveiras brilhando com seus frutos – exceto a filha de Perses, complacente Hécate, velada em luz, ouviu de sua caverna...

— de "O Hino Homérico a Deméter", *Os Hinos Homéricos: Uma tradução com introdução e notas*, de Diane J. Rayor (Joan Palevsky publicou em Literatura Clássica)

Para aqueles que viajaram pela escuridão comigo.

Sumário

Lista de Práticas e Rituais

Ela é a escuridão e ela é o fogo.
Ela é o grito de "basta".
Ela é o sigilo, o selo mágico, escrito em pedra.
Ela é o afastamento silencioso do traído.
Ela é a solitária levantando os braços para a lua.
Ela é a mentira contada para viver a verdade.
Ela é o círculo secreto que desenha sua lua.
Ela é o veneno que cura.
Ela é o olhar ousado no espelho.
Ela é o sangue derramado para trazer o renascimento.
Ela é todos aqueles que ousam se converter, que ousam ser.
Ela é o poder que é nosso direito.
Ela voltou.
Responda ao chamado dela.
A hora é agora.
Fale a verdade.
Seja curado.

Agradecimentos

Há um ditado que diz: "Quando o discípulo estiver pronto, o mestre aparecerá". Essa frase é frequentemente atribuída ao budismo. No entanto, as origens mais prováveis da citação residem na teosofia, uma escola de pensamento que tem tido grande influência na espiritualidade moderna. A passagem remonta a um tratado de Mabel Collins intitulado *Luz no Caminho* (*Light on the Path*), publicado pela primeira vez em 1885. Nele, ela escreve:

> Ouvir a Voz do Silêncio é compreender que de dentro vem a única orientação verdadeira; ir para o Salão da Aprendizagem é entrar no estado em que a aprendizagem se torna possível. Então, muitas palavras serão escritas lá para ti e escritas em letras douradas para que as leia facilmente. Pois quando o discípulo está pronto, o Mestre também está pronto.

Este livro não existiria sem meus alunos, que me ensinaram como me tornar uma mentora melhor em suas jornadas através da escuridão rumo à plenitude. O verdadeiro aprendizado "apaixonado", com "letras douradas", quando ouvimos a voz do silêncio, desperta coragem, comprometimento e desejo de transformação. É a energia deles que é evidenciada neste livro – meus alunos que desafiam, inspiram e apoiam uns aos outros. Os rituais e exercícios deste livro foram experimentados e testados por centenas deles. Eu ensino este ciclo todos os anos e me sinto incessantemente tocada pela coragem e boa vontade de cada um.

Todos os educadores têm seus próprios mestres. Desejo agradecer àqueles da psicologia convencional que me instruíram. Sem minha formação em psicologia social aplicada, o trabalho que realizo hoje não seria possível. Sou também grata ao trabalho de Carl Gustav Jung (embora suas opiniões sobre gênero, raça e sexualidade sejam problemáticas) e de outros que seguiram seus passos. Em particular, considero Marian Woodman e James Hillman dois "ancestrais" com os quais tenho o que eles poderiam chamar de um relacionamento "imaginal". Para mim, são meus aliados espirituais, e muitas vezes faço perguntas a eles, especialmente em relação à jornada sombria em direção à plenitude.

Na minha caverna pessoal, estão muitos que me machucaram e muitos a quem infligi feridas. Obrigada pela dor, por meio da qual encontrei uma fonte profunda de cura. Eu não poderia ensinar e escrever sobre a jornada de cura com sinceridade sem ter sofrido e causado danos.

Minha incrível editora, Judika Illes, é uma autora que admiro há muito tempo e tenho o prazer de trabalhar com ela. Sua compreensão do meu trabalho e sua experiência nas áreas relacionadas a ele são estimadas. É um presente conhecer você. Toda a equipe da Weiser Books é fabulosa e sou grata a eles por se arriscarem neste livro tão diferente. Também gostaria de agradecer à sua equipe editorial altamente qualificada e à sua maravilhosa equipe de marketing.

À minha equipe no Instituto Covina, desde os funcionários até os alunos mais velhos que se voluntariam como guias, obrigada por estarem em meu grupo colaborativo, ajudando outros em seu caminho para a plenitude. Margie, obrigada por ser minha colaboradora artística. Sua arte deu vida a estas páginas. Você passa muito tempo vasculhando minha cabeça para extrapolar minhas ideias e trazê-las à vida. Não é uma tarefa fácil. Um brinde ao Templo do Bom o Suficiente.

Angela e Liz, verdadeiras irmãs de alma, vocês me fazem sentir ouvida e abraçada. Obrigada, Angela, por ser minha "coconspiradora" para colocar a cabeça da Medusa de volta. Para Liz, que sempre traz a verdade à mesa, preciso que saiba o quanto aprecio você, sua determinação e seu jeito direto. Obrigada por ser minha editora da meia-noite. Viva as Viúvas de Hércules.

Meus meninos são meus campeões, caixas de ressonância, escutam novas ideias e as avaliam, e cocriadores de nossa maravilhosa família. Querido Teej, para quem a vida lança incansavelmente bolas rápidas e incisivas, obrigada por ser uma fonte constante de inspiração e por seu amor incondicional. Você é meu canceriano-virginiano favorito, e sempre será. Aidan, filho de Saturno em muitos aspectos, adoro sua ousadia, tenacidade e capacidade de ver o quadro geral. Meu momento favorito de todas as coisas no mundo é quando nós três conversamos por horas a fio. É por isso que anseio secretamente por quedas de energia. Terapia de Aceitação e Compromisso (ACT, sigla em inglês) para sempre.

Introdução

O Chamado

Na escuridão completa,
Eu desmoronei, caí abaixo e abaixo.
Até que parei no fundo.
Irrompi inesperadamente,
Lancei minha alma,
Que se transformou em uma chave,
Mantida por uma mulher misteriosa,
Que segurou sua lanterna bem alto,
Sussurrando:
"Siga-me".

Entrar na caverna de Hécate é embarcar na jornada de volta à alma. Esta é uma missão lunar, iluminada pelas tochas da deusa, seguindo o barulho de suas chaves e abraçando a sombra interior – uma aventura que é igualmente emocionante e assustadora. Na psicologia profunda, o conceito de totalidade implica que estamos integrando intencionalmente a sombra com a alma. A aceitação extrema da nossa luz e das nossas trevas é o caminho da verdade. Esta não é a popular jornada do herói em que tudo é brilhante, tendo a conquista como objetivo. Não há donzela esperando ou multidão de adoradores. Em vez disso, viajamos em direção à cura e à compreensão dos mistérios do mundo mais profundo. A jornada é inerentemente feminina, o que significa que está associada às energias tradicionais relacionadas a este princípio – intuição, introspecção e emoções.[1]

Se você está um pouco receosa com a possibilidade de viajar comigo pela caverna de Hécate, parabéns. Estou sempre muito mais preocupada com as leitoras que estão prontas para mergulhar sem qualquer hesitação. Ao mesmo tempo, porém, você pode estar se sentindo atraída para dentro da caverna. Chame isso de intuição ou instinto de sobrevivência. Talvez o que você tem feito não esteja funcionando. Talvez exista um chamado interno, espiritual, para se tornar muito mais do que você é atualmente. Pode haver traumas passados que simplesmente não a deixarão seguir adiante. Seja o que for que a levou a esse lugar, saiba que estou ao seu lado. Sinto sua curiosidade e seu fascínio, bem como seu medo coerente do que a caverna simboliza.

De fato, Hécate é uma figura desafiadora. Esse espírito misterioso muitas vezes chega sem avisar e é indesejado em nossas vidas. Ela nos sacode profundamente. Está diante de nós com tochas tremeluzindo e chaves chacoalhando. Hécate é para todos, quaisquer que sejam suas crenças sobre Deus, o universo e o mundo mais profundo. Ela é a luz na escuridão dentro de cada um de nós, não importa nosso gênero, ocupação ou qualquer outra coisa. Essa luz pertence a você, para que a vivencie nas páginas deste livro, desde as teorias e pesquisas até a magia natural e os rituais.

Hécate nos guia em direção à plenitude. Ela aparece em sonhos como uma mulher misteriosa, causando um estremecimento quando encontramos uma imagem dela ou evocando um sentimento de admiração ao dizermos seu nome. É assim que ela chega até nós. Eu mesma nunca pretendi me encantar por essa deusa ancestral. No entanto, aqui estou, há mais de dez anos respondendo ao seu chamado misterioso. Meu primeiro encontro com Hécate foi surreal. Enquanto dobrava as roupas na lavanderia, tarde da noite, ouvi uma voz dentro da minha cabeça dizer: "Está na hora". De alguma forma, eu sabia que essa voz pertencia a uma mulher que se autodenominava Hécate. Eu não tinha muito conhecimento sobre ela. Achei que finalmente estava enlouquecendo. Fiquei apavorada. No entanto, ao refletir sobre aquela noite, percebo que foi nesse momento que comecei a jornada para *encontrar* minha mente, minha sanidade – e o resto de mim.

Hécate habita a encruzilhada. Quando estamos em limites pessoais, sempre poderemos encontrá-la se tivermos coragem suficiente para procurar. Esse acontecimento de muito tempo atrás foi um divisor de águas. Meu casamento e minha carreira se autodestruíram. Minha saúde estava em frangalhos. Eu me encontrava esgotada de todas as maneiras imagináveis. E sejamos claros: eu não estava procurando Hécate. Só queria que minha vida e a dos meus filhos fossem melhores. Desejava me destacar na minha própria vida. De alguma forma, houve uma ruptura na minha consciência, maníaca por controle, que permitiu que algo – alguém – intenso se infiltrasse.

Eu estava no porão de casa naquela noite – literal e espiritualmente. Muitas vezes, é nesse momento que desistimos de nos apegar aos vestígios do que quer que seja que nos mantém aprisionados. Desesperados, sozinhos e sem clareza, encontramos coragem para ver Hécate. Nos anos seguintes, ouvi inúmeras histórias semelhantes. Não é Hécate quem vem até nós, mas nós que nos descobrimos em seu domínio. Estamos nas profundezas do Submundo – vício, doença crônica, corações despedaçados e coisas piores – e, então, algo acontece dentro de nós que nos faz parar em nossas andanças miseráveis e, em vez disso, ver um discreto brilho de luz. Essa é a tocha de Hécate – a iluminação inquebrantável de nossas próprias almas. Chegamos ao fundo para vê-la. Não faz sentido perder tempo desejando que a cura pudesse ser diferente. É simplesmente assim. A única maneira de sair do inferno é passando por ele.

Fazemos uma escolha quando estamos nessa encruzilhada. Podemos permanecer sem rumo ou seguir Hécate até sua caverna para encontrar um refúgio em meio à vasta paisagem infernal em que nos encontramos. Em sua caverna, nos deparamos com a escuridão nutridora, o útero quente e úmido da Deusa Mãe.

Antes do meu "momento de encruzilhada" no porão, eu havia me envolvido no mundo mais profundo de modo muito superficial, enquanto construía uma carreira como psicóloga pesquisadora especializada em ajudar mulheres a lidar com os estressores da vida. Mas, no meu trabalho, parecia estar faltando a mesma coisa que inexistia em minha vida pessoal: significado. Ao analisar um conjunto de dados de mulheres que atuavam como cuidadoras de entes queridos com deficiências graves, percebi que aquelas que encontraram significado no que qualquer um consideraria cenários incrivelmente estressantes se saíram muito, muito melhor do que as que não passaram por isso. O fato de que essa era a minha questão central só ficou claro quando olhei pelo espelho retrovisor. Eu estava rompendo com minha carreira e com um casamento fracassado, mas me movia em direção a um destino desconhecido. Eu não sabia, na época, que essa jornada levaria a uma longa estada em meu "Submundo" pessoal. Entrei profundamente na caverna para curar minha plenitude única.

Em meus livros anteriores, *Keeping Her Keys: An introduction to Hekate's modern witchcraft* e *Entering Hekate's Garden: The magick, medicine, and mystery of plant spirit witchcraft*, explorei como as práticas relacionadas à minha experiência e à dos meus alunos levaram à melhoria do bem-estar. Este livro segue um tema semelhante. Passei a última década pesquisando a história de Hécate e coletando dados sobre como outras pessoas a vivenciam. O que emerge é que Hécate pode ser entendida de diversas maneiras. Este livro se concentra em explorá-la como uma figura da Grande Mãe que é *Anima Mundi*, a Alma do Mundo. Isso remonta aos escritos mais antigos sobre ela, como na *Teogonia*, de Hesíodo.

Em última análise, curar nossa totalidade, plenitude única, inclui nos aventurarmos pelo ventre escuro da caverna de Hécate e permitir que nossa própria criatividade sagrada flua. A jornada ao Submundo não é opcional se quisermos realmente nos tornar nós mesmos. Vivemos em um mundo em que somos hipnotizados pela luz artificial. Às vezes chamada de "positividade tóxica", essa obsessão nos obriga a seguir uma abordagem de vida puramente de "amor e luz". Mas não é assim que a vida funciona. Enquanto negarmos o poder nutridor da escuridão curativa da caverna, permaneceremos paralisados. "*Don't worry, be happy*" ("Não se preocupe, seja feliz") não funciona. Acabamos preocupados, tristes e nos culpando por não sermos seres despreocupados e felizes.[2]

Viajar pela caverna de Hécate nos cura dessa positividade tóxica. Quando enfrentei e integrei meus aspectos sombrios com benevolência, em vez de menosprezá-los, fui capaz de aceitar os traumas do passado. Essa jornada, enraizada na psicologia profunda e mesclada com estratégias práticas de desenvolvimento pessoal, rendeu resultados transformadores para mim e para centenas de meus alunos. Se você finalmente está pronto para superar o que a bloqueia e aprisiona, talvez este livro seja para você.

Quando estamos numa encruzilhada, ou já no abismo, Hécate pode surgir de profundezas desconhecidas, se mostrando nas fendas de nossas vidas. Ela envia seus emissários – anjos e espíritos ávidos – para cumprir suas ordens. Eles ocupam nossos sonhos, invadem nossa imaginação e deixam pistas misteriosas até que prestemos atenção neles. Embora os seus rostos variem e os seus métodos possam ser díspares, a mensagem deles é sempre a mesma: "Desperte!". Eles se intrometem em nossas mentes tranquilas até que os ouçamos falar. E quando conseguimos ouvi-los, eles contam histórias que nos perturbam. Trazem o passado de volta, nos mostram nossos próprios defeitos e geralmente nos abalam profundamente. Esse é o trabalho de Hécate em ação. Ela intimida a vida *que volta* a nós. Ela é o espírito do sagrado feminino que nos chama a embarcar na jornada da alma.

Tenho apoiado outras pessoas em seu trabalho com as sombras há mais de uma década, além de continuar meu trabalho progressivo comigo mesma. Meus 25 anos em diversas áreas da psicologia social, desde o apego às aplicações cognitivo-comportamentais que se estendem até a psicologia profunda, juntamente com meus estudos em religião comparada, mitologia, tradições místicas e filosofia, me levaram a criar um caminho que combina psicologia, espiritualidade e sabedoria ancestral. Minha jornada me conduziu a aprender xamanismo, tarô, astrologia, cura energética, fitoterapia e outras formas de sabedoria tradicional. Esse é o caminho que apresento aqui.

Esta jornada consiste em recuperar a alma nos encontros com Hécate e com o numinoso, definido mais comumente hoje como o transcendente. "Numinoso", um termo atualizado por Jung, se refere a tudo o que está além da vida cotidiana. É o simbólico e o arquetípico. A transcendência ocorre quando nos aventuramos pelo numinoso, ultrapassando temporariamente os limites da nossa existência normal. Muito do que somos foi roubado de nós por uma variedade de influências. Nossas sombras abrigam toda a dor associada a esses atos de roubo, desde nossos sentimentos de ser "menos que" até supostos distúrbios psicológicos. Digo "supostos" porque muitas doenças diagnosticadas não são realmente problemas clínicos, mas, sim, problemas da alma. Quando nosso verdadeiro Eu não consegue cumprir a tarefa que nascemos para realizar nesta encarnação, encontramos todos os tipos de dificuldades, que muitas vezes aparecem como ansiedade, depressão e outros problemas. Não nego que essas doenças tenham uma dimensão clínica. Mas, na maioria das vezes, os sintomas que experimentamos estão associados ao poder das sombras. Somente curando as sombras nos tornaremos inteiros. Esse é um trabalho realizado na caverna de Hécate.

Enquanto pesquisava a história de Hécate, me deparei com uma coleção de fragmentos conhecida como *Os Papiros Mágicos Gregos*.[3] As palavras nas páginas vibravam com uma vitalidade própria, muito além do que eu tinha lido em qualquer outro texto antigo. Eles me transportaram de volta através dos séculos para que eu ficasse ao lado dos autores. Pude ver o desespero deles, sentir seu sofrimento e ouvir a angústia em suas palavras.

> Que tudo abrange, em forma de cachorro, fiandeira do Destino,
> que tudo provê,
> Ancestral, gloriosa, que auxilia, rainha, luminosa,
> Aquela que mostra a direção, vigorosa, sagrada, benigna,
> Imortal, de voz penetrante, de brilho aprisionado, em florescência,
> Divina com a face dourada...[4]

Com o tempo, reuni os vários títulos e epítetos usados nesses textos para descrever Hécate e outras deusas. Esses nomes têm sua própria amplitude. São arquétipos que vão além de qualquer figura mítica. Bor borophorba, a Comedora de Sujeira, é o espírito feminino que consome o que não serve mais. Anassa Eneroi, a Rainha da Morte, caminha conosco pelo vale da dor enquanto nos mostra como a vida perdura além do túmulo e apresenta a promessa de renascimento. Drakaina, a deusa serpente, simboliza o despertar da alma.

Hécate pode ser nossa guia em direção à nossa sombra. Os antigos escreveram sobre ela como Enodia, a guia ao longo do nosso caminho. Era ela quem habitava as encruzilhadas, os limiares e as margens dos caminhos, as beiras das estradas, oferecendo proteção e descanso. Sem segurar suas mãos, deusa que flutua no ar, ela não consente nem incentiva a positividade que sufoca. Hécate ilumina nossa escuridão para que possamos encontrar nosso próprio caminho para a totalidade, para a plenitude. Não é de se admirar que ela seja intimidante e reconfortante.

Nessa busca pela plenitude, nos tornamos Perséfone vindo reivindicar o nosso legítimo trono, independentemente de como isso nos encontra e possa parecer para nós. Emergimos da caverna de Hécate iniciados em nossa própria alma, embarcando em uma nova aventura tendo nosso verdadeiro centro como bússola. Por meio da exploração do nosso íntimo, dos nossos relacionamentos, do passado, da magia e de rituais naturais, deixamos de lado os fardos que carregamos durante tanto tempo, criando o espaço para nossos sonhos e desejos florescerem.

Cada capítulo deste livro enfoca um arquétipo – um antigo título, epíteto, de Hécate, que é atribuído a ela e a muitas outras expressões do sagrado feminino. Esses arquétipos contextualizam seu lugar na mitologia e em outras fontes do imaginário. Nesse contexto, eu teço técnicas psicológicas sólidas para a cura em direção à plenitude.

Este livro também oferece magia natural – incluindo a elaboração de talismãs, magia das velas, trabalho com aves companheiras e conexão com energias de pedras e cristais – como um meio de passar pelos três "portais principais" na caverna de Hécate: a liberação de fardos, o resgate de fragmentos de alma e o renascimento da alma. Também incluí referências a poções vegetais que podem ser muito úteis. Cada capítulo contém exercícios para a conexão com o conteúdo escrito. Chamo isso de "prática" para indicar a aplicação do conhecimento. Praticar é aprender. Isso tudo não é perfeito; é um processo. Faça esses exercícios dando o seu melhor. Permaneça no Templo do Bom o Suficiente. Faça a sua afirmação: "Eu sou bom. Eu sou bom o bastante". Existem também três rituais cerimoniais para reforçar esses exercícios práticos: o Ritual da Catarse, a Jornada de Resgate da Alma e o Ritual do Renascimento. Você pode querer dedicar um diário a esse trabalho prático.

Além disso, esta obra faz parte de um livro de memórias, sendo também um texto biográfico, contando minha própria jornada por uma educação difícil, trauma sexual, vício, doença e muito mais. Não vou mentir e dizer que a jornada através da escuridão até a plenitude é fácil. O que é mais difícil, porém, é permanecer deprimido, estagnado e entorpecido, ou se afogar no passado. No entanto, há também uma grande alegria ao longo do caminho, à medida que nos debruçamos sobre os mistérios do mundo mais profundo, mais sombrio. Aqui, encontramos uma sensação de "regresso à casa" que traz paz de espírito, uma leveza que acompanha o trabalho pesado bem-feito. Ocorre um equilíbrio natural. É assim que nos curamos para a plenitude e encontramos aquele significado que nos faltava há muito tempo.

Frequentemente, me perguntam se Hécate é "real". Essa questão abre as portas para uma discussão sobre a natureza da realidade. A necessidade de controlar tudo está relacionada ao condicionamento de ser literal. Hécate e seu mundo mais profundo falam uma linguagem totalmente diferente, rica em símbolos e significados. Para mim, esse mundo é tão real quanto o físico – talvez mais, porque foi aí que encontrei cura e propósito. Para mim, os mistérios existem para serem misteriosos. O fundamentalismo ocorre quando o numinoso é submetido ao dogma do literal. Seja curioso sobre Hécate e seu mundo. Resista à exigência de literalidade do que é, por natureza, simbólico.

Pense assim: mesmo em nossos relacionamentos mais próximos, com plena transparência entre iguais e excelente reciprocidade, nunca conhecemos verdadeiramente todo o conteúdo do coração e da mente do outro. O mistério está sempre presente. Em outras palavras, compreender outros seres humanos é sempre desafiador e muitas vezes elusivo. Por que conhecer o coração e a mente de uma divindade deveria ser diferente? Trabalhamos para estabelecer relacionamentos significativos baseados na confiança, no respeito e no carinho mútuos porque isso é valioso para nós. Eu diria que a aplicação dessa abordagem à nossa associação com as forças que conhecemos como divindades e espíritos aprofunda em nós a compreensão delas e do mundo invisível. Podemos dizer que estamos "trabalhando" com essas forças, e certamente o fazemos, como uma metáfora de como colaboramos com outros seres humanos. Contudo, não é adequado explicar o processo porque é, por natureza, misterioso. No entanto, podemos entrar com o coração aberto, a mente sábia e determinação ao ingressarmos no mundo mais profundo de Hécate. E podemos emergir inteiros.

Que possamos caminhar juntos.

O Reflexo Dela

Ela se agacha no canto,
Tremendo por eras de negligência amortecida.
Depois Titã, com olhos atirando flechas de fogo.
Em seguida, a antiga mãe de pedra com cobras no lugar do cabelo.
Filha.
Anciã.
Senhora da vida, Portadora da morte.
A deusa Selvagem transformadora.
Vibrando, dançando.
Vibração implacável.
Sussurros, gritos.
Caverna e montanha.
Rio e deserto.
Pulso do universo.
Vá em frente, ela diz,
Persista.
Com seus absurdos que causam pânico e desenrolar da destruição.
Arrancar sobrancelhas, mas
Evitar o espelho.
Eu ainda estarei aqui.
Jogando água por todo o chão do banheiro.
Sentada em sua mesa.
No canto do seu quarto,
Olhos negros brilhando, observando você dormir.
Pernas esticadas na cadeira da cozinha,
Cuidado, não tropece.
Até.
Você.
Enxergar.
Que isso é um reflexo.

Capítulo 1

Anima Mundi: O Mundo Mais Profundo ou "A Alma do Mundo"

Grande Hécate,
Deuses, deusas, mentores e espíritos,
Elementos, direções,
Animais, plantas e cristais,
Tudo o que é, foi e sempre será,
Guia-me ao longo da minha estrada.
Proteja minha jornada,
E abençoe meu caminho.
Enquanto eu falo, isso se torna real.

Hécate vem até nós com muitos rostos e muitos nomes. Para mim, o que mais ressoa é seu papel como *Anima Mundi*, a Alma do Mundo. Essa denominação vem de algumas fontes antigas diferentes. Em particular, uma coleção de fragmentos antigos que discutem a natureza do universo, conhecida como *Os Oráculos Caldeus*, se refere a ela como tal. Hesíodo, em sua descrição dos deuses, define Hécate como uma deusa benevolente que supervisiona tudo o que existe. No meu pensamento, todos os espíritos fluem da Alma do Mundo, sejam eles de plantas (como escrevi em *Entering*

Hekate's Garden), correspondentes ou entidades. Em particular, esses espíritos podem ser vistos como representações de arquétipos, que são pilares fundamentais do universo. Os muitos títulos e epítetos de Hécate, que usei como nomes de capítulos neste livro, simbolizam os arquétipos implícitos. Os arquétipos estão no centro de tudo. Eles são forças que existem, viventes e conscientes, animadas por meio de histórias e representações de deuses e deusas. Na verdade, todos os mitos são histórias arquetípicas.

Jung foi o pioneiro na exploração de arquétipos como um meio de conexão com o mundo mais profundo na jornada em direção à plenitude.[1] Quando exploramos a nós mesmos, o mundo mais profundo e o mundo externo, através de lentes arquetípicas, começamos a desenvolver sabedoria sobre a natureza da existência. Arquétipos são formas simbólicas que não podem ser reduzidas ainda mais. Assim, expressam uma força e um poder que é puramente deles. Eles se combinam de inúmeras maneiras para criar todas as coisas.

Os arquétipos falam por meio de símbolos. Considere como a chave representa muito mais do que apenas um objeto para abrir uma fechadura, de modo literal. Ou como a serpente simboliza a alma. Na verdade, podemos encontrar símbolos em praticamente tudo – desde logotipos corporativos até imagens oníricas. E podemos ver melhor as muitas faces de Hécate reconhecendo e compreendendo seus arquétipos, cada um carregando a energia da transformação.

Quando atendemos ao chamado de Hécate, nós mesmos assumimos um de seus antigos arquétipos encontrados em *Os Papiros Mágicos Gregos* – Nyssa, o ponto de viragem sagrado, o momento decisivo, a iniciação, o início e a energia amplificadora do portal inicial. À medida que aprofundamos nossa conexão com Hécate e progredimos em nossa jornada em direção à totalidade, nos tornamos nossa própria Grande Sacerdotisa (ou outro título sagrado de sua escolha), cujo arquétipo, lindamente demonstrado no tarô, é o da plena realização do sagrado feminino e conexão com a lua, os mistérios e, sim, os próprios arquétipos. Podemos ativar o arquétipo da Rainha, soberana governando a partir de uma posição de poder "com", em vez de "acima", valorizando a intuição, sendo introspectivos e permanecendo soberanos dentro de nossa verdade. A Rainha, é claro, pode ser dividida em outros arquétipos, como mostrado no tarô – a governante benevolente, a rainha má e assim por diante.

Contemple, por exemplo, a fluidez do arquétipo de Hécate como a Deusa Tríplice. Ela é a portadora transcendente da magia, da cura e do mistério. Emite a energia da transformação em todas as suas diversas formas. Os muitos epítetos (títulos e características) de Hécate, os sonhos, as cartas, a astrologia, a medicina vegetal, as correspondências mágicas – todos eles são arquetípicos.

À medida que ler este livro, os arquétipos de cada capítulo atuarão em você de maneiras diferentes. Eles virão em sonhos, e você pode acabar os manifestando. Sempre procure por eles em lugares inesperados. Aprender a ver com os olhos da alma abre o seu campo de visão para que possa enxergar como os arquétipos estão sempre trabalhando em nós e através de nós.

A Natureza dos Arquétipos

Os arquétipos são numinosos, difíceis de descrever e profundamente experienciais. Na verdade, é impossível compreender plenamente a essência de um arquétipo, seja ele um dos apresentados neste livro ou em qualquer outro. Isso porque, quando nos envolvemos com um arquétipo, esbarramos em algo que verdadeiramente transcende a compreensão humana. Os arquétipos possuem vibrações e essências. Cada um tem uma força vital que pode assumir mil faces diferentes. Divindades como Hécate e Perséfone podem ser entendidas como arquétipos e como combinações de arquétipos, assim como muitas outras entidades. Compreender e buscar a conexão arquetípica é embarcar na jornada do inconsciente, que é a entrada para o mundo espiritual.

Meus ensinamentos e escritos estão inseridos em arquétipos, especialmente aqueles ligados ao sagrado feminino, aos planetas e aos elementos. Os muitos epítetos de Hécate também são arquétipos. Ela é a Guardiã das Chaves, o arquétipo do divino que guarda os portais da jornada interior. Ela é a Portadora da Tocha, que carrega o espírito da luz na escuridão, a chama interior e o fogo primordial. Arte, literatura e música podem evocar as essências dos arquétipos. Muitos dos textos antigos que encontrei enquanto pesquisava para este livro despertaram Hécate para mim de maneiras profundas. O *Hino Órfico a Hécate* a convoca como um espírito benevolente, mas poderoso:

> Adorável Hécate dos caminhos e das encruzilhadas que invoco. No céu, na terra, depois no mar, com manto de açafrão, espírito da tumba deleitando-se com as almas dos mortos, filha de Perses, assombrando lugares desertos, deliciando-se com veados, rainha noturna, amante de cães, monstruosa, devorando feras selvagens, descomprometida e repulsiva. Pastora de touros, rainha e senhora do mundo inteiro, líder, ninfa, nutridora de jovens nas montanhas, donzela, lhe rogo que venha a estes ritos sagrados, sempre com o coração alegre, sempre favorecendo o pastor de rebanhos.[2]

Se você sentiu uma emoção ao ler esse texto antigo, foi um encontro com Hécate e os arquétipos associados a ela. Se envolver nesse hino evoca os arquétipos da Rainha e do Líder. Que outros você encontra?

Conforme demonstrado no texto, os arquétipos costumam possuir características específicas, como Hécate ter três formas (céu, terra, mar) e companheiros, como animais (cães, veados, touros) e plantas (açafrão). Eles também podem estar relacionados a determinados locais – a associação de Hécate com estradas e encruzilhadas é um exemplo. Ao nos conectarmos com um arquétipo, muitas vezes usamos essas características para invocá-los, que é o que fazemos quando criamos altares (falaremos sobre isso mais adiante).

Jung via os arquétipos primordiais como *anima*, energia feminina, e *animus*, o princípio masculino. Hécate, como *Anima Mundi*, representa a força primordial do feminino, a alma do cosmos. O *animus* equilibra *anima*, e todos nós somos compostos desses dois arquétipos em várias combinações. Tornar-se completo, na visão de Jung, incluía abraçar tanto *anima* quanto *animus*, dentro e fora.

Muitas vezes, me perguntam sobre Hécate e arquétipos masculinos. No meu ponto de vista, Hécate, como *Anima Mundi*, é o núcleo centrífugo do qual fluem todos os arquétipos – até mesmo os masculinos. Na verdade, a tocha de Hécate, assim como as de Perséfone e Deméter, contém o que às vezes é chamado de "Fogo de Plutão", referindo-se ao sagrado masculino. A distinção entre feminino e masculino é algo complicado na nossa era moderna, mas há valor em examiná-los como forças arquetípicas.

Na psicologia profunda, *anima* é o sagrado feminino. Emana como intuição, sentimentos e jornada interior. É a Mãe em todas as suas formas, mas, em sua alma, ela é a pureza das trevas com sua tocha brilhando intensamente. *Animus* projeta a racionalidade, o pensamento e o eu expresso. No tarô, *anima* é representada em cartas como as Rainhas, a Imperatriz e a Alta Sacerdotisa. *Animus* é encontrado no Mago, nos Reis, no Imperador e no Hierofante. Todos temos *anima* e *animus* dentro de nós em graus variados.

A força fundamental de um arquétipo e seu poder dentro de cada um de nós deriva do que Jung chamou de sombra e Eu (*self*). Assim, todas as coisas são iluminadas e sombrias, nenhuma das quais é indesejável. No entanto, em excesso, qualquer uma delas pode ser prejudicial. A Mãe das Trevas é profundamente sombria para que ela possa aceitar nossa escuridão. O Pai das Trevas abala nossas defesas, cuidadosamente construídas, para que possamos nos libertar delas.

De acordo com Jung, tanto os arquétipos quanto os indivíduos podem assumir "*personas*" que são eles próprios arquétipos. É um pouco como interpretar um papel ou vestir uma fantasia. Podemos assumir a "*persona*", a personalidade de um arquétipo, que talvez não se ajuste à nossa verdadeira natureza. Por exemplo, podemos vestir o manto de "trabalhador" para lidar com um trabalho de que não gostamos. Os arquétipos podem, portanto, ser projeções capazes de refletir ou não a verdadeira natureza do objeto da projeção. Se você já foi rotulado incorretamente com um arquétipo, sabe como isso pode ser perturbador.

Os arquétipos chegam até nós em sonhos, imaginações, visões e sincronicidades. Nós os atribuímos a nós mesmos, aos outros e às nossas experiências. Por exemplo, se diz que vivemos atualmente na Era de Hermes. Hermes é um arquétipo tanto para o deus quanto para seu planeta (Mercúrio). Ele não pode ser reduzido ainda mais, mas também contém outros arquétipos, incluindo o do viajante, trapaceiro, guia, comunicador e *chthonius* – ctônico (da terra ou Submundo). Ele também está associado a outro arquétipo, o do elemento Ar. No Zodíaco "mundano", que é uma coleção de arquétipos astrológicos, ele está associado a Gêmeos, simbolizando a tensão entre liberdade e restrição, e também a Virgem, refletindo seus aspectos mais ordenados e saudáveis. Essa dualidade é evidenciada, ainda, no Dois de Espadas do tarô. Na verdade, as cartas de tarô são uma coleção de arquétipos. Devido a esses muitos significados em camadas, nossa compreensão de um arquétipo é muitas vezes intuitiva, mística, espiritual e, portanto, difícil de definir usando a lógica racional.

As fases da lua, as posições e conexões planetárias, as datas e os meses do calendário, as mudanças sazonais e seus pontos de início e fim são todos representativos de diferentes arquétipos. Corresponder um arquétipo associado a Hécate aos meses lunares pode, assim, aprofundar nossa compreensão da Roda do Ano, que é em si um arquétipo e parte do arquétipo mais profundo de *kairós*, o tempo rítmico do mundo mais profundo, e de Cronos, o tempo linear do mundo terreno, da superfície.[3]

O tempo é uma Roda,
Girando,
Expandindo,
Caminhando em círculo.
Girando para trás,
Iluminando o passado,
Encontrando sabedoria e cura,
Recuperando o que sempre foi meu.
Criando o presente,
Entender isso é uma ilusão.
Um momento,
Agora.
Me empurrando de volta,
Me puxando para frente.
A encruzilhada do que foi
E do que virá a ser.
Seguindo para o futuro,
Eu lancei meus desejos
A Roda do Tempo,
Prevendo o que pode vir.
O tempo é minha Roda.

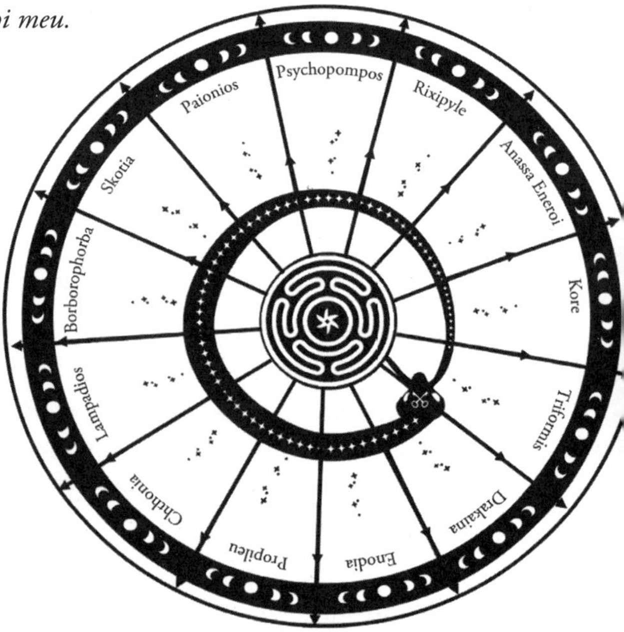

Símbolos e Sigilos

Os arquétipos são expressos por símbolos, manifestações materiais de suas energias. Os mais comuns, para quem é chamado por Hécate, vêm por meio de encontrar uma chave em um lugar inesperado, um cachorro preto aparecendo do nada e outras ocorrências um tanto misteriosas. Jung chamou esses eventos de sincronicidades. Nós nos conectamos com Hécate e seu mundo mais profundo usando símbolos, como aqueles colocados em um altar, ou uma vela representativa de sua chama sagrada. Existem símbolos históricos de Hécate, como tochas, chaves e animais, que discuto em *Keeping Her Keys*. Compreender os símbolos que recebemos, seja por meio de sincronicidades ou imagens em meditação ou ritual, pode ser um desafio.

Tenha em mente, porém, que o mundo mais profundo, o mundo do desconhecido, não é linear nem literal. Ele fala mais pelas emoções e intuições do que pelo pensamento racional. Às vezes, o significado de um símbolo que recebemos em sonhos, meditações, sincronicidades ou conexões mágicas faz todo o sentido quando exploramos o que isso significa para nós. Outras vezes, ficamos confusos.

Aqui estão algumas maneiras pelas quais você pode começar a entender os símbolos e revelar seus significados sobrepostos:

- Considere como você recebeu o símbolo: sua cor, sua forma, seu movimento, seu tamanho, sua configuração de contexto.
- Descreva sua reação emocional ao símbolo. Você ficou animada? Calma? Perplexa? Nervosa? Com medo? Feliz? Satisfeita?
- O que você estava fazendo quando recebeu o símbolo? Sonhando? Meditando? Lendo as cartas? Em ritual? Caminhando? Fazendo compras?
- Onde você estava? Os símbolos podem aparecer em locais específicos que também são simbólicos.
- Como o símbolo foi dado a você? Simplesmente apareceu ou alguém ou alguma coisa o trouxe até você? O que esse mediador fez? Cartas "voadoras", que saltam em leituras, e sincronicidades misteriosas são duas outras maneiras pelas quais os símbolos podem ser dados a você.

- Por que você recebeu o símbolo? Nos sonhos, o que você fez (se fez alguma coisa) para consegui-lo? Na meditação ou ritual, no que você estava pensando? Tinha uma intenção específica? O que perguntou às cartas?
- Quando você recebeu o símbolo? Nos sonhos, preste atenção em quantos anos você tem e em qual época se passam. O período do dia também pode ser importante. Foi de manhã? Noturno? No crepúsculo? Nascer do sol? Procure ajuda na astrologia com sincronicidades.[4]
- Descreva as características físicas do símbolo. É liso, áspero ou sem detalhes? Quente ou frio? Velho ou novo? Desgastado ou brilhante? Qual(is) cor(es)? Qual é o formato? Tem algum aspecto numérico?
- O que mais aconteceu quando você recebeu o símbolo? Veio uma mensagem auditiva? Teve "arrepios"? Sentiu alguma outra sensação corporal? Alguma música surgiu na sua cabeça? Alguém disse ou fez algo relacionado ao símbolo? O símbolo apareceu mais de uma vez?
- Qual a sensação do que o símbolo significa para você?
- Você já teve alguma experiência anterior com o mesmo símbolo ou semelhante? Tem ideias sobre o que isso significa com base nesse fato? Se sim, explore sua idade, seu ambiente ou qualquer atividade que possa estar associada ao símbolo.
- O que você aprendeu anteriormente sobre o símbolo em fontes auxiliares, como livros ou internet? Isso ressoa com suas impressões sobre o símbolo? Se sim, como? Se não, deixe a pesquisa de lado e siga a sua percepção intuitiva do símbolo.
- Junte os vários aspectos do símbolo em uma forma, esboçando ou imprimindo uma imagem dele (se você conseguir encontrar uma) e, em seguida, classifique as suas impressões.
- Se você recebeu o símbolo em meditação ou ritual, crie uma forma física dele para se aprofundar na relação com ele.

Sigilos: Símbolos Artesanais Encantados

Sigilos são símbolos encantados, geralmente elaborados pela mistura de aspectos de outros símbolos, como letras, glifos astrológicos e imagens comuns, como corações, estrelas e luas. Eles evocam o espírito com o qual estão sintonizados. Os sigilos têm sido usados em magia desde que os humanos neolíticos os riscaram nas paredes das cavernas.

Cada um dos capítulos deste livro, além dos introdutórios, é realçado por meio de um sigilo. Todos os 13 estão na imagem a seguir. Antes de olhar adiante para descobrir o que acompanha cada capítulo, passe algum tempo os explorando. Que emoções vêm à tona? Que imagens aparecem na sua tela mental? Há memórias que surgem?

Os sigilos são usados para transmitir significado, evocar emoções e nos estimular a agir em todas as áreas de nossas vidas. Eles podem ser desenhados à mão, de modo artesanal ou criados com tecnologia. Podem ser feitos com tinta preta, cores, infusões de ervas e giz, moldando terra, cinza, sal ou derramando água ou óleo.

Hoje, a abordagem mais comum para criar sigilos é reduzir uma afirmação ou intenção à sua estrutura básica. Pode ser útil começar produzindo um acróstico do foco do seu trabalho. Por exemplo, no Capítulo 15, descrevo a elaboração de um talismã usando a palavra "real". Você pode deixar as letras em sua forma original, no idioma em que as escreveu, ou pode usar um idioma diferente. Ou pode utilizar símbolos associados a cada letra. Fortaleça o sigilo incensando, ungindo ou borrando com cinzas de vegetais associados à comunicação ou plantas específicas à sua intenção.

Ao trabalhar com sigilos, considere quais emoções surgem em você. O que acontece em sua mente? Você consegue encontrar os elementos que compõem o sigilo – formas, número de formas, símbolos? Com que energia eles contribuem para o sigilo? Envolver-se com o sigilo amplificará sua conexão com o arquétipo que ele evoca. Reproduzir o sigilo – transformá-lo em um cartão de altar ou adicioná-lo ao seu diário – pode ajudar a alinhar seu trabalho com a energia dele.

Magia Natural

Podemos nos conectar com Hécate em suas várias manifestações por meio da magia natural – elaborando talismãs e similares usando símbolos arquetípicos, às vezes chamados de correspondências,[5] que incluem plantas, cristais e cores. As correspondências possuem energias próprias e estão ligadas aos arquétipos que as governam – por exemplo, um planeta. Elas são conhecidas como "assinaturas". Os quatro elementos e os Três Mundos são as sete forças arquetípicas das quais toda matéria é criada.

Os próprios símbolos são um tipo de correspondência, como as imagens criadas conhecidas como sigilos, que invocam arquétipos e nos guiam para os mistérios do mundo mais profundo. Usamos correspondências em nossos rituais e cerimônias. Nossos altares são criados com elas. Podemos utilizá-las e decorar nossas casas com elas. Uma compreensão maior das correspondências padrão dos elementos botânicos aprofunda ainda mais nossa compreensão das suas propriedades. As correspondências comuns, além dos elementos e planetas, incluem signos zodiacais, cores, cristais e animais.

De modo geral, a energia de qualquer uma delas pode ser evocada para adicionar profundidade a um trabalho. Combinar cores com um elemento botânico e/ou cristal, e associá-lo a um arquétipo, se torna uma forma muito potente de magia natural. É claro que Hécate tem correspondências que viajaram com ela através do tempo – certos símbolos e certas plantas –, bem como outras mais recentes. Também possuímos nossas próprias correspondências exclusivas.

Na verdade, todas as coisas têm propriedades espirituais, energéticas, e materiais – uma vista, outra oculta. Essa é a natureza dualista de tudo o que existe. Aquilo que não é visível vem do mundo mais profundo dos arquétipos. Os dois mundos podem ser descritos como *forma* e *energia*. Quando trabalhamos com energias que têm forma material – como cristais, plantas e animais –, conectamos os dois mundos pegando o objeto físico e extraindo suas propriedades místicas, criando, assim, o terceiro espaço que é verdadeiramente a encruzilhada da vida moderna (o físico) e o mundo mais profundo (o etérico).

Abrir-se ao espírito, à energia de uma correspondência é o primeiro passo para trabalhar com ela. O próximo é se sintonizar ou sintonizar sua intenção com a energia. Isso acontece quando a assinatura energética de uma correspondência específica fica alinhada com o seu propósito ou com a sua vibração pessoal. Todos os espíritos possuem uma essência vibracional, que é uma mistura da energia arquetípica com traços únicos, incluindo características e histórias. É por isso que nossas definições de correspondência podem variar muito. Por exemplo, você pode começar a trabalhar com uma correspondência com base nas propriedades padrão, mas depois descobrir que ela fala de maneira diferente com você. Siga essa intuição.

Ao longo deste livro, convido você a entrar no mundo da magia natural por meio de altares, talismãs, encantamentos e outros tipos de criatividade sagrada. Ao contemplar a jornada, você pode se preparar escolhendo um companheiro alado, um espaço sagrado e uma vela, estabelecendo um altar.

Aliados do Espírito e da Carne

Espíritos de todos os tipos têm sido meus companheiros desde que eu era criança. Eu valorizo meus guias espirituais, desde ancestrais falecidos, até meus companheiros espirituais, animais e vegetais. Por vários anos, tenho ajudado pessoas a se conectarem, compreenderem e trabalharem com aliados espirituais de todos os tipos. Eles trazem uma riqueza às nossas vidas que é difícil de explicar, até que você a sinta. Os meus me levaram em viagens para outros mundos e para as profundezas do meu templo interior.

Os aliados espirituais são nossos protetores, companheiros e conselheiros do mundo mais profundo, do desconhecido. Eles são emissários dos arquétipos mais intensos. Deusas e outras divindades despertam em nós quando chegar a hora certa. Para muitos, são as principais e primordiais aliadas. À medida que você lê este livro, o arquétipo do sagrado feminino chegará até você, talvez em muitas formas diferentes. Permita que elas sejam quem deveriam ser para você.

Outras formas de aliados espirituais incluem seres como anjos e ascensos, ancestrais de sangue e espírito, e espíritos do mundo natural. Alguns podem ter conhecido o Eu físico, como ancestrais de carne ou espírito. Outros podem sempre ter estado em forma de espírito.[6] Alguns, como os amados animais, são tanto físicos como espirituais. Plantas e cristais aparecem como aliados espirituais.

O tarô e as cartas de um oráculo compõem coleções de energias e espíritos. As cartas dos arcanos maiores e as cartas da corte dos arcanos menores são excelentes guias espirituais. Outros tipos de guias espirituais podem se comunicar conosco por meio das cartas. Escute bem. Eles já estão tentando chamar sua atenção. Os espíritos vêm até nós em sonhos, nos enviam sinais no mundo físico e sussurram à nossa intuição.[7]

Os aliados podem assumir várias formas: divindades, anjos, animais, entes queridos que partiram, ancestrais espirituais, mestres ascensos, devas vegetais, eus do passado e até monstrinhos peculiares. Como em qualquer outro relacionamento, converse com eles, seja gentil e não abuse deles. Eles não são máquinas de venda automática espirituais que podem distribuir favores sempre que você aperta seus botões.

Geralmente, o universo está do nosso lado. Mas também existem espíritos nocivos por aí.[8] Mantenha-se livre de resíduos de energias tóxicas e protegido. Banhe-se, limpe o seu corpo com sal e mantenha uma vasilha aberta com sal na entrada de casa, amplificado com uma erva, como a lavanda ou, melhor ainda, o zimbro. Alguns espíritos são aguerridos, mas ainda estão do nosso lado. Os aliados das sombras são nossos protetores, por exemplo. Embora possam ser muito intimidadores, não são prejudiciais. Você saberá a diferença com base em sua reação. Você tem medo deles ou eles são apenas assustadores em sua expressão? Pense neles como seus guarda-costas espirituais.

As Aves de Hécate

Recomendo desenvolver uma aliança estreita com um companheiro alado para sua jornada pela caverna de Hécate. As aves aliadas eram frequentemente associadas a Hécate e seus companheiros na arte, nos mitos e nas práticas religiosas. Uma bela história descreve como um querido ganso levou Perséfone a descobrir os mistérios da caverna. Nesse mito, os estudiosos postulam que Hercyna, que significa "cão de guarda" ou "aquela que afasta", é um epíteto de Hécate. Em Lebadeia, na Grécia central, onde essa história se originou, as pessoas associavam Hercyna a um *herkos*, termo grego usado para descrever cercas e outros tipos de espaços confinantes, incluindo um tipo de rede para capturar pássaros.

Na história, Hercyna encontra Perséfone (que então ainda era [Kore] Cora, a Donzela) fora de seu templo segurando firmemente um ganso, o que simboliza nossa tentativa de domesticar nossa alma selvagem. Enquanto o segurarmos com força, ele não poderá nos levar onde quer que queiramos ir. Podemos imaginar que Hécate (Hercyna) estava aconselhando Perséfone que o caminho para se tornar uma deusa verdadeiramente soberana era deixar sua alma ir aonde fosse necessário. Talvez Hécate estivesse explicando a ela que a única maneira de se tornar completo, pleno, é através da jornada pela caverna sagrada.

Quando o ganso escapa para uma caverna, Perséfone fica perturbada e vai para dentro dessa caverna, o recuperando, mais à frente, debaixo de uma pedra. Ao fazer isso, um rio brota, simbolizando o rio que atravessamos para renascer – a cura emocional encontrada pela transcendência. Perséfone atravessa o rio, compelida por uma força maior que ela. Quando chega à entrada de um templo, ela se depara com duas serpentes enroladas em um cetro, formando o caduceu, um antigo símbolo de cura e sabedoria que foi carregado por muitas divindades, incluindo o grande condutor de almas e comunicador Hermes. Hoje, o caduceu é usado para simbolizar a profissão médica.

O ganso então conduz Perséfone até Trofônio, um espírito oracular cujo nome significa "nutridor da mente". Assim, ao seguir a ave até a caverna, Perséfone encontra sabedoria. O ganso simboliza o anseio por liberdade da alma de Perséfone. Ela começa tentando conter sua verdadeira natureza e termina transformada em sabedoria.

Essa história me inspirou a focar nas aves aliadas como nossas companheiras em nossa jornada pela caverna. Os pássaros associados a Hécate incluem aqueles da Antiguidade, como corujas, aves de rapina, pintassilgos e gansos. Corvídeos (corvos, gralhas e outros pássaros do grupo) costumam aparecer com mensagens. Ela também pode ser associada a abutres, pois são agentes de seu papel como Borborophorba, a Comedora de Sujeira (veja o Capítulo 9). Os morcegos, embora não sejam pássaros, também podem ser usados como companheiros de viagem durante a jornada, pois voam e vivem em cavernas. A família das aves de rapina simboliza soberania, perspectiva e destruição do que ata e nos sujeita – falcões, por exemplo, homônimo de Circe.

Expandindo para criaturas mitológicas, os dragões muitas vezes aparecem como aliados, embora tecnicamente não sejam pássaros. São os familiares preferidos de Medeia, e a própria Hécate era chamada de Drakaina (Ela-Dragão ou Ela-Serpente). A fênix também pode se materializar para você. No entanto, preste atenção à aparência dessa criatura, pois ela pode ser o prenúncio de uma transformação poderosa.

A própria deusa pode ganhar asas, nos envolvendo em seu abraço nutridor. Depois, há seus *angelos*, os agentes imponentes de seu comando, seus protetores e os emissários, portadores de suas mensagens. Na mitologia, Hécate é mãe de Astéria ou Nix. A codorna era sagrada para as primeiras, e esta última era frequentemente retratada com asas. Os insetos, principalmente abelhas, borboletas e mariposas, também costumam ser mensageiros.

Longe vão as flores,
Abandonados estão os campos.
Corvos e eu permanecemos.
Longe vão os tímidos,
Com medo da liberdade.
Falcões e eu permanecemos.
A luz se foi,
E aqueles que precisam dela.
Corujas e eu permanecemos
Juntos estamos,
Respondendo ao chamado de Hécate.

Qualquer uma dessas fabulosas criaturas aladas pode ser nossa aliada enquanto viajamos através da escuridão até a totalidade na caverna de Hécate. Sua ave companheira irá encontrá-la – talvez em sonhos ou em seu trajeto diário. Ou talvez você já tenha um companheiro alado especial. Do pica-pau que voa e inspira movimentos à misteriosa coruja, os pássaros são aliados maravilhosos. Independentemente de como sua ave aliada venha até você, explore os arquétipos que ela representa; crie talismãs para honrá-la e convocar sua energia.[9]

A Cista Mística

A *Cista Mística*, ou urna sagrada, é uma caixa para guardar seus símbolos, sigilos e outros objetos – uma espécie de maleta sagrada para armazenar os *souvenirs* que você acumula ao viajar pela caverna. Considere esse objeto como uma caixa encantada, uma forma do que às vezes é chamado de magia simpática, o que significa que é algo físico que está conectado ao mundo mais profundo dos arquétipos. As caixas sagradas eram uma parte vital dos antigos templos de Hécate, Deméter e Perséfone.

Embora Cista Mística se refira especificamente a um recipiente sagrado, ela também expressa a ideia do Templo Interior, que é simbolizado pela caverna, e também foi encontrada em um tamanho maior, em outros formatos, dentro de antigos santuários de deusas.[10] Conhecidos como *mégaros* (da raiz grega para a palavra "caverna"), era o local onde os sacrifícios eram feitos.[11] Isso provavelmente resultou de práticas anteriores de usar cavernas como templos. Na verdade, o *mégaro* era uma característica central do mundo grego antigo. Nos templos, referia-se à área interna e apresentava uma lareira. O mesmo termo também era utilizado para descrever a parte central de um palácio ou casa, sendo um dos lados aberto.

Você pode criar sua própria Cista Mística como um recipiente sagrado para os símbolos que chegam até você durante sua jornada na caverna. Marque a conclusão de cada capítulo escolhendo um símbolo do seu trabalho e o adicione ao recipiente. A forma e o design da Cista Mística dependem inteiramente de você. Todos os anos, no final do verão, meus alunos, minha equipe e eu criamos uma nova Cista Mística. São incrivelmente variadas, desde a mais esperada caixa de madeira com tampa até pequenas estantes. Recomendo colocar dois símbolos nela para começar – um que represente sua jornada até agora e outro que reflita quem você está se tornando.

Os Cristais de Hécate

A jornada dentro da caverna de Hécate é uma mistura de tocha, cristais e pedras. Os cristais nascem do fogo essencial que alimenta toda a vida, nas profundezas da terra. A faísca acende, a lava flui e o cristal nasce. A tocha gera o cristal, e o cristal é mais forte do que qualquer outra coisa. Isso simboliza o poder da caverna; ela não pode desmoronar. Hécate é firme e verdadeira.

Os cristais têm propriedades energéticas com base na sua composição mineral, na sua estrutura cristalina, nas suas conexões arquetípicas e nas suas associações míticas. Além disso, suas cores também possuem propriedades energéticas. Isso cria um arquétipo próprio que se reflete em suas associações padrão. Alguns cristais, mas não todos, contam com uma personalidade única que pode ou não corresponder às propriedades padrão.

Criar um talismã de cristal é uma bela maneira de se conectar com a força de Hécate e sua caverna. Ter uma "pedra de toque" como talismã mágico remonta a milhares de anos. Nos tempos antigos, obsidiana, jaspe e outras pedras eram gravadas com imagens de Hécate para criar o que costumava ser chamado de "joias mágicas". Use sua pedra para se conectar à energia curativa de Hécate e sua caverna. Sempre que estiver estressada, pegue sua pedra para se nutrir de sua propriedade de cura.

Ao longo deste livro, faço recomendações de pedras e cristais que irão complementar os rituais e exercícios. Eu fiquei com aqueles que ensino com mais frequência: ametista, obsidiana negra, quartzo transparente, fluorita, granada, pedra da lua, jaspe vermelho, quartzo rosa, selenita, shungita, quartzo fumê e olho de tigre. As pedras muitas vezes aparecem em nossas vidas justamente quando precisamos delas. Esteja aberta a pedras aleatórias e cristais brilhantes que se apresentem a você. Por outro lado, usar essas pedras como correspondências pode levar você a pesquisar suas propriedades. Siga a sua intuição. Minhas primeiras escolhas de livros são *Crystal Basics: The energetic, healing, and spiritual power of 200 gemstones*, de Nicholas Pearson, e *O Livro das Pedras: O que elas são e o que ensinam*, de Robert Simmons e Naisha Ahsian.

Embora essas pedras tenham muitas propriedades, selecionei uma para cada arquétipo discutido nos próximos capítulos como uma correspondência para a energia geral nelas encontrada. A menos que especifique o contrário, qualquer um dos subtipos de pedras listados pode ser usado.

- Triformis: fluorita, para aprender e expandir a consciência.
- Drakaina: ametista, que é um excelente auxiliar para despertar a alma. Também é especialmente boa para estimular a meditação.
- Enodia: quartzo fumê, como talismã simbólico de transições.
- Propileu: quartzo rosa, para ajudar a definir (e manter) limites.

- Chthonia: obsidiana negra – uma verdadeira potência. Coloquei-a neste epíteto, neste arquétipo, porque é quando entramos pela primeira vez na caverna de Hécate, invocando essa energia, esse espírito da pedra como uma aliada durante toda a jornada.
- Lampadios: olho de tigre, para despertar intuição e trazer equilíbrio e prosperidade.
- Borborophorba: jaspe vermelho, para proteção e resistência durante o processo de catarse.
- Skotia: quartzo transparente, para clareza de visão e propósito na escuridão mais profunda da caverna e para unificar a energia das pedras anteriores em um campo harmonioso.
- Paionios: rodocrosita, para autoaceitação e cura, especialmente do tipo relacional – a pedra para nossa época com o arquétipo do Curador.
- Psychopompos: a misteriosa shungita, para recuperação da alma. Funciona na raiz de modo imperceptível e tênue, criando espaço e absorvendo os fragmentos de alma que retornam.
- Rixipyle: granada que acalma e traz equilíbrio quando a energia da "Que Quebra as Correntes" deixa você agitado. Esta pedra estabiliza o corpo, a mente e a alma.
- Anassa Eneroi: pedra da lua arco-íris, para o renascimento e sua iniciação nos mistérios da caverna. Traz alegria, oferece proteção e é incrivelmente linda – um símbolo perfeito para completar a jornada e renascer em sua plenitude única.
- Kore: selenita, para ajudar a se manter alinhada à medida que você emerge em sua nova vida. Em forma de bastão, é especialmente útil.

A geologia e a mineralogia falam do lado científico dessa prática. Aprenda o básico sobre os diferentes tipos de rochas e mergulhe na estrutura cristalina, se desejar. Essas estruturas correspondem a diversas formas geométricas sagradas, o que é fascinante. Piezeletricidade é o nome dado às correntes elétricas encontradas em muitas pedras.

A composição mineral das pedras também pode estar relacionada a planetas e divindades. Por exemplo, o granito – que é onipresente onde moro – é classificado como rocha plutônica, assim chamada em homenagem ao próprio Plutão.

Eu sempre incentivo uma abordagem de métodos mistos. É importante conhecer as propriedades, os métodos e as aplicações estabelecidas para qualquer coisa, inclusive para trabalhar com cristais. No entanto, no fundo, a intuição é igualmente importante. Se uma pedra fala com você, trabalhe com ela. Ver o mundo através do Terceiro Olho também é uma ótima maneira de ir além do *glamour* dos objetos brilhantes. Enxergar a alma, a energia, de uma pedra é muito mais bonito.

Trabalhar com pedras que são encontradas naturalmente onde você mora é uma maneira de praticar a verdadeira magia do espírito da pedra. Isso pode começar apenas por estar mais em sintonia com o seu mundo natural, com a natureza do seu local. Abra-se para as possibilidades ao seu redor. Saia, estabeleça uma intenção e convoque os espíritos da terra para compartilharem seus tesouros com você. Não perca aquelas pedras que querem conhecer você porque não está prestando atenção. Adquirir cristais de outras pessoas é uma ótima maneira de dar ao espírito um lar acolhedor. Isso também funciona ao contrário. Às vezes, as pedras desaparecem por conta própria.

Tenho vários "espíritos das pedras" com os quais mantenho um relacionamento, desde minha estreita conexão espiritual com um grande pedaço de quartzo fumê até minha nova amiga, uma fabulosa granada. Carregue pedras nos bolsos e nas roupas íntimas (olá, pedras no sutiã!) e as sintonize com sua energia. Fique aberto aos poderes delas enquanto realiza suas tarefas diárias. É como ter algo em uma panela elétrica: pouco esforço é igual a ótimos resultados.

O Altar

Seu altar proporciona um lar e uma plataforma de trabalho para seus objetos sagrados – a Cista Mística, seu símbolo de pássaro, suas pedras, seus cristais e sua vela. Os altares a Hécate são frequentemente construídos sobre um tabuleiro baixo, de acordo com o antigo altar ctônico conhecido como *eschára*. Você pode incluir outros objetos enquanto viaja pela caverna. Discutirei alguns deles nos capítulos seguintes; outros serão exclusivos para você.

Montar esses objetos em seu altar pode deixar você energizada. Há algo mais acontecendo do que apenas organizar objetos em um tabuleiro. Pense nisso como um despertar. Saber que sua vida precisa mudar drasticamente é um despertar. Para muitos de nós, isso ocorre depois de um longo período vivendo de acordo com os termos dos outros. Fomos invalidados por palavras e ações por tempo suficiente. Comparo esse despertar a uma serpente se agitando bem no centro do seu ser.

O primeiro passo de qualquer jornada é tomar consciência de que existe potencial para isso. Algo no vento muda, trazendo o aroma de uma forma diferente de estar no mundo. Para mim, esse é o despertar da alma que exerce pressão sobre nós para mudarmos. Ao despertar, a serpente - um dos arquétipos da Deusa - sibila que somos muito mais do que o passado, este momento e o nosso eu encarnado. Ela nos diz que existe um mundo mais profundo onde a plenitude é encontrada. Talvez balançando uma chave em sua língua, a serpente nos deixe desconfortáveis em nossa própria pele e o entorpecimento se evapore. Ficamos inquietos. Muitas vezes, chamamos isso de ansiedade, mas é diferente. Essa inquietação é o desejo de que algo *mude*.

A serpente pode ser vista como a alma abrindo os olhos, obrigando você a ampliar seu campo de visão. À medida que sua visão melhora, as coisas começam a ficar claras. Não é novidade que esse despertar muitas vezes traz à tona a sua intuição e a sua conexão com o mundo mais profundo. Você pode ver o brilho das tochas de Hécate iluminando o caminho para sua caverna.

Rituais

Os rituais são uma forma de conexão com o mundo mais profundo, com o desconhecido, por meio de palavras e ações. E, no entanto, também fazem parte da vida cotidiana, desde a forma como preparamos o café da manhã até a rotina na hora de dormir. Os rituais espirituais são belas maneiras de entrar no mundo mais profundo. Podem ser espontâneos, como quando ficamos maravilhados ao contemplar a lua, ou planejados, como acontece com os rituais deste livro. Os rituais espirituais intencionais podem ser totalmente intuitivos ou cerimoniais, formais, com orientações específicas e determinados objetivos. As ações e palavras nos rituais que ensino são cuidadosamente desenvolvidas para guiar suavemente o buscador a um estado de transcendência, abrindo caminho para o mundo mais profundo dos arquétipos e talvez até transcendendo a consciência regular.

Os três rituais dos próximos capítulos foram bem aperfeiçoados por centenas de alunos. Considere-os como espíritos, energias, levando consigo apoio e sabedoria. Faça o melhor que puder com o que você tem ao realizá-los. Permaneça no Templo do Bom o Suficiente. Você é bom e o ritual trará bondade. Você é o suficiente: completamente digno do transcendente e de Hécate. Tudo o que você foi capaz de fazer como preparação é o suficiente.

Meu corpo é o templo,
Minha mente é o altar,
E minha alma é o santuário sobre ela.
Minha vida é o ritual.
Eu sou solo sagrado.

O Fogo Sagrado

Imagine ter sua caixa sagrada e sua ave aliada ao seu lado no momento em que está diante da caverna de Hécate, enquanto contempla a jornada que está por vir. Ao olhar para dentro, você vê uma luz distante – um brilho das tochas de Hécate, que o atrai para sua escuridão nutridora. Algo sobre isso ressoa profundamente dentro de si, e você se sente curiosamente compelido a entrar nesse refúgio subterrâneo da deusa. Esse é o chamado do numinoso, que ressoa em sua alma.

As velas simbolizam essa iluminação. Qualquer vela que fale com você, mesmo que seja alimentada por bateria, é adequada. Recomendo ter uma nova para acender ao começar este livro e depois acendê-la todos os dias como parte dos rituais e exercícios que apresento. Os três rituais centrais deste livro – o Ritual da Catarse (veja o Capítulo 9), a Jornada de Resgate da Alma (Capítulo 12) e o Ritual de Renascimento (Capítulo 14) – são todos complementados com uma vela especial.

Após cada ritual, continue acendendo a vela conforme se sentir guiado a fazer. Uma parte favorita dos rituais que ensino é a transição de um ciclo para o seguinte, iluminando a nova vela com a chama da antiga e depois apagando a anterior.

Prática: Ritual Tríplice

Todos os rituais que ensino incluem três "chaves": limpeza, proteção e invocação. O último elemento pode assumir muitas formas, desde uma bênção geral até um foco específico. Eu chamo essa estrutura básica de Ritual Tríplice. Aqui está uma visão geral que você pode adaptar de acordo com suas necessidades.

Fique em frente ao seu altar, coloque as mãos na sua raiz, na altura do chakra básico, apontando para baixo, e diga:

> "Eu estou banindo tudo o que bloqueia e prende; entro neste ritual com sinceridade e confiança."

Reserve um tempo para firmar suas raízes no solo, seus pés no chão, liberando tudo o que o prejudica enquanto se prende à terra. Agora, coloque as mãos abertas no centro do coração e diga:

> "Estou protegido de todo mal."

Permita que o centro do seu coração se abra, conectando você ao mundo natural, ao seu ambiente e à natureza ao redor. Diga:

> "Eu abençoo a mim mesmo, a meus amados e a este ritual."

Você pode acender qualquer incenso neste momento. Coloque as duas mãos apontando para cima com os polegares na testa. Estique seus dedos para o Caminho Estrelado acima, se conectando à energia do cosmos, e diga:

> "Venho em busca de orientação."

Você pode especificar sua invocação aqui.

Passe algum tempo nessa presença, permitindo que visões e mensagens cheguem. Quando estiver pronto, puxe os galhos do seu Eu superior sobre a testa. Puxe o seu Eu médio sobre o centro do coração. Finalmente, puxe suas raízes e seu Eu inferior da terra.

Prática: Ritual de Encantamento

Os encantamentos dão vida a um objeto criado com magia natural. Embora acredite plenamente que tais palavras são mais bem pronunciadas com nossas próprias almas, aqui está um modelo de encantamento que você pode personalizar para seus talismãs e muito mais. Ele tem base na magia das velas.

Acenda a vela e a segure no centro do coração, sobre o objeto, dizendo:

"Chama Sagrada, traga isso à vida.
Isso diz sobre os mistérios, a cura e a plenitude.
Em nome de Hécate e seus companheiros, Chama Sagrada,
Dê vida a isso.
Espírito transformado em carne."

Enquanto circunda o objeto no sentido anti-horário três vezes, recite estas palavras:

"Limpe isso, Chama Sagrada.
Espírito transformado em carne."

Traga a vela de volta, acima do objeto em seu coração. Em seguida, faça um círculo com ela três vezes no sentido horário, dizendo:

"Proteja isso, Chama Sagrada.
Espírito transformado em carne."

Traga a vela de volta, acima do objeto em seu coração, e diga:

"Desperte como companheiro de jornada,
Bom companheiro e guia,
Abençoando nós dois.
Enquanto eu falo,
Assim se torna.
Eu saúdo Hécate e seus companheiros.
Eu saúdo a Chama Sagrada."

Prática: Trabalhando com Cristais

Ao adquirir um novo cristal, abra-se ao seu espírito, à sua energia. Veja suas correntes de energia descendo até sua estrutura cristalina. O que precisa ser removido? Existem muitas maneiras de fazer isso. A cirurgia espiritual para remover a negatividade é uma abordagem. Incensar a pedra com fumaça de um bastão de sálvia de boa procedência ou de um maço de erva-doce pode ser muito eficaz. Depois de limpas, deixe as pedras se recuperarem ainda mais em um leito de terra, areia ou sal. Desenhar a lua em pedras é outra maneira de ajudá-las a libertar energias passadas. Elas percorreram um longo caminho para conhecer você; trate-as como faria com qualquer viajante cansado e bem-vindo.

Conecte-se com o espírito da pedra, com a energia, a segurando em suas mãos. Veja o seu Terceiro Olho se abrindo, liberando um cordão em direção à pedra. Sinta a conexão; relaxe no momento. Dê espaço à pedra. Não a sufoque energeticamente, a menos, é claro, que seja isso que você esteja tentando fazer. Pergunte ao espírito da pedra:

> "O que há para eu saber sobre você?"

Ouça qualquer mensagem. Ao praticar essa técnica simples, você poderá descobrir que está sendo atraído para uma conexão mais profunda com o espírito da pedra.

Prática: Cerimônia Quotidia de Velas

Ensino uma prática diária em três partes que simboliza a triplicidade de Hécate. É conhecida como *Quotidia* (do latim, "diário"). Comece acendendo uma vela e recitando um mantra ou oração.[12] Recomendo iniciar sua jornada na caverna de Hécate com uma vela nova adornada com símbolos que lhe pareçam adequados. Faça isso sempre que for apropriado para você. Antes do amanhecer, pouco antes do dia começar, é quando realizo minha própria prática sagrada. Acender a vela na escuridão evoca a sensação da caverna. Eu encorajo você a criar esse ambiente.

Simplesmente acenda a vela, recite as palavras sagradas escolhidas e deixe-se tranquilizar pela chama. Eleve a energia fazendo círculos com a vela três vezes no sentido anti-horário, visualizando quaisquer energias prejudiciais do corpo, da mente e do ambiente sendo eliminadas. Em seguida, faça círculos três vezes no sentido horário para proteção. Termine a segurando no centro do coração e sentindo sua bênção nutridora dentro e ao seu redor. Passe algum tempo se conectando com sua ave companheira, permitindo que a sabedoria dela fale com você. Ensinarei as outras duas partes desta prática diária – meditação e Oráculo Enodia – nos próximos capítulos.

Eu acendo esta vela para acender o fogo da minha alma,
chama que arde por dentro.
Acendo esta vela conectando-me ao Fogo Sagrado de Hécate.
Movendo-a no sentido anti-horário, eu estou banindo e limpando.
Fazendo círculos no sentido horário, estou protegido.
Guardo isso em meu coração, sabendo que tenho tudo
de que preciso para ser saudável e pleno.
Eu apago essa vela do fogo da alma,
Sabendo que essa luz não pode ser apagada,
E que está sempre brilhando.
Enquanto eu falo,
Isso se realiza.

Capítulo 2

Kleis: As Chaves

Eu invoco a Chave da Catarse,
Deixando de lado o que bloqueia e prende.
Eu invoco a Chave da Recuperação, do acesso
Chamando de volta o que foi perdido.
Eu invoco a Chave do Renascimento,
Emergindo pleno.

Durante séculos, muito antes dos gregos saberem dela, Hécate era entendida como uma expressão do arquétipo da Mãe de Todos – presidindo o ritmo natural do universo. Ela era Kleidoukhos, a Guardiã das Chaves de todas as coisas.[1] Possuía as chaves do mundo cotidiano e do reino mais profundo, assim como todas as faces da Grande Mãe.[2] Esse espírito era chamado por nomes que incluíam Inanna, Cibele e Deméter. Ísis, uma manifestação dela, era conhecida como "Aquela dos 10.000 nomes". O que essas figuras partilham é que o seu ventre é a fonte de onde brota toda a vida e para a qual tudo regressa.

Os antigos realizavam rituais importantes em cavernas, talvez simbolizando o grande útero da Mãe. As águas que jorram são a força que alimenta a vida, a morte e tudo mais. Inspirada por esses ritos antigos, desenvolvi uma série de três portais através dos quais os buscadores passam em seu caminho para a plenitude. Esses portais concentram nossa energia nos três componentes principais da cura psicoespiritual: catarse, recuperação (acesso) e renovação. O portal da catarse é atravessado ao abandonar o que nos pesa, criando, assim, espaço para o que perdemos ao longo da nossa jornada. O portal da recuperação (do acesso) é onde recuperamos partes de nós mesmos que podem ter sido perdidas. Finalmente, no portal do renascimento, reemergimos do ventre interior da cura.

A Estrada Fluvial

A fonte desse poder de cura é o mundo natural, a natureza, do qual fazemos parte. Nossa cultura vê a medicina apenas como curativa e desconectada da natureza. Pode ser um desafio para aqueles que foram programados pela sociedade atual enxergar a deusa como curadora e entendê-la como a concedente desse poder. No entanto, Hécate restaura o verdadeiro conhecimento de que a medicina é tudo o que faz bem à mente, ao corpo e à alma. Ao longo dos milhares de anos em que os humanos tentaram compreendê-la, Hécate recebeu vários papéis na tentativa de trazer entendimento ao seu poder de cura. No entanto, existe uma força muito maior do que nossa limitada compreensão mortal, que nos chama a passar pelos seus portais e entrar nas suas profundezas.

De sua caverna nas profundezas da terra, Hécate agita seu caldeirão de estrelas, que jorra para se tornar o rio que cria o oceano e depois evapora para reaparecer como as estrelas que caem de volta à terra como chuva. Podemos entrar nesse rio, que nos leva à escuridão curadora da sua caverna, mas primeiro passamos pelo portal que guarda a entrada.

Essa força nos conduz por uma Estrada Fluvial que jorra de seu caldeirão no coração de sua caverna. Ela nos chama para a encruzilhada, em que estamos às margens desse rio – um rio que é uma estrada, uma estrada que é um rio. Vemos essa Estrada Fluvial pelos olhos da alma. E essa estrada sinuosa sempre nos leva de volta para onde deveríamos estar. Nossas almas anseiam por mergulhar fundo nesse rio, mas nossas sombras podem nos dizer que a água é muito profunda. Ela não é. Somos nadadores fortes.

Você já sentiu que está constantemente nadando contra a corrente? Que não importa o quanto você tente, você não chega a lugar algum? Isso é o oposto de nadar nesse rio mais profundo que é o fluxo de Hécate. Quando finalmente vivemos da alma, ficamos mais conectados com nossa amada deusa; entramos no fluxo de seu rio. Precisamos aprender habilidades para passar da luta contra a corrente do falso rio para a competência na navegação nas suas águas mais profundas. Podemos escolher colocar os pés na água e orbitar em sua encruzilhada em voltas intermináveis. Ou podemos optar por passar pelos portais de Hécate e entrar em sua caverna. A jornada pela caverna é onde nossas almas aprendem a nadar.

É quase certo que você já esteve imerso nesse rio profundo que leva à caverna. Naqueles momentos em que nos esquecemos de nós mesmos, quando o tempo se torna não linear e todo o absurdo do mundo exterior é levado embora, estamos no fluxo desse rio mais profundo. Isso pode acontecer durante um sonho, durante uma experiência transcendente, ao fazer trabalhos sagrados ou quando estiver na natureza. Refletir sobre esses momentos pode nos ajudar a ver o quanto estamos verdadeiramente ligados a Hécate e ao seu mundo mais profundo.

A caverna de Hécate simboliza o útero escuro e úmido da deusa primordial. Quando ousamos olhar para sua entrada aquosa, nossa ligação com ela é refletida de volta. Ao entrarmos no primeiro portal, começamos a liberar o passado. Vemos com os olhos da alma que somos *ágape* (amor puro) e *phoberos* (medo), luz e escuridão, o passado e o possível, nos libertando de fardos, sendo limpos na superfície para explorar nossas próprias profundezas. É um retorno para onde viemos. As águas estão limpando profundamente, nos livrando do passado.

Porém, primeiro aprendemos a nos sentir confortáveis com nossa imagem refletida na superfície da água. Podemos imaginar a água como uma cascata fluindo pela entrada da caverna, conhecê-la como um grande poço ou perceber a entrada da caverna como um portal submerso. Nos tempos antigos, a entrada para o Submundo, o abismo, era vista dessa forma. Esse reino é místico, arquetípico. Não podemos limitar a forma como o enxergamos a uma visão limitada.

Guardiã das Chaves

Eu a saúdo, Hécate Kleidoukhos,
Guardiã das Chaves do Universo.
Aceite minha gratidão por sua
Proteção, orientação e sabedoria.

Existem muitos epítetos antigos para Hécate que evocam seu poder de romper nossa existência monótona e nos obrigam a mergulhar em suas profundezas – A Que Quebra as Correntes, A Que Movimenta a Terra, a Guardiã dos Portais. Mas talvez seja a sua representação como Kleidoukhos – Guardiã das Chaves – que mais nos intriga, uma vez que essas são as chaves das nossas próprias almas. Ao chegarmos ao rio que leva à caverna, ouvimos o barulho delas e sabemos que temos uma decisão a tomar. Vamos recusar passar pelo portal ou embarcaremos numa jornada para dentro? Porque esses portais *se abrirão*, quer entremos intencionalmente ou não.

Entrar na caverna com um propósito, em vez de permanecermos inconscientes em nossas vidas, faz toda a diferença. Os portais que nos impedem de passar foram construídos pelas nossas sombras. De certa forma, eles nos mantêm protegidos, nos protegem do mal. No entanto, também nos bloqueiam do nosso centro, da nossa essência. Quando a alma rompe essas barreiras, os portais da caverna de Hécate se abrem e um brilho efusivo, ou mesmo um inferno violento, toma conta de nós. Essa é a alma respondendo ao som que ela faz sacudindo as chaves de nossas almas.

Eu vivi fora da minha própria vida durante a maior parte do tempo. Talvez você possa se identificar. A vida me conduziu em vez de eu conduzi-la. Mas os portões irão se abrir e, se formos andarilhos sem rumo, invariavelmente eles se abrem para viagens ao Submundo que não nos levam através da caverna. Eles nos conduzem pelos reinos sombrios de Tártaro, onde repetimos os mesmos padrões disfuncionais.

No dia em que decidi tomar as rédeas da minha vida, pronunciei o que considero a oração mais poderosa: "Me ajude!". Isso desbloqueou a jornada de volta à minha própria alma, descendo as águas de Hécate pela Estrada Fluvial e entrando na caverna. Como sempre faz, a deusa me abalou profundamente. Libertar-se das correntes do passado é uma reviravolta. Abandonei quase tudo o que os outros consideravam sinais de uma vida boa. O que descobri foi a verdade e a plenitude além de tudo o que já conheci. Aceitar uma chave oferecida por Hécate é mergulhar em seus mistérios. Nós nos tornamos viajantes do seu mundo mais profundo, onde percebemos que não há separação entre o simbólico e o literal. Completamos nossa encarnação e vivemos plenamente na alma.

Foi essa fusão da vida cotidiana com o transcendente que me inspirou a chamar meu trabalho de Guardando as Chaves Dela (*Keeping Her Keys*).

Sempre fui uma buscadora de mistérios. Hécate – que foi chamada de *Anima Mundi*, a Alma do Mundo, pelos filósofos antigos – significa aquilo para onde eu me inclino. Ela guarda os mistérios de toda a vida com suas chaves cósmicas. Nessa representação, reflete a minha soberania sobre a minha própria vida – a união do místico, do espiritual e do mundano. É aqui que encontro a encruzilhada da vida moderna e do mundo mais profundo.

Um dos presentes mais maravilhosos da Guardiã das Chaves é como nossa visão se expande para ver a marca que ela deixa em nossas vidas. Seu papel arquetípico como Kleidoukhos posiciona Hécate na encruzilhada de tudo o que existe. Ela é a Guardiã dos Portais, que permite a entrada daqueles que a procuram com o coração e a mente abertos. Para aqueles familiarizados com Hécate, essa função é intuitiva. Sabemos, no fundo de nossas almas, que as chaves são um de seus principais símbolos, junto com o fogo e a sua Roda. Para nós, essas chaves representam o seu papel primordial como Alma do Mundo. Elas abrem, desvendam seus mistérios. Liberam as amarras, o que está atado. Para os antigos, a deusa era multifacetada, livre de restrições impostas a ela pelos poderosos. Como Guardiã das Chaves, possuía o conhecimento de todas as coisas.

Confiar em nós mesmos para entrar na caverna de Hécate é assustador, mas há uma luz interior que ressoa com o símbolo arquetípico da deusa como Portadora da Tocha. Imagine que ela segura duas tochas no alto, iluminando suas chaves oscilantes, parada, fora do alcance, do outro lado do portal de entrada da caverna. A Estrada Fluvial é numinosa, mutável, espiralando em correntes de energia. Suas tochas refletem sobre ela, incendiando a água com luminescência. A lua pálida brilha acima, e as criaturas de seu jardim prestam atenção em sua presença.

Escuridão Sagrada – Luz Simulada

Para os antigos da região do Mediterrâneo, as cavernas eram locais muito sagrados. Ao contrário dos templos, onde a ordem racional prevalecia nas cerimônias religiosas, as cavernas eram locais místicos de profunda comunhão com os espíritos e de particular importância como locais de conexão com os deuses e deusas.[3] As sacerdotisas de Hécate mantinham a corte – por exemplo, a Sibila de Cumas e a Pítia.[4] Havia também fossos dentro dos templos que simbolizavam a caverna e o Submundo (*megaras*), onde ela era venerada e onde as oferendas eram deixadas. Sabemos que altares ctônicos, conhecidos como *eschára*, também foram usados.[5] Na verdade, o próprio Submundo, mundo dos mortos, pode ser visto como análogo à caverna, embora esta represente uma "câmara" na vasta extensão do subterrâneo espiritual. Mas as divindades do Submundo, como Hécate e Perséfone, eram associadas não apenas à morte e aos espíritos, como também à cura e à riqueza.

Assim, a caverna pode ser vista como um lugar de escuridão sagrada, um lugar onde despertamos para nossas próprias almas, um lugar onde nos voltamos para o Hieros Pyr primordial, um antigo epíteto de Hécate que significa o fogo sagrado que arde profundamente dentro de nós. Nossa jornada através desta vida – as dificuldades, a dor e a nossa busca pela plenitude – nos chama para a escuridão sagrada da caverna de Hécate. Aventurar-se por ela exige muita coragem. Vivemos num mundo que nega o poder de cura do ventre da Grande Mãe arquetípica. No entanto, essa escuridão sagrada está próxima no nosso mundo, com grandes agitações e mudanças em todo o lado. Podemos regressar ao útero escuro e úmido de onde viemos para salvar não só a nós mesmos, mas também o nosso planeta. Os Mistérios de Elêusis oferecem uma visão sobre como os mistérios da caverna eram compreendidos na Grécia Antiga (veja o Capítulo 6).[6]

Phoberos, que significa "assustador", é um dos títulos de *Os Papiros Mágicos Gregos* que evoca uma força muito maior do que nós. Carrega o duplo significado de ter medo e de incutir terror. Em *Keeping Her Keys*, apresentei um exercício que ofereceu uma maneira de explorar tanto o amor quanto o medo. Há poder nesse exercício e ele se tornou o favorito de muitos. *Phoberos* representa nossa sombra, as partes de nós que tememos. Mas o problema do medo é que o que mais tememos é nossa própria capacidade de sermos temíveis. Embora nossa sombra direcione o medo para nosso verdadeiro Eu, ela também é o centro de poder da nossa habilidade de sermos tóxicos para os outros.

Há uma luz tão profunda dentro de mim
Que nada pode extinguir.
Ela incendiou mil vidas inteiras,
Sempre me levando de volta ao centro.
O fogo da minha alma conhece o caminho,
Enquanto responde à luz bruxuleante das tochas de Hécate.

O mundo, com seu caos, seus aborrecimentos e suas dores, diminui a clareza, a luz, daquilo que ilumina o nosso íntimo. Pense nisso como uma falsa energia solar, enquanto Hécate oferece sua tocha lunar como um caminho para a verdade. É de se esperar que tenhamos medo da escuridão quando enterramos tanta coisa por lá. Como cultura, estamos condicionados a acreditar que a luz simulada oferecida pelas rápidas doses de dopamina das redes sociais e do consumismo é um bálsamo. Ao contrário, ficamos insensíveis a tudo, exceto à ansiedade incessante que essas coisas provocam. Quando Hécate nos chama, ela atravessa o entorpecimento e a dor, nos sacudindo. Segura o espelho debaixo dos nossos narizes e pergunta se realmente nos contentamos em permanecer presos ao brilho fluorescente daquilo que causou a angústia inicial.

Vivemos numa época em que a escuridão é desqualificada e somos encorajados a viver puramente sob luz simulada. Essa negação da necessidade de descer às nossas profundezas para sermos completos, às vezes chamada de "positividade tóxica", levou a uma sociedade obcecada pela inverdade. Vemos isso em todos os lugares, desde as redes sociais até os brinquedos infantis. Nosso mundo se tornou tão ofuscantemente brilhante que não conseguimos respirar. No entanto, o paradoxo de nos dizer que a chave se encontra na positividade é o que nos deixa com mais medo. Temos medo de que, se dermos voz aos nossos medos, sejamos julgados negativamente. Porém, só saindo dessa luz ofuscante e reconhecendo os medos que estão abrigados na sombra é que poderemos superá-los.

Na linguagem psicológica, a alma é vista como as profundezas da psique. O trabalho da caverna é, portanto, voltar-se para dentro, longe da luz simulada. Isso não é para negar a importância da luz solar brilhante, mas como um antídoto para muita inverdade. A sombra floresce na luz simulada, por estar continuamente no caráter, porque ignora a alma até que nos voltemos para ela com amor. Esse é um processo assustador que podemos temer por si só. No entanto, o caminho para a plenitude – o que chamamos, na psicologia profunda, de individuação –, nos convida a voltarmos para dentro. Somente ao nos afastarmos do brilho solar é que nos conectamos com Hécate e seu mundo mais profundo. Trazemos para a nossa consciência o nosso *phoberos* interior, que é condicionado pela sociedade.[7] Então, embarcamos no caminho da plenitude, superando a fragmentação da sombra (diferenciação).

Medo da Incerteza

Existe um medo da incerteza que está enraizado em muitos de nós. Precisamos controlar o máximo possível. Apenas abraçar nossa selvageria sagrada significa aceitar a incerteza. Nossa necessidade incessante de controle geralmente nasce de nossas ansiedades profundas. Perfeitamente compreensível. Certamente, sempre serei uma maníaca por controle em recuperação. Mas a estou convidando a ser gentil com essa parte de você. Entenda de onde vêm suas ansiedades e depois se assegure de que a incerteza é uma parte natural da vida, a qual deve ser esperada.

Outra questão que fomos condicionados a aceitar é o medo do sagrado feminino. Aquilo que é feminino – isto é, intuitivo, emocional, gerador e destrutivo – é difamado na sociedade atual. Isso é evidenciado na negação da verdadeira forma feminina.[8] Vemos imagens manipuladas de mulheres com cirurgia plástica, usando grandes quantidades de maquiagem e enfiadas em roupas apertadas, por exemplo. Parece que a cada semana surge outro relatório de investigação sobre os impactos nefastos dos meios de comunicação social, das redes sociais, especialmente nas meninas e nas mulheres.[9]

Entrar na caverna nos separa dessa loucura. Você pode ficar sozinho. Talvez esteja lendo este livro em segredo, para que seus colegas de casa não descubram que está interessado em Hécate e seus mistérios. Eu aplaudo sua coragem. Há uma luz dentro de você que foi projetada para resistir à luz simulada do mundo. A fluorita é a pedra que ajuda a iluminar a luz interior.

Toda essa programação nos leva a temer o nosso próprio poder – aquele que é intuitivo, eterno, emocional e sem restrições. Também ficamos com receio da nossa capacidade de provocar medo nas outras pessoas e ignoramos nossa raiva legítima. Raiva, ansiedade e até culpa têm seus lugares corretos. Quando as usamos para alimentar nosso remorso ou raiva íntegra, nossa força cresce. Mas, nas mãos da sombra, elas nos imobilizam e enfraquecem.

Quando entramos na caverna, escolhemos o amor e abraçamos os nossos medos. Somos ambos ágape – puro amor e confiança iluminados – e *phoberos* – a totalidade de todos os medos.

Prática: Autorreflexão

O condicionamento social e a invalidação por parte de outros podem fazer com que nos sintamos desconfortáveis com nossa aparência. A jornada pela caverna mostrará que você é esplêndido, exatamente como deveria ser, ao mesmo tempo que oferece cura para alcançar o ponto máximo da sua aparência autêntica. A sombra nos diz que não somos atraentes; a alma diz que somos reflexos da deusa.

Essa prática pode ajudar você a ver um reflexo do seu verdadeiro Eu. Recomendo se sentar junto a uma superfície de água que reflita sua imagem– na natureza, se possível. Use uma tigela ou até mesmo um espelho para contemplar sua verdadeira beleza. Permita que seu olhar se suavize, se abrindo para o que chamo de "visão da alma". Sinta o poder dessas dualidades dentro de você. Registre suas reflexões em seu diário.

Capítulo 3

Triformis: A Transformação

Triformis.
Triformis.
Triformis.
Eterna, em constante mudança
Deusa Tríplice.
Transforme a mim.
Tornando-me real e verdadeiro
Enquanto eu te sigo.
Senhora da Transformação.
Eu caminho com você.

A visão arquetípica do sagrado feminino como tridimensional é encontrada em todos os tempos e culturas, e Hécate, como a Deusa Tríplice, é uma imagem que encanta a mente e o coração.[1] É ela quem vê o passado, o presente e o futuro. Nos tempos modernos, é frequentemente retratada como Donzela, Mãe e Anciã, embora a historicidade disso seja discutível.[2] Ela tem muitos rostos, mas é sempre familiar. Sua natureza eterna é tão constante quanto sua transformação perpétua.

Hécate se transforma na visão que precisamos ver. No nível cultural, é distorcida em formas que podem ser assustadoras ou benevolentes. Ela muda de forma, às vezes com uma velocidade vertiginosa, mesmo antes que nossos olhos possam entender sua última aparição. No entanto, é a grande unificadora, o que pode parecer contraditório dada sua natureza mutável e transformadora. Hécate incorpora a máxima: a única coisa constante é a própria mudança.

É nos espaços entre essas formas mutáveis que encontramos a totalidade, a plenitude. As três cabeças ou os três corpos às vezes usados para representar a Deusa Tríplice falam da cura da divisão entre o Eu, a sombra e a alma. Já que *Triformis* é uma, nos tornamos inteiros. Os fios do tempo – aquelas pequenas fibras em sua grande Roda do Tempo, a partir das quais nossas vidas são tecidas – nos unem novamente quando viajamos através da sombra até a alma, nos levando ao nosso Eu autêntico e fortalecido. Hécate é pedra, sangue e ar. Fixa, pulsante e passageira. À medida que integramos a cura do acesso à alma, enfrentamos as nossas próprias reflexões, descobrindo que somos iguais. Nós somos *Triformis*. Estamos continuamente nos transformando. A questão aqui é: à medida que nos aproximamos da caverna, como nos transformamos em nosso Eu mais autêntico?

Nosso despertar para Hécate e seu mundo mais profundo geralmente ocorre quando nos sentimos derrotados, escravizados pela dor e sob o domínio das sombras. Vemos aqui novamente a triplicidade da deusa, pois somos sombra, Eu (*self*) e alma. Nossa dança da plenitude é a da *Triformis*, à medida que tecemos as três (formas) juntas. Diversas vezes, me perguntam por que muitos que passaram por grandes traumas e dificuldades são atraídos por Hécate e seus mistérios. Certamente, ela é alma; nos chama de volta para nós mesmos. Além disso, sinto que é o seu poder de transformação que reverbera naqueles que foram gravemente feridos pelo mundo exterior. Em nossos rituais e magia, encontramos forças para nos curar porque vemos a *possibilidade* que ela manifesta. As linhas separadas se fundem em um sigilo que vibra com potencialidade. O simples pedaço de fio se torna um talismã que usamos para nos guiar adiante na verdade.

Mas sempre há incerteza. As *Fates* (Moiras) mantêm a Roda do Tempo de Hécate para si, permitindo apenas vislumbres de seus segredos. O ego – o pequeno "s" *self* – anseia por certeza porque resiste à transformação em curso. Pode haver grande tensão entre o Eu e a alma durante o processo de integração. O Eu deseja que tudo seja ordenado e linear, enquanto a alma sabe que a desordem e a circularidade são a essência da Deusa Tríplice. A transformação é um processo alquímico no qual tecemos o que foi perdido de volta à fórmula, que é nossa pedra filosofal pessoal. *Triformis* é a alquimista definitiva que detém a chave do coração de sua Roda, em que a pedra/alma essencial está contida em seu fogo.

A Deusa Tríplice

Venha a mim, deusa da noite, matadora de feras,
E ouça minhas orações, Selene,
Quem se levanta e se põe à noite, Tríplice Cabeça, Tríplice Nomeada.
Senhora da Noite e do Submundo, sagrada.
Em torno de quem gira o movimento das estrelas e a natureza do universo.
Dê-me atenção, Senhora, eu lhe peço.
Você estabeleceu todas as coisas mundanas,
Pois você gerou tudo na terra
E no mar e em cada espécie por sua vez.
De pássaros alados que voltam a procurar seus ninhos.
Mãe de todos, que deu à luz ao Amor, Afrodite.
Portadora da tocha, brilhante e resplandecente, Selene.[3]

Existem duas formas distintas da Deusa Tríplice – uma que a retrata como tendo três aspectos contidos dentro de si mesma, e outra que a revela como parte de um trio. Historicamente, quando é representada com características animais, o criador das imagens tenta capturar o quanto ela está profundamente conectada ao mundo natural.[4] Mas Hécate também faz parte de muitos trios de deusas, desde sua aliança com Perséfone e Deméter, até sua triplicidade familiar com Circe e Medeia. Ela também está entrelaçada com Ártemis e Selene enquanto elas presidem a lua.

Hécate é frequentemente apresentada segurando suas chaves, brandindo sua tocha e erguendo sua lâmina em estátuas e imagens de três formatos. Na verdade, essa é uma de suas imagens mais icônicas. Ela é mostrada com três cabeças ou três corpos em muitas representações antigas e contemporâneas. Essa imagem da Deusa Tríplice está conosco pelo menos desde o século V a.C., quando a sua estátua de mesmo nome dominava Atenas.[5] Olhando para baixo da sua torre, ela podia ver em todas as direções, desempenhando seu papel como guardiã da cidade-estado. Ao longo dos séculos e em todas as culturas, a sua figura dividida em três partes tem sido utilizada em diversas obras de arte. Às vezes, suas cabeças são de animais, refletindo seus diferentes atributos e sua conexão com o mundo natural.

Embora essa possa ter sido a intenção das primeiras imagens que a retratavam com cabeças de animais e das palavras que a chamavam por diferentes epítetos bestiais, como em *Os Papiros Mágicos Gregos*, representações posteriores de Hécate que a descreviam com cabeças de animais podem ter sido projetadas para mostrá-la como nefasta e diminuir sua veneração.[6] Como *Triformis*, vemos Hécate simbolizada como a poderosa Deusa Tríplice, como a Grande Mãe e como uma figura hedionda ligada a povos "primitivos". Hoje, à medida que o sagrado feminino ganhou novamente espaço na cultura popular, ela se transformou mais uma vez.

Considerável atenção tem sido dada ao significado da deusa de três cabeças, além de sua capacidade de ver tudo. Agora, podemos explicar essa imagem como um símbolo da interpretação contemporânea da Donzela, Mãe e Anciã. Historicamente, Hécate vem sendo associada a donzelas e mães por alguns escritores, talvez indicando que ela reservou para si o papel de anciã.[7] Certamente, sua sabedoria perdurou ao longo dos tempos e das tradições. Esse é o poder de cura da *Triformis* – ela que está sempre mudando, mas permanece a mesma.

Existem muitas maneiras de interpretar a Deusa Tríplice. A estrutura que usei para criar minha própria prática sintetiza seus muitos epítetos, representações históricas e gnose pessoal em três aspectos:

> Os três papéis dominantes de Hécate como Protetora, Guia e Guardiã dos Portais fundem o retrato dela em muitos textos antigos. Da antiga conexão com a lua à moderna versão neopagã da deusa tríplice, o fio condutor é Hécate nos papéis de Protetora, Guia e Guardiã dos Portais. Isso reflete a longa história de Hécate como uma Deusa de Três Formas, mas adapta os antigos epítetos ao nosso entendimento moderno. Os antigos epítetos associados a esse modelo de Hécate são Enodia, Lampadios e Kleidoukhos. Enodia significa literalmente "do caminho" ou "na encruzilhada" e é mais indicativo do papel dela como guia para nossa jornada terrestre. Lampadios significa "Portadora da Tocha", representando Hécate como a luz na escuridão do Mundo

> Inferior. Hécate como a Guardiã das Chaves preside o portal do Mundo Superior, protegendo os mistérios dela e esperando que alcancemos cada nova chave ao longo da jornada de nossa vida.[8]

Ela é a Guardiã dos Portais, que permite a entrada em seus mistérios; é a Protetora, que nos mantém seguros enquanto fazemos o trabalho interno; e é a Guia, que nos conduz adiante.

Em meus estudos do xamanismo moderno, aprendi sobre os Três Mundos e os três eus.[9] Para mim, eles mapeiam a natureza tríplice de Hécate, e eu os incorporei em meus ensinamentos. Com o tempo, essas chaves se tornaram a meditação fundamental para despertar a alma serpente (veja o Capítulo 4).

Os Três Mundos são fios que repousam dentro de cada um dos *loci spirita* (centros de energia) da raiz, do coração e da coroa. Eles se entrelaçam quando permitimos que trabalhem em nós por meio de nossas meditações e rituais, e sempre que exploramos o mundo mais profundo, que é o domínio de Hécate. Eles estão entrelaçados na Roda de Hécate, um milhão de pequenos fios de vidas, tempos e lugares individuais. Esses são os fios que as irmãs fatídicas tecem (veja adiante).

Esses mundos correspondem aos reinos energéticos conectados ao mundo material. O Mundo Superior se refere ao reino celestial; alguns o chamam de paraíso. Costumo me referir a ele como Estrada Estrelada. O Mundo Médio é a força da vida cotidiana. É aqui que vivemos e é um pouco semelhante à visão de alguns filósofos antigos sobre o mundo material. O Mundo Inferior é o reino de alguns espíritos, incluindo espíritos animais. Esse mundo combina bem com as ideias do Submundo, do mundo dos mortos, em certas tradições históricas, como nas religiões que honraram Hécate nos tempos antigos.

Exploramos os Três Mundos de Hécate por meio de sua caverna, seu jardim e seu templo. Quando os mapeamos na Roda do Tempo, a caverna se conecta com o tempo de declínio, o jardim simboliza o retorno da estação de crescimento e seu glorioso templo incorpora os meses em que todo o mundo está em plena floração. A noite é a sua caverna; da manhã até o meio-dia, o seu jardim; o período entre o meio-dia e o pôr do sol, o seu templo. Esses mundos se refletem em nós no Eu inferior intuitivo, no Eu médio ativo e no Eu superior intelectual. Em termos de nossa totalidade, os três reinos de Hécate podem ser vistos como correspondendo à alma, à sombra e ao Eu (*self*).

Hécate, Perséfone e Deméter

Hécate, guia e protetora.
Mulher sábia falando a verdade ao poder,
Protegendo os vulneráveis.
Perséfone começou como a moça sem nome.
Tornou-se rainha benevolente que mudou as estações,
E guia das almas.
Deméter conhecia a dor, tentou proteger sua filha,
Enfurecida até que o equilíbrio fosse restaurado.
Juntas, a completa trindade,
O acima, o abaixo e o intermediário.

As deusas Hécate, Perséfone e Deméter estavam entrelaçadas em mitos e práticas do mundo antigo numa gloriosa teia de mistério. Hécate emerge de sua caverna para consolar a donzela Perséfone, demonstrando, assim, os poderes curativos das trevas. Todas as três deusas certamente atuam dentro de nós e através de nós. Podemos ser Perséfone, lançada no sofrimento. Podemos ser Deméter, enfurecida contra a injustiça. Ou podemos ser Hécate, agindo como mediadores para outras pessoas em perigo. No mito de Perséfone, Hécate vem até ela quando ninguém mais o faz, e também dá conselhos a Deméter em sua tristeza. Há algumas evidências de que todas as três eram veneradas nos mesmos templos, e alguns estudiosos acreditam que Hécate desempenhou um papel central no culto misterioso de Elêusis. Mais importante ainda, todas as três oferecem cura para a alma. Vêm até nós para nos mostrar como perseverar e nos aprofundar na cura. Elas nos ensinam que a plenitude se encontra em seus mistérios. Na verdade, podemos integrar as lições dos seus mitos à nossa própria jornada de cura.

Como mediadora, Hécate ajuda a negociar os termos do tempo de Perséfone no Submundo e assume a responsabilidade de ser sua protetora. Ela continua seu papel como guia de Perséfone, indo e voltando de sua vida subterrânea para o mundo solar, mudando assim as estações. Essa viagem para o Submundo representa nossa própria viagem à caverna de Hécate, pois Perséfone só encontrou sua totalidade, sua plenitude, enfrentando os seus próprios medos, aceitando as suas circunstâncias e, com o tempo, se tornando a rainha benevolente das profundezas.[10]

Na verdade, nossa jornada é a de Perséfone. Partimos como o viajante cansado que sofreu muito, buscando o descanso da caverna, sabendo ao mesmo tempo que o caminho a seguir, às vezes, será pedregoso. Nossa Deméter, focada exclusivamente no mundo exterior, descansa enquanto exploramos nossa paisagem interior, para se reunir quando emergirmos da caverna renascidos. A cura da alma delas está incorporada nessa reunião na totalidade, na plenitude.

Uma análise psicológica da tríade Hécate-Perséfone-Deméter revela que cada uma está contida dentro de nós, como diferentes aspectos do sagrado feminino. Hécate é a alma, a mediadora entre a psique (Perséfone) e a *persona* (Deméter). Deméter teve uma existência interior e Perséfone, certamente, uma externa. Hécate caminha entre os mundos, assim como nossa alma, nos guiando pelo caminho.

Além disso, em *O Hino Homérico a Deméter*, Perséfone é retratada como Kore (Cora), a Donzela, enquanto Deméter é descrita como *Mater*, a Mãe. Hécate, como a personificação da sabedoria, pode ser vista como a Anciã. Como símbolos do ciclo natural do mundo, Kore (jovem Perséfone) é potencial; Deméter, a vibração do mundo verde; e Perséfone madura (que significa "destruição"), a morte. Hécate surge como a força que as une.

Quando olhamos mais de perto para essas três deusas, descobrimos que todas elas alcançaram uma autoaceitação radical. Deméter desistiu de ser mãe. Perséfone abandonou sua inocência. Hécate se afastou quando seu papel como mediadora terminou. Assim, a jornada da caverna é de autoaceitação – autoaceitação *radical*. Enquanto rejeitarmos o que sabemos ser verdade no centro do nosso ser, na nossa essência, não haverá totalidade ou plenitude.

A autoaceitação é um vasto construto que inclui termos como autossegurança, autoeficiência, autoestima, autossuficiência e autoconfiança. É claro que o termo "amor-próprio", frequentemente usado, também faz parte disso. Para ser honesta, porém, este me confunde. É escorregadio, de uma forma semelhante a "equilíbrio". Mas vamos ser claros, porque esclarecer é gentil. A autoaceitação é onde começamos. Você já amou alguém, mas não aceitou essa pessoa como ela é? Parece sombrio, não é? A autoaceitação é o "coração" do fogo eterno de Hécate, que também arde dentro de nós. É o fogo da alma onde a verdade habita. Parte da superação do condicionamento que todos enfrentamos é praticar a autoaceitação radical. Ao honrar a si mesmo, iluminamos o caminho de volta à alma.

A Roda do Tempo

Hécate cria a Roda do Tempo de acordo com suas próprias leis. Podemos chamá-la de Roda, *strophalos* ou *iynx*.[11] Muitos a colocam em seus altares ou a tatuam na pele. Esse símbolo consiste em inúmeras rodas que representam cada ciclo, tanto anular como de vidas individuais. Os segredos da Roda de Hécate são conhecidos apenas por ela e suas companheiras mais confiáveis, as Moiras – Láquesis, Cloto e Átropos.

As Moiras, outra face da Deusa Tríplice, são as irmãs que governam o destino. Muitas vezes retratada vestida de branco, Láquesis mede o fio da vida tecido por sua irmã Cloto. Ela determina a duração da existência de uma pessoa, o que inclui os detalhes vividos. No final desse período, a terceira irmã, Átropos, corta o fio da vida. As Moiras podem nos ajudar a nos harmonizar com nosso destino.

Elas são seletivas com quem compartilham seus segredos, mesmo com aqueles que as procuram sinceramente, conforme obedecem às ordens de Hécate. A profecia era tão importante para os antigos que uma das Moiras, Láquesis, estava especificamente associada ao lançamento de sortes (cleromancia) e à solicitação de ajuda na adivinhação. Hécate compartilha os mistérios de sua Roda do Tempo somente com elas, oferecendo a seus profetas meros vislumbres do enorme arco do universo. No entanto, estamos literalmente desafiando o destino quando usamos nossa adivinhação apenas para prever o futuro.

Embora as Moiras guardem bem os segredos da Roda do Tempo, elas compartilham sua sabedoria de que o tempo é realmente circular. O ditado que diz "quem esquece a história está condenado a repeti-la" é 100% verdadeiro, assim como a máxima de que permanecemos presos ao passado até que estejamos dispostos a viver no presente. O tempo não é uma progressão linear que sobe uma escada íngreme, apesar de nossa cultura tentar nos convencer do contrário. Em vez disso, o futuro é um arco que se alonga para formar o que um dia será a história antiga. Nossa cultura é viciada em "mais" – sempre avançando, sempre adquirindo. Para o alto e avante, com os braços carregados de coisas que nem queremos. Essa é a única transformação aceitável. *Triformis* olha para essa insanidade e balança a cabeça. Se apontarmos apenas numa direção, perderemos a sabedoria das outras direções e ignoraremos o momento presente. Mas, como Eckhart Tolle nos ensinou, existe um grande poder no agora.[12]

Eu sou a Tecelã,
Tecendo-me inteira,
De volta à alma,
Eu invoco as Fiandeiras, me guiem,
Enquanto viajo pelo meu destino.
Cantando canções de liberdade e conexão.
Dançando em direção à plenitude.
Girando, rodando,
Em inúmeras cores
Até que eu seja minha tapeçaria única.

É aqui que encontramos Hécate enquanto nos preparamos para entrar na sua caverna sagrada, na encruzilhada entre o passado e o futuro. A plenitude pode parecer um objetivo distante, mas o poder da transformação vibra em nossas veias. O tempo é uma roda, com a plenitude sendo ao mesmo tempo distante e presente, e nos estendemos ao passado em busca da plenitude que foi abandonada. O ego, que é dominante no nível social, deseja que a transformação seja uma rápida subida por um lance fácil de escadas. No entanto, simplesmente não é assim que o crescimento normalmente funciona. Isso pode levar a um agravamento da divisão na nossa natureza tripartida. A sombra se torna amplificada; o Eu se transforma em ego; a alma é ignorada. A cura mais potente da Deusa Tríplice é essa mudança de ator para diretor.

Hécate, como muitas outras deusas, tem diferentes epítetos que a identificam como tendo três formas. Ela é uma, mas muitas. É constante, mas em fluxo. Tal como a vontade geral do universo, está em constante expansão.[13] Porém, embora possamos romantizar a deusa em qualquer forma que ela nos apresente, não há como idealizar o processo de transformação. A mudança nunca é linear. Damos dois passos à frente e depois recuamos. Um dos meus maiores problemas com os livros de autoajuda é que eles normalmente pintam a transformação como um processo sem esforço.

A transformação é difícil, mas é o tipo de dificuldade que vale a pena. Não é pior ficar preso na dor, derramando toda sua energia para conter a grandeza dentro de você? Ter medo não é pior do que quaisquer riscos possíveis? As imagens perfeitas nas redes sociais são projetadas para fazer com que a mudança pareça fácil. Porém, a verdadeira mudança é complicada, assim como o crescimento espiritual. A caverna é um lugar sujo. No entanto, você deu o passo mais corajoso ao embarcar nesta jornada. Aconteça o que acontecer, saiba que fez a coisa mais difícil ao abrir este livro.

Minha alma é sábia e forte.
Eu ouço minha intuição.
Eu sou resiliente.
Eu reivindiquei minha chave e abri os portais trancados em torno de minha alma.
Eu sou sagrado.
Sou muito mais do que qualquer situação ou como os outros me veem,
Incluindo as vozes falsas na minha cabeça.
Sou apoiado e amado além da medida.
Eu sou a criação e o criador.
Estou despertando.

Regressão, Progressão e Espaço Intermediário

A transformação inclui regressão, progressão e ocupação – com quietude – do espaço. A regressão, em particular, normalmente acontece após o resgate da alma, o acesso à alma (veja o Capítulo 12).[14] Simplificando, a regressão é o retorno a estágios anteriores do ser. Fazemos isso espontaneamente quando nos sentimos ameaçados, voltando ao modo como a criança traumatizada dentro de nós reagiria. Nossa sociedade, muitas vezes, conduz a uma regressão prejudicial, nos levando de volta a crenças e comportamentos infantis, como crianças pequenas que se recusam a fazer o que é do seu interesse. Esse tipo de regressão é uma tentativa de obter controle sobre uma situação. Quantas vezes voltamos a ter acessos de raiva ou mau humor quando nos sentimos sobrecarregados?

No contexto da cura, a regressão ocorre quando adotamos a psicologia e os comportamentos da idade que tínhamos quando ocorreu a cisão. Essa regressão tem o potencial de fazer parte do processo de cura quando reservamos espaço para ela. Por exemplo, podemos começar a mudar nossa aparência para parecer com a que tínhamos naquela época. Ou podemos fazer coisas como dormir com um bichinho de pelúcia, se nosso acesso às memórias trouxer de volta a lembrança de um querido protetor de pelúcia. Nosso comportamento pode se tornar mais infantil, incluindo acessos de raiva e sermos atipicamente egoístas. Aqueles de quem estamos próximos são capazes de notar essas diferenças.

A regressão consciente também pode incluir conversar com o seu Eu mais jovem sobre seus sonhos e desejos, e isso é vital para uma integração bem-sucedida.[15] Deixe o seu Eu mais jovem saber que ele é apoiado e ouvido, permitindo ocupar o espaço que lhe foi negado há muito tempo. Dê a ele um lugar no seu Conselho Íntimo e o ouça (veja o Capítulo 8).[16]

Um incidente curioso aconteceu enquanto eu escrevia o rascunho original deste capítulo, que entrelaçou o arquétipo da *Triformis* com o fio da minha vida. Estava com um grupo de mães, uma das quais estava compartilhando sobre a intensa exposição das mulheres à culpa por terem certos desejos e comportamentos sexuais diferentes do que esperam delas (*slut-shaming*) e outros tipos de *bullying* (incluindo violência) que sua filha estava enfrentando. Foi de partir o coração. Outra mãe contou uma história sobre como conheceu uma menina que estava passando por um sofrimento semelhante. Inicialmente, pensei que se tratava de "combinação de histórias", que pode ser um mecanismo de defesa que invalida a narrativa de outra pessoa. No entanto, agora parecia que ela estava tentando, embora talvez de uma forma muito imperfeita, fazer com que a outra mãe soubesse que sua filha não era a única.

Posicionada como estava, fisicamente entre as duas, literalmente mantinha o espaço entre aquela que buscava apoio e a que afirmava ter todas as respostas. Sem pensar, deixei escapar minha própria vergonha quando estava na décima série, a ponto de ter que abandonar a escola. Eu me ofereci para falar com a filha. No meu caso, se tivesse contado alguma coisa para minha própria mãe sobre o *bullying*, tenho certeza de que teria levado um tapa forte na cara, algo com o qual eu estava familiarizada sempre que tentava falar a verdade. Então, me virei para as outras mães, que pareciam um pouco desconfortáveis, e disse que é por isso que as mulheres que sofreram *bullying* muitas vezes se sentem desconfortáveis com outras que nunca conheceram a vergonha crônica ou que não têm consciência de seu trauma. Suas falsas sutilezas, muitas vezes, apenas acrescentam mais vergonha ao que está acumulado. Elas nos julgam muito sexuais, muito gordas, muito preguiçosas, muito estranhas. É o suficiente. Isso para por aqui.

Pouco antes dessa discussão, percebi que as mães estavam falando sobre mim de forma desfavorável enquanto eu estava no banheiro. Horas depois, quando voltei para casa, me arrastei imediatamente para a cama com um pedaço de fluorita. Caí na teia que é a Roda de Hécate, voltando mais uma vez para aquela garota que havia sofrido *bullying*. Passei um tempo com ela, sentindo suas feridas no meu corpo, que é o mesmo que sofreu *bullying*, e tudo o que veio com isso. Entreguei a ela o poder da pedra e fiquei assim até encontrarmos as luzes brilhantes daquela época devastadora. Quando criança, eu adorava ler, escrever, desenhar, música, caligrafia, flores, natureza e a escola. Havia beleza no caos da minha infância. O *bullying* foi apenas um sintoma do trauma crônico que começou pouco depois de minha chegada a esta vida.

E esse é o poder do fio das Moiras. Nos meus cursos, tecemos pulseiras que simbolizam nossas jornadas, acrescentando amuletos e símbolos que representam os pedaços de alma com os quais nos reencontramos. Encorajo você a criar seu próprio símbolo que autorize a união do passado e do presente. Cure a divisão a costurando novamente com os mistérios daquelas irmãs fatídicas que sabem tudo.

Três Mundos – Três Eus

As raízes se estendem profundamente na terra, aterrando-se.
Coração aberto para receber, forte apoio.
A coroa se estende até os céus, em permissão.

Nos meus ensinamentos, enfatizo a correspondência entre as muitas faces da Deusa Tríplice, os Três Mundos de Hécate e os nossos três "eus". Hécate preside a Estrada Estrelada pela qual ascendemos ao seu templo. De lá, descemos para sua caverna a fim de nos curarmos em nossa totalidade única. O equilíbrio dos dois se encontra em seu jardim. Esses Três Mundos – o Mundo Superior, o Mundo Inferior (ou Submundo) e o Mundo Médio – estão localizados dentro de nós na coroa, no coração e na raiz. Pelo processo de unificação desses locais, nos tornamos inteiras, totalmente sintonizadas com o "rio sob o rio" que é o mundo mais profundo de Hécate.

Acessamos os poderes de cura de Hécate por meio de plantas medicinais, pedras aliadas, arquétipos, ancestrais e muito mais. Eles vêm até nós em sonhos e em sincronicidades. Aparecem durante meditações e rituais. Hécate sempre ilumina a escuridão. Compare isso com a energia de Apolo, que está sempre associada aos raios solares. O autor espiritual e ex-monge

Thomas Moore escreveu sobre Hécate no contexto de uma jornada ao Submundo, na qual podemos escolher entre nos curar do passado, nos voltando para dentro da alma, ou passar nossas vidas tentando escapar de nossos fantasmas famintos.

> Hécate é um espírito lunar, uma fonte suave de força quando a vida está repleta de sentimentos e parece não haver saída para a confusão. Essa protetora da sua escuridão não lança luz brilhante sobre os seus problemas. Em vez disso, sua tocha lhe dá dicas, insinuações e sugestões. Depois de um tempo, você pode se sentir confortável com as intuições tênues que experimenta. Você pode não precisar de explicações e soluções, mas apenas de indicações de que tudo está essencialmente bem e de que você pode lidar com o que quer que surja pelo caminho. A tocha de Hécate ilumina a escuridão penetrante com uma fraca luz lunar.[17]

Prática: Altar da Deusa Tríplice

Você pode trabalhar com as imagens da Deusa Tríplice montando seu altar com uma encruzilhada e incluindo uma bela fluorita para amplificar a energia de aprendizado e expansão. A Deusa Tríplice ocupa todo o espaço que deseja, e a fluorita é maravilhosa por nos ajudar a fazer o mesmo.

Capítulo 4

Drakaina: O Despertar

Eu a saúdo, Drakaina, a Deusa Serpente,
Eu a saúdo, Drakaina, Eterna Ela-Dragão do Mito e do Poder.
Eu a saúdo, Medusa, Grande Protetora Górgona.
Eu a saúdo, Drakaina, Mãe da Grande Serpente que é a vida.
Ensina-me seus mistérios,
Mostre-me como a soberania é bem falada,
Para que eu honre minhas emoções, desejos e necessidades.
Eu a saúdo, Drakaina!

Drakaina é um título, epíteto, antigo de Hécate e de outras deusas, que pode ser traduzido como "serpente" ou "dragão".[1] A deusa serpente arquetípica agita, sacode e gira. Ela ruge e voa em sua forma de dragão. E quando isso acontece, desperta nosso próprio dragão interior. Desde que Eva ouviu a cobra, a santidade da serpente tem sido mal compreendida. No entanto, antes dessa história ser contada, a serpente era um símbolo poderoso da Deusa Mãe. Em meu trabalho, testemunhei inúmeros sonhos com serpentes e até mesmo avistamentos sincronizados delas em sua forma física. Invariavelmente, esses enviados de Hécate chegam quando estamos numa encruzilhada. A serpente simboliza a alma, que pode descansar sob uma rocha até que voltemos nossa atenção para dentro. A serpente nos ensina que podemos trocar nossa pele falsa. E esse é o despertar de Drakaina.

Existem muitas imagens vívidas de Hécate com cobras nos textos antigos – tendo uma coroa de cobras, sendo circundada por elas e as usando nas costas. Claramente, esses répteis são protegidos por ela. À medida que aprendemos sobre os mistérios de Hécate, percebemos que as cobras não devem ser temidas, pois são poderosas aliadas do Mundo Superior. Elas apresentam muita sabedoria e são um lembrete de que todas as coisas têm potencial para o perigo. Talvez, mais importante, nos mostram que podemos "trocar nossa pele" e nascer de novo. Assim, a serpente e a chave estão poderosamente conectadas.

Vejo uma visita inesperada de uma cobra como um presságio particularmente bom. Há possibilidade de cura e do numinoso. As serpentes nos lembram que existe dualidade em todas as coisas – desde a criação até a destruição. Além disso, são animais excepcionalmente inteligentes. Sua poderosa inteligência se reflete em dois símbolos antigos: o caduceu e o ouroboros. O primeiro é o conhecido símbolo da medicina, com duas cobras enroladas em um bastão central. Esse é um antigo talismã de cura e poder associado ao companheiro frequente de Hécate, Hermes. O ouroboros está associado a Hécate em textos e objetos antigos, incluindo várias moedas mágicas. Elas foram usadas como ferramentas de manifestação. Fiz várias dessas moedas para utilizar em meus próprios feitiços e para carregar como talismãs. A imagem da cobra comendo o próprio rabo nos ensina que toda vida é circular. Por meio do infinito do ouroboros, podemos nos conectar com Hécate como a chave do universo, infinito e eterno.

O simbolismo das serpentes é complexo, como você pode ver pelos vários aspectos descritos anteriormente. É por isso que as considero as aliadas animais mais potentes de Hécate. As cobras estão associadas a Hécate de diversas maneiras, refletindo sua natureza multifacetada. Encontre seu caminho com a ajuda da energia da serpente até as imagens com as quais pode se conectar.

À medida que você explora a serpente, a Medusa pode encontrar o caminho dela até você.[2] Em seu mito, ela foi punida por ter sido vítima de violência sexual. Seus castigos eram o cabelo de serpentes e o poder incontrolável de transformar outras pessoas em pedra. Nessa história, vemos como a sociedade repreende a vítima, algo que continua até hoje. Mesmo quando todas as provas demonstram a culpa dos seus agressores, as mulheres podem acabar sendo julgadas.[3] Num certo sentido, temos serpentes nos nossos cabelos. Na verdade, aqueles de nós que sofrem de condições provocadas por traumas são frequentemente condenados ao ostracismo, como se as nossas feridas fossem venenosas e destrutivas. Quando nos curamos dessas feridas, colocamos a cabeça da Medusa no lugar, assim como a nossa. A sabedoria adquirida com essa revitalização inclina a energia do mundo para a justiça.

Cura da Serpente

A cura da serpente pode chegar até nós em sonhos. Acordamos procurando as marcas de mordidas, encharcados de suor. É assim que o forte veneno da deusa serpente costuma funcionar. Ela nos sacode até prestarmos atenção ao que nossas almas estão tentando nos dizer.

Meu próprio sonho com serpentes começou comigo usando um chapéu de cobras. Eu estava perfeitamente confortável com elas. Minha única preocupação era que a pessoa não identificada, que deveria estar tirando uma foto minha com minha coroa de serpentes, não estivesse à altura da tarefa. Corta para a próxima cena do sonho: eu dormindo em um ninho de cobras. Elas estavam ao meu redor aproximadamente nas posições dos meridianos corporais da medicina tradicional chinesa. Uma estava aconchegada em minhas partes íntimas. Eu não tinha medo das cobras. Nem estava curiosa para saber por que elas estavam lá. Senti apenas conforto, aceitação e uma vaga sensação de rendição completa.

O paradoxo da rendição, porém, mostra que é assim que nos tornamos mais poderosos. No meu sonho, uma pessoa não identificada apareceu e me perguntou sobre todas as cobras. Fiquei perplexa e expliquei que elas não eram grande coisa, embora uma delas continuasse mastigando meu cabelo. Eu levantei e me enrolei nelas. Tentei mover aquela que estava na minha virilha, mas não estava se mexendo. Novamente, nada disso me incomodou. Eu me senti poderosa. E acordei me achando muito realizada.

Antes do sonho, eu me encontrava bastante rígida todas as manhãs durante vários meses. Convivo todos os dias com os efeitos do trauma crônico da primeira infância, na forma de uma inflamação corporal implacável. Um dos meus mantras pessoais é: meu corpo é um templo de dor e eu sou a Suma Sacerdotisa. Esse desconforto passa assim que me mexo, mas acordar com dores no corpo, como se minha pele estivesse esticada demais para ele, não é a maneira ideal de começar o dia. Desde os meus 20 e poucos anos, passei por muitos tratamentos médicos alopáticos, a ponto de poder fazer uma lista. Procurei várias soluções botânicas e energéticas. Eu medito, respiro, como as coisas certas. Tudo isso me ajuda a viver uma vida verdadeiramente melhor, mas nunca fico sem dores físicas.

Então, levei a sério a cura da serpente, rolando no chão com um grande tubo de espuma dura embaixo de mim. Isso pode se tornar um pouco cômico. Uma vez, prendi meu cabelo nele e acabei em uma situação difícil. Mas a prática foi um meio para eu integrar a cura da serpente. Minha deusa serpente interior, Drakaina, chamou e eu respondi. A alma e a serpente são uma e a mesma coisa.

Drakaina – e outras faces da deusa dragão – envia suas serpentes como poderosos arautos do misticismo, da mente e do estar no fluxo universal. Elas curam nossos pensamentos nocivos. Podem envenenar as formas disfuncionais como vemos a nós mesmos e aos outros, revelando a verdade. Eu invoco a energia de suas serpentes para ativar minha própria divindade interior. Na verdade, a neurociência moderna nos fala da importância da nossa "serpente física interior" – o nervo vago – para a cura do corpo e da mente. Drakaina é mística e corporificada. É por isso que a granada é uma excelente pedra para se conectar com a energia dela.

A energia da serpente está profundamente ligada à cura de traumas sexuais passados. Sobreviventes de traumas sexuais muitas vezes se desassociam de seus corpos físicos. Evitamos a cena do crime, que somos nós mesmos. A violência sexual faz parte da minha jornada desde que fui estuprada aos 13 anos. Meu primeiro marido, com quem me casei aos 19 anos, era um mestre na manipulação sexual. No geral, minha relação com o sexo tem sido complicada, para dizer o mínimo.

Como muitos que cresceram num ambiente sem apoio, eu não tinha modelos internos de como seriam as relações sexuais saudáveis. Lutei ao longo dos anos com o sexo, muitas vezes escolhendo parceiros que eram inegavelmente tóxicos. O sonho que descrevi ocorreu meses depois do que foi o pior de uma longa série de encontros sexuais infelizes. Estranhamente, fui a um grande ritual privado do solstício de inverno. No evento, conheci um homem que mais tarde me violou de maneiras verdadeiramente horríveis, mas de um modo que me deixou completamente confusa quanto ao meu consentimento. Assim como muitas vítimas de violência sexual, fiquei preocupada com a forma como posso ter contribuído para a situação. Era muito mais do que um romance tóxico. Isso me quebrou, me derrubou profundamente, trazendo à lembrança traumas passados, mas de uma forma que me forçou a saber que essa deveria ser a última rodada desse assunto. Eu tinha chegado ao fim. Minha deusa serpente não adormeceu mais. Vejo Drakaina surgindo no movimento "Me Too".[4] Ela nos obriga a abandonar a vergonha e até mesmo a atacar quando ameaçados.

Essa cura pode ser uma sensação física de movimento na base da coluna vertebral, que nos diz que a deusa serpente está despertando interiormente, como uma ativação da kundalini que se aproxima. O conceito de kundalini vem de uma tradição espiritual que trabalha com centros de energia, chamados chakras, localizados ao longo do nosso corpo. Eles afetam nossa saúde e a forma como interagimos com o mundo. Nessa tradição, a essência da alma é vista como uma serpente enrolada acomodada na nossa raiz.[5] Uma vez desperta, ela se estende através dos nossos outros centros de energia, ativando plenamente o nosso propósito de vida e o nosso poder. O despertar da kundalini pode parecer espontâneo, mas é sempre o resultado de um profundo trabalho espiritual. Pode se manifestar como uma sensação física profunda nas nossas raízes, como sonhos com cobras, ou como uma rápida aceleração da nossa vida espiritual – por exemplo, consciência expandida e conexão ao mundo mais profundo, incluindo as nossas capacidades psíquicas (sensitivas) e de cura.

A cura da serpente ocorre quando deixamos que a serpente da nossa verdade envenene aquilo que bloqueia o nosso caminho, de modo que mate muitas maneiras falsas de nos vermos. Quando isso acontece, perdemos o interesse pelo que não nutre. Muitas vezes, resultam em mudanças radicais – desde o abandono das nossas carreiras até a mudança de endereço. Mas isso só acontece se deixarmos nossa divina deusa serpente interior fazer seu trabalho. Ela anseia pela segurança da caverna onde possa rejuvenescer. Quando a deusa serpente acena, é um chamado para sua caverna sagrada. Como os dragões das lendas, ela carrega o poder do fogo em seu hálito. E pode nos aquecer até fugirmos para sua caverna para nos refrescarmos.

O Poder da Quietude

A serpente presta atenção, mas não se esforça para isso. A serpente que desperta coloca a visão em foco, nos permitindo ver as coisas como elas realmente são. Muitas vezes, somos apanhados pela agitação da vida moderna, numa espiral de movimento contínuo e sem sentido. Mas a serpente permanece quieta. Ela observa e espera. As cobras atacam apenas quando ameaçadas ou em busca de comida. Elas não querem nos pegar.

Algo fora do comum e constante que observei em meus alunos ao longo dos anos é uma confusão sobre o que deveríamos estar "fazendo" durante o despertar. Podemos nos esforçar para fazer todas as coisas certas, esperando que a cura e a plenitude venham do cumprimento de uma lista de instruções. Podemos até sentir – e eu certamente senti uma vez – que precisamos fazer as coisas corretas, caso contrário as forças do mundo mais profundo, quer chamemos isso de Hécate ou por outro nome, irão "nos pegar". Isso não é verdade. É na nossa quietude e na nossa atenção que encontramos a essência do nosso despertar único. Fique tranquilo como a cobra; economize sua energia. As cobras podem parecer vaguear com tranquilidade, mas sempre sabem para onde estão indo. Nossas jornadas são assim – indo de lado e até dando voltas até chegarmos à entrada da caverna.

A serpente pode inspirar grande medo, e com razão. Certas espécies são incrivelmente letais. Embora a evidência de uma base evolutiva para o medo de cobras seja duvidosa, muitos de nós adquirimos uma fobia de serpentes.[6] Mesmo quando consideramos que, para muitos de nós, a probabilidade de encontrar uma cobra venenosa é praticamente nula, ainda temos pavor delas. No entanto, não somos máquinas estatísticas vivendo nossas vidas com base em dados sobre resultados prováveis e riscos normativos. A tomada de decisões é um processo complexo.[7] Porém, quando o medo é ativado, somos capazes de ficar congelados no lugar, incapazes de avançar.

Podemos ter um medo subconsciente da alma serpente que existe dentro de nós, não querendo ouvir a verdade que ela diz.[8] Ao despertarmos, a serpente nos fala sobre nossos desejos e sonhos, que são os elementos do grande trabalho de nossas vidas. Uma das minhas descrições favoritas para explicar esse medo vem de Marianne Williamson:

> Nosso medo mais profundo não é sermos inadequados. Nosso medo mais profundo é que sejamos poderosos além da medida. É a nossa luz, não a nossa escuridão, que mais nos assusta. Nós nos perguntamos: "Quem sou eu para ser brilhante, lindo, talentoso, fabuloso?". Na verdade, quem é você para não ser?[9]

Na verdade, quem somos nós para *não* vencer o medo da alma? Não é para isso que estamos aqui?

A jornada pela caverna de Hécate até a plenitude nos pede para ficarmos quietos e ouvirmos a alma. Para nos perguntarmos: "O que eu faria se não tivesse medo?". Na minha escola, temos um círculo de partilha contínuo sobre como superar nossos medos. Acredite em mim, tudo o que há dentro de você que deseja sair vale qualquer risco percebido. Sempre imaginamos catástrofes muito piores do que aquelas que são remotamente prováveis de acontecer.

Eu me lembro de ter lido um artigo de Martha Beck na *O Magazine*, há muitos anos, no qual ela dizia algo como: "Viva a sua verdade, danem-se as consequências". Mantive o recorte no meu quadro de avisos por muito tempo, mas ele se perdeu em uma mudança de residência em que eu estava ocupada vivendo essa verdade – mudando do que eu pensava ser uma casa "normal" para minha casa em ruínas na zona rural e costeira da Nova Escócia. Superei meu medo de não me encaixar e sei que você também pode. E o mesmo acontece com a serpente da sua alma.

Acenda sua vela, se conecte com uma ametista e se acomode na quietude. Pegue seu diário e solte todos os seus sonhos nas páginas. Sem julgamento ou expectativa, lhes dê o oxigênio que merecem. Você pode querer manter essa lista em sua Cista Mística, ou talvez criar um talismã ou escolher um símbolo.

O Poder da Meditação

Devido à importância da quietude, a meditação diária é fundamental para o despertar da serpente e a jornada através das trevas até a plenitude. Eu sei que é desanimador considerar ficar sentado em silêncio com a alma lenta e constante. Eu sei. Estive nesse lugar. Mas superei esse receio e você também pode superá-lo.

A meditação é simplesmente a mudança da consciência para estar presente dentro de si mesmo. É mover o ponto de vista do sentido do Eu (da maneira de ser) para o seu verdadeiro eu. De ter pensamentos a estar consciente de ter pensamentos. É a mudança do papel de ator no enredo da sua vida para o papel de diretor. E é por isso que a meditação é vital em sua jornada. É o microato de poder que se torna a macroinvocação de soberania. Quando você fica consciente dos seus pensamentos por meio da contemplação (que é o início da meditação), cria unidade interior. Entende que é ator e diretor. Acho que os equívocos comuns sobre a meditação fazem com que a prática pareça intimidante. Meditar não é esvaziar a mente; é atenção plena (*mindfulness*). É sentar consigo mesmo e ver os pensamentos como se estivessem sob seu controle. É mudando conscientemente sua atenção para um mantra, ou imagens mentais, ou música – essas vibrações podem sintonizá-lo melhor em direção à totalidade, à plenitude.

A meditação pode abrir a porta para o transe, em que podemos nos conectar com o divino para receber orientação e inspiração. Também pode ser uma maneira fantástica de aprender a autogerenciar suas energias. Se você ainda não tem uma prática regular de meditação, recomendo que comece a pesquisar agora para encontrar uma que funcione para você. Ou experimente a meditação que vou ensinar adiante. Na minha experiência pessoal, *How to Meditate*, de Pema Chödrön, me ajudou finalmente a avançar na minha prática. Aprender a ficar em silêncio com seus pensamentos, emoções e ações fortalece sua deusa serpente interior.

As serpentes têm coluna forte e parte dianteira flexível. Isso as ancora, ao mesmo tempo que as conecta ao que é nutridor. E a meditação pode te ajudar a desenvolver uma atitude semelhante, caracterizada pela soberania e pelos limites, aliados à curiosidade e à bondade. Essa vulnerabilidade saudável foi perfeitamente resumida pela zen budista Roshi Joan Halifax:

> Muitas vezes, nossa chamada força vem do medo e não do amor; em vez de ter coluna forte, muitos de nós temos uma superficialidade defensiva protegendo uma coluna fraca. Em outras palavras, andamos frágeis e na defensiva, tentando esconder nossa falta de confiança. Se fortalecermos as nossas costas, metaforicamente falando, e desenvolvermos uma coluna vertebral flexível, mas robusta, então corremos o risco de ter uma frente suave e aberta, representando compaixão sem escolha. O lugar em seu corpo onde essas duas se encontram – costas e frente – é o terreno corajoso e terno no qual podemos enraizar profundamente nosso carinho.[10]

A meditação pode ajudar você a desenvolver um coração aberto, que aceita a realidade enquanto entra no mistério com curiosidade.

Mas isso é um processo. Ser excessivamente defensivo, blindado, nos impede de estar abertos a acreditar em nós próprios – encontrar a mensagem na confusão, a verdade no sonho – e nos nega a riqueza desta vida. Uma aluna minha entrou em contato comigo muito angustiada, solicitando uma reunião porque estava com dificuldades. Notavelmente, a lição pedia que ela aprendesse uma meditação para despertar a serpente de sua alma. Quando nos encontramos, ela falou sobre seus desafios e depois começou a contar sobre o que vinha fazendo em vez de suas atividades convencionais. Revelou que estava realizando curas diárias em uma jiboia muito doente. Essa cobra veio até ela pela sincronicidade, como acontece quando despertamos Drakaina. Em termos práticos, a meditação diária pode abrir caminho para essas ocorrências, ao mesmo tempo que nos fortalece e suaviza.

A meditação é fundamental para despertar a alma e para a formação da alma que a acompanha. A prática a seguir pode ajudar você a melhorar a consciência dos três epicentros do seu ser: a raiz, o coração e a coroa. A raiz, localizada na parte inferior da barriga e na base da coluna, é a sede de suas emoções, intuições e energia sexual. O coração, situado no meio do peito, é a encruzilhada entre o ambiente exterior e o seu mundo interior. A coroa, no topo da cabeça, abre a porta para o mundo mais profundo. Considere cada uma dessas regiões como parte da serpente da alma – cauda ancorada, coração expansivo e cabeça alongada usando uma linda coroa.

Prática: Meditação Unificando os Três Eus

Encontre um lugar tranquilo, onde não seja incomodado. Se você estiver se sentindo distraído, comece contando regressivamente a partir de 13, vendo cada número na tela da sua mente. Se tiver uma ametista, leve com você para incentivar a meditação. Eu tenho uma grande em formato de vulva, que mantenho logo acima do altar do meu escritório.

Comece com o centro do Eu inferior, localizado na raiz, dentro da pélvis. Inicie tomando consciência de seus sentimentos atuais. Está estressado ou em paz? Quaisquer que sejam as emoções que estejam dentro de você, as reconheça e mergulhe mais fundo nelas, à medida que se tornam um campo unificado.

A seguir, explore a condição do seu ser físico. Permita que sua raiz, por meio dos ísquios e dos pés, fique ancorada na superfície abaixo de você. Onde está mantendo a tensão? Libere a tensão suavemente pelo seu corpo, deixando que se dissolva no solo. O poder de Chthonia, o Submundo, atrai o que não lhe serve mais e lhe devolve uma bela base.

O centro do Eu médio está localizado no coração. Respire no centro do coração, sentindo a bela chama dentro de você, permitindo que ela se espalhe por todo o seu corpo. Amplie esse fogo para que ele alimente tudo o que o abençoa e queime tudo o que lhe faz mal. Veja esse seu fogo conectado a todo o mundo ao seu redor.

O centro do Eu superior está localizado na coroa. Aqui, você se torna consciente de seus pensamentos, sentimentos e condição física. Veja seus pensamentos como imagens fugazes em sua tela mental. Vindo e indo. Você não está apegado a nenhum deles. Nenhum está certo ou errado; eles simplesmente são. O não julgamento é a chave para esse estágio da meditação. Você se expande em direção à Estrada Estrelada, se sintonizando com a energia mística acima de você. Descanse nesse espaço, deixando que pensamentos e sentimentos venham e desapareçam. Lentamente, permita-se ir mais fundo até encontrar a quietude. Esteja nesse lugar onde suas deusas e espíritos possam falar livremente com você.

Quando terminar, relaxe sua conexão com a Estrada Estrelada, puxando suavemente sua energia de volta para a coroa. Separe-se do mundo ao seu redor, puxando sua energia de volta para o centro do coração. Desconecte-se do chão arrancando suas raízes energéticas. Conte até 12, deixando um pouco de conexão com o seu Eu energético e com o mundo mais profundo.

Capítulo 5

Enodia: As Encruzilhadas

É por Enodia que clamo quando estou perdido,
Acendam suas tochas para que eu possa retornar
ao seu caminho sagrado.
Eu sou o peregrino da sua verdade,
Guia-me para o renascimento para que tudo
o que é falso seja eliminado,
E sou tecido por inteiro com os fios da minha alma.

Com um zumbido profundo, a serpente da alma se agita e o altar vibra com potencial. Esse é o momento da encruzilhada. Você tem a opção de prosseguir ou recuar. Existe a estrada atrás de você e há a estrada à frente que leva à caverna. Eu chamo isso de Estrada Mãe.

A associação de Hécate com estradas remonta aos primeiros registros históricos.[1] Na verdade, a palavra Enodia é mais frequentemente traduzida como "na estrada", embora, às vezes, seja definida como "do caminho". Talvez a versão mais descritiva do seu significado seja "aquela que está na estrada". Esse título de Hécate e de outras deusas, incluindo uma chamada Enodia, está interligado com sua associação às encruzilhadas. Essa denominação, sem dúvida, se transformou nas associações romanas de Hécate com estradas, notadamente no título de Trívia. Na tradição grega, Trioditis se refere a ela especificamente como Deusa das Três Estradas.

De fato, percorrer o caminho de volta às origens desse título para Hécate é uma jornada bastante longa e tortuosa. Enodia (às vezes escrita Einodia ou Ennodia) foi uma antiga deusa da Tessália, que se tornou sincretizada com Hécate e Ártemis, e com a Diana romana.[2] Existem também conexões tangenciais entre Enodia, Hécate e Cibele, especialmente a evidência encontrada em um trono de pedra em Rodes.[3]

Não há como separar a história de Hécate da de Enodia ou de suas companheiras frequentes, Ártemis, Perséfone e Selene. As práticas dos antigos não eram diferentes das nossas hoje. Adaptaram os seus rituais diários com base na sua compreensão como indivíduos e como sociedades, demonstrando que existe um arquétipo mais profundo em ação. Enodia é um espírito muito mais profundo e poderoso do que qualquer nome atribuído ao rosto da deusa. É a guia ao longo da Estrada Mãe, independentemente de como a chamemos.

Deusa das Estradas

O uso de Enodia como epíteto de Hécate é encontrado nos fragmentos de uma das peças de Sófocles, conhecida como *Os Cortadores de Raízes*, contida no que resta de uma narrativa parcial da história de Medeia, recontada por Eurípides e pelo romano Sêneca.[4] Quando ajudantes solicitam o auxílio de Hécate para o feitiço de Medeia com o intuito de assassinar Pélias, gritam:

> Senhor sol e fogo sagrado, espada de Hécate das estradas, que ela carrega sobre o Olimpo enquanto atende e atravessa as encruzilhadas sagradas da terra, coroada com carvalho e as espirais tecidas de cobras caindo sobre seus ombros.[5]

Embora possamos resistir ao impulso de acabar com os homens que nos violam, existe uma forte associação entre as mulheres que se recusam a ser vítimas e Enodia.

O que podemos tirar desse fragmento no que se refere à nossa compreensão moderna de Hécate? Mais importante ainda, mostra firmemente como sendo convocada usando Enodia como uma epíclese (invocação) para lançar um feitiço. É um exemplo de como ser "da estrada", como mulher, carregando consigo a força de lutar contra os poderosos que prejudicam os outros na sua busca pela glória. Isso contrasta com outras deusas – por exemplo, Héstia – que tiveram o bom senso de permanecer dentro de casa.

Deméter, é claro, falhou em suas tentativas de permanecer selvagem e salvar sua filha da vontade dos deuses. Na história de Medeia, encontramos o atrito entre a mulher selvagem e o chamado mundo civilizado. Esse é o fio condutor entre todas aquelas que levam o título de Enodia.

Essa inimizade entre o selvagem e o civilizado foi uma projeção daqueles "sulistas" mais poderosos que escreveram as antigas peças e mitos que apresentavam Hécate e suas companheiras. Assim, Enodia simboliza o norte, que é sinônimo de selvageria perigosa, incluindo os mistérios da caverna. Não é surpreendente que apenas falar o nome Enodia evoque, mesmo agora, uma reverberação mais profunda nas almas de todos nós que procuramos nos libertar. Ela é aquela que resiste à conformidade, que usa a magia natural para obter poder sobre o mundo civilizado.

Outro aspecto comum de Hécate e Enodia é a benevolência para com mulheres e crianças, incluindo assistência na gravidez e no parto. Isso se reflete na suspeita da estrutura de poder em relação a todas as coisas relacionadas com a reprodução das mulheres. Como algumas coisas mudam tão pouco mesmo depois de 2.000 anos! Enodia simboliza, portanto, tanto o útero quanto o caminho para dentro e para fora dele. Essa é a estrada sagrada que leva até, através e para fora de sua caverna.

E aqui reside o mistério de Enodia. Ela mexe nas profundezas da alma que nos chama a lembrar de nossa própria natureza selvagem. É o chamado para entrar na caverna de Hécate. Para Perséfone, Hécate era Enodia enquanto a guiava em direção e para fora do Submundo para mudar as estações. Perséfone foi privada de sua natureza selvagem inocente para servir como um conto de advertência a qualquer garota que pensasse que poderia escapar do leito conjugal. Hécate ajudou a negociar um acordo que lhe permitiu retornar ao mundo selvagem em troca de assumir a pesada responsabilidade de girar a Roda do Ano.

A Estrada Mãe e a Caverna

Perséfone, Circe e as ancestrais das mulheres selvagens, conhecidas e esquecidas, percorreram a Estrada Mãe com Hécate. Como resistentes, fugitivos e, por vezes, rebeldes tolos, arriscamos tudo para seguir as tochas de Enodia, porque essa é a única estrada à qual pertencemos. Tal como Circe, que caiu nos encantos de Odisseu, conhecer a caverna pode causar desgosto.[6] Quando ela se recusou a acompanhá-lo até a entrada da caverna para o Submundo, sabia que a sua viagem seria fundamentalmente solitária e que se despediria dele de boa vontade. A caverna dele se tornou a caverna da alma dela – uma jornada às profundezas da tristeza. Tal como acontece com Perséfone, ser autorizado a percorrer a Estrada Mãe muitas vezes inclui negociações consideráveis. Ártemis, como Enodia, conseguiu manter sua jornada na Estrada Mãe com poucos incidentes. O papel de Selene ao longo desse caminho é iluminar as nossas jornadas, o que ocorre à noite, quando os olhos dominadores do mundo "civilizado" estão firmemente fechados.

Enodia traz consigo o lembrete de que existem aqueles que contam histórias sobre nós nos pintando como más e temíveis – ou, para usar esse epíteto moderno para uma mulher selvagem poderosa, nos pintam como "uma cadela". Como todos sabemos, quando homens poderosos que têm medo do poder feminino falam, contam grandes mentiras. Para percorrer a Estrada Mãe, aprendemos a curar essas feridas. Quando nos concentramos em percorrer a estrada, quando seguimos as tochas da deusa, somos apenas nós mesmos. É imperativo que, nestes tempos perigosos, embarquemos na jornada da Estrada Mãe com força e compromisso. Todos os outros caminhos levam ao caos e à ruína.

As tochas nutridoras de Enodia nos guiam pelos mistérios de sua sabedoria quando entramos na caverna. Essa é a interpretação moderna de Enodia como guia ao longo de nossa jornada terrena. Ela é, ao mesmo tempo, a guia e a estrada. A estrada sempre sabe para onde vai, embora nós, peregrinos que a percorremos, não saibamos. Existe uma certa confiança inerente ao caminhar pela Estrada Mãe. Nós nos voltamos para nossa Enodia interior, que é a tocha de Hécate dentro de nossas almas, nos apoiando em nossa intuição e nossas reservas.

Hécate alimenta nosso fogo enquanto trilhamos sua estrada na caverna, nos curando e fortalecendo. Ela nos protege dos olhares desagradáveis e das mentiras sórdidas que podem ser contadas à medida que nos desviamos dos falsos becos sem saída do mundo civilizado. Caminhamos pelas estradas de sua Grande Roda, os *strophalos*, que dão voltas e curvas, levando em direções inesperadas, mas sempre nos trazem de volta ao nosso lar espiritual – a encruzilhada.

Em todas as culturas e tradições, a encruzilhada tem sido entendida há muito tempo como um portal espiritual. A associação de Hécate com a encruzilhada remonta a tempos antigos, quando oferendas de pessoas que buscavam sua proteção eram deixadas nesses locais.

Peço, por um momento, uma caminhada de volta no tempo. Era uma vez uma mulher que trabalhou arduamente para esconder o que ela sabia em seu coração ser verdade, porque conhecia a dor da rejeição quando falava sobre isso. Não é de surpreender que tenha mantido seus caminhos em segredo até mesmo das pessoas mais próximas a ela. Conhecia a Roda de Hécate, a encruzilhada, o fogo sagrado interior. Sabia das chaves da magia, da cura e do mistério. Muitas vezes, ficava diante de seu pequeno altar, com velas acesas e pequenos gravetos formando uma encruzilhada. Foram tempos de imensa agitação em sua vida, e houve momentos em que, em vez de se render, ela correu na direção oposta. Ainda assim, sempre voltava para a encruzilhada de sua deusa, onde as chaves são encontradas e a chama da alma brilha intensamente. Com o tempo, o custo de negar sua verdade se tornou um preço que ela não estava disposta a continuar pagando. E se inclinou na direção de Hécate.

Sim, essa mulher era eu. E atravessei várias encruzilhadas desde então.

Prática: Criando um Altar de Encruzilhada

Você pode criar uma encruzilhada em seu altar usando qualquer objeto que corresponda à sua intenção. Acenda sua vela e contemple tudo o que você encontrou no caminho que o trouxe até aqui. Escolha um símbolo desse passado para a sua Cista Mística. Reúna as três pedras "chave" de Hécate – obsidiana negra, quartzo transparente e jaspe vermelho –, para evocar a energia de sua encruzilhada de cura.[7] Recomendo o quartzo fumê para se conectar especificamente com o poder de transitar em uma encruzilhada.

Prática: O Oráculo Enodia

Esta leitura de duas cartas conhecida como Oráculo Enodia consiste em acender o fogo sagrado usando uma vela, sentar na presença do altar e, em seguida, praticar a Meditação Unificando os Três Eus, mostrada no Capítulo 4. O quartzo fumê é um aliado maravilhoso para essa leitura. O meu nunca está longe do meu oráculo pessoal. Você pode usar esse oráculo para orientação em sua jornada diária. Eu faço isso ao acordar, antes do dia começar. Pratique o que funcionar para você, mas faça. Digo isso por amor.

Essa simples leitura diária muda tudo, segundo meus alunos. Temos um círculo de partilha em que compartilhamos nossas interpretações e apoiamos uns aos outros. Isso me ajuda a ver como os alunos estão progredindo em suas leituras e como estão mudando suas vidas. Recomendo que você mantenha um diário de suas leituras, seja em uma planilha ou em um caderno. Novamente, faça o que funcionar melhor para você.

Ao tirar a primeira carta, concentre-se em se aproximar e passar por um portal para começar algo novo e, em seguida, pergunte à carta o que você deve abordar naquele dia. Ao tirar a segunda carta, imagine fechar um portal ou porta, invocando a energia da evitação e, em seguida, pergunte à carta o que deve evitar.

Capítulo 6

Propileu: O Limiar

"Quem é que está diante do meu portal?"

"Eu viajei muito, senhora. Minha jornada tem sido difícil. Agora procuro entrar em sua caverna para poder me curar."

"Ah, entendo. Pegue essa chave. Guarde isso em sua alma. Conceda entrada aos meus mistérios."

Propileu é um epíteto dado a Hécate em várias fontes antigas.[1] Traduzido literalmente, significa "aquela que está no limiar". Ela é, ao mesmo tempo, o portal e quem cuida dele. Acredito que o preço de sua admissão seja um profundo desejo de cura e uma disposição de abandonar o fantasma do passado (veja o Capítulo 2). Para aqueles que viam Hécate como a Guardiã dos Portais, isso refletia um papel frequentemente desempenhado pela senhora da casa. Em particular, era costume que as novas noivas recebessem as chaves do lar. Assim, aquele que presidia o limiar, e se mantinha como o guardião das chaves, era geralmente visto como mulher. No templo de Lagina, os portadores das chaves do templo eram muitas vezes mulheres.[2] Isso não quer dizer que os homens nunca tenham ocupado essas posições de poder. Trata-se apenas de salientar que, na sociedade estritamente patriarcal da época, as mulheres tinham uma associação única com o controle de quem era autorizado a entrar em casa ou no templo.

Como deusa do portal, Propileu era venerada na entrada da Acrópole de Atenas, bem como em outras cidades gregas antigas.[3] Por exemplo, em Selinunte, Hécate vigiava um portal monumental junto ao santuário de Deméter. Em Elêusis, ela foi homenageada num templo às portas do santuário. Em Rodes, Hécate era adorada como Propileu junto com Hermes Propylaios e Apolo Apotropaios. Em Lagina, o centro do culto hecateano, localizado onde hoje é a Turquia moderna, uma estátua de Hécate foi erguida quando um novo portal da cidade foi construído. Além disso, havia uma procissão anual em Lagina para homenagear Hécate, na qual uma mulher liderava a Procissão das Chaves. Um festival semelhante era realizado em Meleto.[4]

Nos santuários, Propileu presidia a admissão aos locais onde aconteciam as cerimônias mais sagradas. Os mais reverenciados desses rituais, como os Mistérios de Elêusis, eram frequentemente realizados em cavernas. Aqui nesse portal, você vê Hécate como alma, como os antigos filósofos a descreveram em *Os Oráculos Caldeus*. Essa Hécate é tanto a Guardiã dos Portais quanto a própria chave.[5] Sarah Iles Johnston, em sua dissertação sobre Hécate como Soteira, teorizou que a chave era, na verdade, a da alma.[6] A caverna como templo é um símbolo de nossa própria câmara sagrada interior, na qual entramos quando cruzamos o território de Hécate.

O Curador Ferido

O arquétipo do Curador Ferido, bem retratado em mitos como os de Circe e Medeia, nos mostra que estamos todos sobrecarregados pelo passado, mas ainda assim somos muito capazes de ajudar os necessitados.[7] Circe recitou palavras de poder para quem ela amava e abateu aqueles que procuravam causar danos. Medeia revitalizou a família do marido antes que a traição dele a levasse a derrubá-los. Ártemis, que podemos ver como uma deusa muito introvertida, favoreceu os vulneráveis e destruiu aqueles que a ameaçavam. Perséfone se tornou a rainha benevolente após sua própria jornada no Submundo. Observamos suas histórias para perceber como

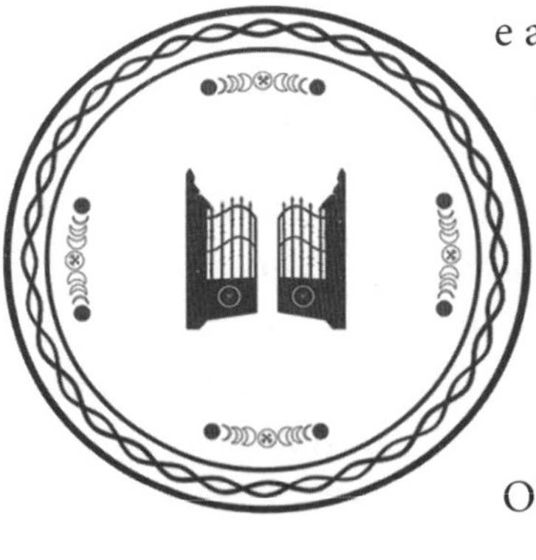

essas mitologias que se perpetuam estão vivendo por meio de nós e, então, aprendemos a ver como elas estão atuando nas outras pessoas à medida que as orientamos.

Enxergar nossas vidas através dessas lentes mitológicas é compreender que Hécate e seu mundo mais profundo estão sempre presentes. Somos muito mais do que nossas experiências cotidianas. Grande parte da psicologia moderna e dos cuidados de saúde convencionais se centra exclusivamente na superfície, colocando a sua ênfase numa cura que nos é concedida. Na psicologia profunda, entretanto, a cura é cocriada pelo guia e pelo buscador, extraída das profundezas da alma. Exploramos não apenas os mitos, mas também os arquétipos eternos que eles simbolizam. E embora sejamos feitos de carne, também somos compostos por essas forças.

A cura retratada no mito de Perséfone se tornou real nos rituais da antiga Elêusis. Nesses ritos, os participantes percorriam a estrada tal como nós. Seu primeiro portal era a catarse; o segundo, a recuperação; e o último, o renascimento. Muito provavelmente, Hécate estava envolvida nesses ritos como o elo orientador entre o mundo cotidiano e os mistérios do Mundo Subterrâneo. E essas cerimônias, como este livro, foram construídas em torno dos princípios de catarse, recuperação e renascimento.

A primeira parte desses ritos, que incluía a limpeza do corpo e um sacrifício ritual, é uma liberação na qual os candidatos abandonam seu Eu superficial, simbolizado pelo sacrifício de um porco. O sacrificado era, então, enterrado no solo, representando a morte do antigo Eu. Na segunda parte do ritual, chamada *katabasis*, os candidatos viajavam profundamente em uma caverna em busca de Perséfone. Essa caminhada retrata nossa descida às trevas para encontrar a luz da verdade e nos reunir com nós mesmos. Isso é resgate da alma, o acesso à alma. No rito final, o candidato passa pelo renascimento, entrando no templo como Kore (Cora), a eterna criança/donzela/jovem, indicando a totalidade que alcançamos ao desmantelar a ilusão de separação entre nós e o mundo mais profundo. Os três rituais apresentados neste livro, que chamo de Rituais da Caverna Sagrada, reproduzem esse ciclo de uma forma que você pode fazer com segurança por conta própria (veja os capítulos 9, 12 e 14). Esses rituais foram realizados por centenas de alunos sob minha supervisão e tive muito cuidado em adaptá-los para você.

Eles nos abrem para o mundo mais profundo de Hécate. Vemos com os olhos da alma serpente, explorando nossos sonhos com curiosidade e encontrando sincronicidades ao nosso redor. Durante o ritual, podemos sentir emoções e receber presentes simbólicos. Transforme esses tesouros etéricos em matéria, da maneira que você se sentir levado a fazer, e mantenha-os em sua Cista Mística. Com eles, abrimos o portal para o inconsciente usando técnicas como a meditação e outras indutoras do transe, como o trabalho respiratório e a medicina vegetal-espiritual (medicina da floresta). Viajamos para nos conectar com o sagrado dentro de nós, pelo qual retornamos à deusa. Ela espera. Com a nossa jornada em sua caverna, podemos transcender a mente normal para receber uma cura profunda. Essa é a cura que leva à totalidade, à plenitude.

Imaginação e Criatividade

O objetivo de entrar na transcendência, seja nos estados de transe profundo dos nossos rituais, seja na nossa meditação, é ir além da consciência normal para que nos reconectemos com nossa tocha interior, a alma. A imaginação e a criatividade são as chaves que abrem a porta para o Eu mais profundo, levando sempre ao mundo mais profundo. A meditação é a jornada diária em nossa caverna-templo interior que se abre para a possibilidade de Hécate. É a faísca que acende a tocha interior, que está atada ao Hieros Pyr, o fogo sagrado de Hécate. A meditação elimina truques mentais destrutivos, desde pensamentos obsessivos até vozes persistentes de outras pessoas. Assim, treina a mente para criar espaço para o que nos nutre, ao mesmo tempo que elimina pensamentos inúteis.

Alimentamos nossa tocha interior expandindo o que nos ilumina por dentro: criatividade e imaginação. Isso não quer dizer que não exista uma estrutura fundamental para rituais e meditações. O objetivo é apenas chamar sua atenção para a força vital desses esforços. A imaginação expande a mente para permitir que as mensagens de Hécate – aqueles sinais que chegam até nós no mundo dos sonhos, nossas jornadas espirituais noturnas, que muitas vezes são representações de seus símbolos conhecidos – entrem em foco. Isso é conseguido pela prática diária. Pense na sua mente como a sua nova Cista Mística, aguardando ansiosamente o que está por vir. Esse recipiente é sagrado e a oferenda a ele é sua imaginação.

Considere sua imaginação uma encruzilhada onde você conhece Hécate e seus espíritos. Quanto mais você visita esse cruzamento, mais forte se torna a conexão. Nossa consciência das comunicações do mundo mais profundo é amplificada. Vemos as sincronicidades e mensagens que os espíritos estão transmitindo em nosso caminho.

O que também acontece quando percorremos o caminho da imaginação é que ressuscitamos memórias de encontros anteriores com espíritos. Em particular, lembramos de momentos em que sonhamos com uma mulher misteriosa, encontramos um símbolo inesperado ou outro acontecimento estranho. Talvez, como descrevi na introdução, você experimente uma visita que não foi convidada. Na maioria das vezes, a deusa aparece quando menos esperamos, principalmente quando nos encontramos em uma "noite escura da alma".

A tocha de Hécate é a imanência divina da deusa, que também habita dentro de você. Ao "esbarrar" nela, fica abalado. Você sente profundamente; seu corpo é provocado, agitado. Os pelos da nuca se arrepiam. Seu estômago revira; você chora um rio em sua existência. Num minuto, você está tendo pensamentos perfeitamente normais; no próximo, se encontra em outro lugar e em outro tempo. Esse é o grande despertar que a tocha de Hécate traz.

Assim que possível, registre sua experiência em um diário. Grave no seu telefone. Faça um esboço rápido. Hécate gosta de simbolismos, e nossos outros guias muitas vezes nos falam por meio de enigmas e símbolos. Escrever sobre eles pode ajudar você a desvendar seus significados. O quartzo rosa é muito útil para o processamento e a integração de experiências do mundo mais profundo, pois traz suporte incondicional e ajuda a estabelecer limites firmes.

Prática: Processando Encontros

Você pode usar esses indicadores para ajudá-la a entender os encontros com Hécate e outros espíritos:

- Qual é o meu estado emocional atual?
- Que sensações físicas estou experimentando?
- Que pensamentos estou tendo?
- Como era a paisagem?

- Quem eram meus companheiros? Como eles eram?
- O que eles me disseram?
- O que foi que eu disse?
- Que símbolos recebi?

Após processar a jornada, anote sua própria compreensão da experiência e depois procure outras fontes para interpretações padrão. Tirar uma ou duas cartas pode ajudar a esclarecer símbolos e experiências intrigantes. Tendo respondido às perguntas, comece a examinar temas comuns em suas emoções, experiências e símbolos.

Capítulo 7

Chthonia: A Origem

Venha a mim, deusa da noite, matadora de feras,
Silenciosa e assustadora, consumindo nossas oferendas.
Ouça minhas orações, Rainha Lunar,
Quem conhece o sofrimento,
Nasce e se põe à noite.
Tríplice cabeça, três nomes, assustadora, graciosa e majestosa.
Senhora da Noite e dos reinos ctônicos, sagrada, vestida de preto,
Em torno de quem gira o movimento das estrelas e a natureza do universo.
Você deu à luz todas as coisas mundanas,
Pois você é a geradora de tudo o que é conhecido e desconhecido.

– Inspirado por Os Papiros Mágicos Gregos, IV. 2441-2621

Chthonia é um dos epítetos mais antigos de Hécate. As divindades são consideradas ctônicas se residirem no Mundo Subterrâneo, ao contrário das divindades urânicas, que moram no alto. Hécate e Perséfone são rainhas ctônicas, enquanto Deméter é uma deusa urânica.

É a energia ctônica de Hécate que muitas vezes se apresenta a nós quando estamos no nível mais baixo. Essa é uma representação simbólica da nossa própria "terrenalidade", da nossa condição de humanos, uma indicação de que sentimos profundamente quando o nosso Mundo

Subterrâneo interno nos chama para uma cura profunda. Chthonia surge nesses momentos e especialmente durante o outono, quando tudo está retornando ao solo.

Deusas da Terra, como Gaia, refletem a energia do próprio planeta e da paisagem da superfície, em vez do reino espiritual do Mundo Subterrâneo. Deméter, por exemplo, pode ser considerada uma deusa da Terra, mesmo não sendo ctônica, pois está associada à terra. Mas Hécate e outras divindades ctônicas pertencem à caverna, ao fundo do oceano e ao mundo interior. Como tal, as divindades ctônicas são frequentemente associadas à lua, que simboliza a psique como o reino da intuição, da alma e da sombra. As divindades solares, por outro lado, são urânicas porque refletem a personalidade, o mundo exterior e a superfície.

Na Antiguidade, as divindades ctônicas eram associadas à morte, à vida após a morte e aos espíritos. Como Stephen Ronan aponta em *The Goddess Hekate* (1992):

> Podemos facilmente relacionar isso ao seu caráter como uma divindade ctônica; pois é a terra que produz vida, para onde os mortos retornam e onde habitam.

Da mesma forma, as divindades ctônicas estão conectadas à intuição, à profecia e aos mistérios. Elas caminham sob a luz pálida da lua. Para os antigos, também eram associadas à riqueza e à proteção. Isso simboliza o armazenamento de alimentos e tesouros nas profundezas do subsolo, especialmente em cavernas. E, como vimos, os primeiros templos estavam frequentemente localizados em cavernas. Assim, as divindades ctônicas eram tidas em alta estima por seus seguidores no mundo antigo.

Hécate tem aspectos ctônicos como uma dimensão de sua triplicidade de domínio universal. A jornada pela sua caverna é ctônica, na medida em que, como consequência dela, regressamos ao abraço da Mãe Negra.

A associação de Hécate, e de todas as divindades ctônicas, a algo perigoso é uma consequência infeliz da negação do sagrado feminino e das profundezas da alma. Os antigos sabiam que o ouro estava profundamente dentro de nós e da terra. Quaisquer representações do sagrado feminino como um espírito puramente urânico são, provavelmente, o produto de nossa cultura centrada no homem. Os antigos entendiam que a Grande Mãe era luz e escuridão, noite e dia. Mas ela pertencia especialmente às profundezas por causa de sua capacidade tanto de gerar vida quanto de destruí-la. Hoje, fomos programados para pensar que a escuridão (as sombras) é um lugar de perigo e maldade. Assim, Hécate ficou associada a coisas consideradas fora dos limites das pessoas civilizadas. Isso é verdade para todas as deusas, mas é um erro cometido de forma mais marcante para aquelas que estavam associadas ao mundo subterrâneo.

No entanto, Chthonia também traz presentes. Ela é o abraço aveludado, a orientação severa e a proteção inabalável de que precisamos para a jornada através da escuridão até a plenitude. O Mundo Subterrâneo e Chthonia estão entrelaçados com os espíritos mortos e inquietos. Ao se aventurar na caverna dela, provavelmente o seu próprio chamado virá. Além da sombra, podem aparecer versões passadas de você mesmo, relacionamentos antigos, pessoas há muito esquecidas e até mesmo ancestrais familiares. Chthonia também traz sonhos, visões poderosas e inspira grande criatividade enquanto você explora sua rica vida interior.

Eu a saúdo, Chthonia,
Senhora do Mundo Subterrâneo,
Rainha Subterrânea,
Guardiã que preside
Mistérios,
De dentro e de fora.
Eu me curvo e desço para sua realidade,
Afundando nas profundezas.

Descida e Desconstrução

A descida para Chthonia pode acontecer devido a circunstâncias da vida em que, de repente, nos encontramos no fundo. Em nosso desespero, clamamos por Chthonia, mesmo quando não sabemos conscientemente o seu nome. Ou podemos embarcar conscientemente na jornada descendente ao percebermos que é hora de nos curarmos em nossa totalidade. Em ambos os casos, estamos nos afastando do vício social das luzes brilhantes da artificialidade. Descer para Chthonia é natural, pois todas as criaturas vivas precisam de períodos de cura na escuridão. Mesmo que nos encontremos num inferno metafórico, a única saída é *através* dele. Recusar-se a admitir que estamos em circunstâncias terríveis, que fomos feridos ou que sofremos de vícios é a própria definição do inferno. Ficar preso aos velhos modos de ser, que só pioraram as coisas, é um inferno. Mas a caverna simboliza o útero. É onde renascemos.

A alma é nutrida pelo Mundo Subterrâneo. Como os antigos sabiam (e a alma também sabe), a riqueza reside nas profundezas ctônicas da caverna de Hécate. À medida que você desce para Chthonia, ocorre um abandono natural daquilo que o mantinha prisioneiro. Você pode experimentar mudanças radicais em pensamentos, emoções e ações. Essas alterações revolucionárias resultam do despojamento do falso Eu que alimentava a sombra, que nasceu da dor, do trauma e da invalidação. Todas essas mudanças causam um despertar sólido do seu verdadeiro Eu – a alma, sua *anima* sagrada.[1] Essa alma é vista como uma serpente correndo através do seu corpo etérico e depois entrando no seu corpo físico. É bidirecional – o que acontece em sua forma física se mistura com o Eu mais profundo.

Assim, a descida para Chthonia trata de quebrar a ilusão de separação que você pode ter mantido em relação ao seu ser físico e sua alma. Também destrói a ilusão de desconexão entre você e a deusa. Ela mora bem dentro de você e você habita o arquétipo dela. Esse processo de reunificação pode ser intenso.

Esse período de desconstrução pode ser desafiador. Muitas coisas podem se infiltrar na superfície. A sombra certamente lhe dirá que você não consegue nem passar pela entrada aberta da caverna. Mas você conseguirá. Estamos juntos nessa jornada. Se a passagem parecer muito apertada, passaremos juntos. Mantenha seus cristais dos capítulos anteriores com você e inclua a obsidiana negra agora para ajudar a desbloquear a caverna e, ao mesmo tempo, protegê-la de perigos.

Temenos – Espaço Sagrado

Temenos é um termo antigo que se refere a espaços sagrados, mas também ao nosso espaço sagrado interno quando consideramos a psique como sagrada.[2] Ele reflete nossos limites pessoais e o que mantemos dentro deles. Limites são regras que usamos para salvaguardar aquilo que nos é caro:

nosso senso de identidade, nossos sonhos e nossas necessidades pessoais. Quando nos vemos como espaços sagrados, isso muda profundamente nossa perspectiva. A caverna é sagrada, nossos altares são sagrados – e nós também somos. À medida que descemos para Chthonia, sentimos uma forte necessidade de nos livrarmos dos fardos. Abrace essa energia explorando seus limites pessoais e continuando a entrar no espaço sagrado de sua prática diária.

Os limites que estabelecemos criam nossos próprios *temenos* pessoais. É assim que nos protegemos enquanto atravessamos a caverna de Hécate. Pense nos seus limites como o seu espaço sagrado pessoal, um círculo verdadeiramente mágico dentro do qual você vive. Você é um recipiente sagrado. Respeite esse espaço e cerque-se de outras pessoas que retribuam, que sejam recíprocas.

Nossas vidas também são recipientes sagrados – a oferenda final. Trabalhe na proteção de seus *temenos* interiores explorando seus limites pessoais, estabelecendo e/ou reforçando barreiras ao redor de sua casa e evitando a atmosfera negativa. Honre o espaço que você criou, porque trabalhou muito duro para criá-lo. Pessoas tóxicas e ansiedades sociais em geral são projeções poderosas que podem contaminar você quando não tem consciência. Cuidado com a maneira com que gasta sua energia. Sempre que possível, evite interações com pessoas tóxicas. Mantenha o "*doomscrolling*" – apego obsessivo a notícias negativas nas telas – ao mínimo possível e concentre-se em tudo o que o nutre.

Dito isso, embora ter limites claros seja verdadeiramente mágico, pode ser difícil aplicá-los como medidas de proteção ou reconstruí-los depois de serem pisoteados. Descobrir sua própria coragem acontece aqui nesse ponto. Ter conversas difíceis com alguém que interferiu nos seus planos de ações sagradas pessoais no passado faz parte desse verdadeiro trabalho.[3] Por outro lado, ter uma conversa desse tipo pode ser inútil, e você acabará sozinho na tentativa de diálogo.

Estabelecer limites com a família pode ser especialmente desafiador. Todos nós participamos do jantar de feriado, em que as discussões sobre política esquentam. Na minha família, a religião tem sido a questão polêmica desde que eu era uma criança peculiar, que amava nada mais do que explorar a natureza com um esquadrão de companheiros imaginários, tanto humanos quanto outros. Então, me tornei a adolescente rebelde que só queria ser uma garota popular. Como mulher, continuei essa campanha de diferenciação da minha família de origem, me casando com um católico e me tornando psicóloga. Eu poderia continuar, mas isso é o suficiente para dar uma ideia de como sou diferente da minha família. Dos 20 aos 30 anos, lutei para querer agradá-los e, ao mesmo tempo, permanecer fiel a quem eu era.

No meu caso, o que funcionou foi ver a mim e aos meus filhos como residentes numa ilha. Eu sou a guardiã dos portais. Se alguém, incluindo minha família, tiver grande probabilidade de causar transtornos desnecessários em meu pequeno reino, não será admitido ou será retirado. Quando estou com alguém que tem potencial para ser intrusivo, digo a mim mesma (às vezes muitas, muitas vezes) que essa pessoa não entrará no meu círculo mágico.

Aprender a aceitar o que os outros dizem sem maior análise, ao pé da letra, é outro componente-chave para estabelecer e manter limites saudáveis. Se você se sentir chamado a se aprofundar em seu trabalho de impor limites, recomendo o *The Dialectical Behavior Therapy Skills Workbook.*[4]

Uma ameaça insidiosa aos nossos limites vem das microagressões – aquelas cutucadas e críticas sutis que algumas pessoas têm o dom de fazer, especialmente contra indivíduos de um grupo tradicionalmente marginalizado.[5] Às vezes, elas são dirigidas diretamente a alguém, mas, na maioria das vezes, são faladas sobre os outros pelas costas. Se houvesse prêmios para isso, minha família estaria com medalhas de ouro. Tento não dividir esse pódio, mas, sendo bem honesta, é algo que trabalho todos os dias. O condicionamento é forte. Talvez esteja no meu DNA. Essas calúnias também podem vir de outras pessoas – de supostos amigos, de colegas de trabalho (chefes!) e até de estranhos. Todas elas foram concebidas para minar nossa soberania pessoal, porque as pessoas que delas participam se sentem, elas próprias, privadas de soberania.

Embora possamos aprender a compensar potenciais disputas de fronteiras com aqueles que conhecemos, é quase impossível prever quando poderá ocorrer um ataque furtivo às nossas fronteiras. Eu estava em uma festa conversando com algumas pessoas que não conhecia bem. Do nada, um homem começou a repreender adolescentes como vadias. Uma grande parte de mim queria explicar as coisas para ele, mas a mulher sábia dentro de mim disse para simplesmente me afastar. Pedi licença, lançando a ele um olhar severo. Todos os outros sabiam o que eu queria dizer. Desde então, evitei qualquer contato com ele. Repreendê-lo teria sido bom, mas só teria drenado minha própria energia.

Energia e Atenção

A energia flui para onde vai a atenção. Esse é um dos meus cinco principais mantras pessoais. Tive uma aluna que sempre mantinha um determinado canal de notícias ligado ao fundo durante nossas videoaulas ao vivo. A TV ficava atrás dela, então todos podíamos ver a tela. Achei isso muito perturbador, mas nunca disse nada a ela. Eu me perguntei por que alguém manteria um canal de notícias ligado enquanto participava de uma aula sobre espiritualidade. Isso me inspirou a desenvolver limites muito claros sobre como meus alunos deveriam se apresentar em uma reunião ao vivo. Mas nunca expliquei isso para a mulher da TV.

Ficou claro que ela estava completamente desinteressada em realmente fazer o *verdadeiro* trabalho que eu ensino. Só queria atenção. Essa aluna conseguiu meu número de telefone pessoal e me ligava com frequência. Outra violação de limite. Atendi uma vez para explicar que ela não poderia me ligar, mas fui ignorada. Com o tempo, por causa de seus incessantes e-mails, mensagens e ligações, tive que bloqueá-la completamente de meu trabalho público e de minha vida privada (ela encontrou minhas redes sociais pessoais). E pensar que eu provavelmente poderia ter evitado toda essa tolice se tivesse dito a ela, na primeira vez que vi a TV atrás dela, para desligá-la ou desligar a câmera. Recentemente, alguém ligou uma TV em uma situação semelhante, em uma videoconferência, e eu simplesmente pedi para desligá-la.

Se algo está incomodando você, como essa TV me incomodou, explore por que isso acontece. Preste atenção ao fator "repulsa" e às suas reações instintivas. Essas sensações acontecem porque seu corpo está lhe dizendo que seus limites foram ultrapassados. Em seguida, reúna-se com esses sentimentos para revelar o porquê. Desenvolva uma estratégia para não reviver as reações negativas. Se isso acontecer, deixe bem claro que é inaceitável. Você pode simplesmente ir embora, como eu fiz na festa, ou pode explicar com gentileza que esse comportamento tem que parar.

Aqui estão alguns exemplos de comportamentos que indicam que você tem limites fortes:

- Usar sua paixão para guiá-lo e inspirar outras pessoas.
- Ser gentil com os outros.
- Demonstrar integridade consigo mesmo e com os outros.
- Ser cauteloso com os outros que chegam de modo tempestuoso.
- Não buscar validação do outro.
- Não tolerar ações ou palavras inaceitáveis.
- Pedir permissão a uma pessoa antes de tocá-la.
- Apreciar as verdades dos outros.
- Observar os limites das outras pessoas e comportamentos e ações inadequadas.
- Respeitar os outros.
- Dizer "não" ao foco indesejado de todos os tipos.
- Confiar em suas decisões.
- Compreender que os outros têm seus próprios inconvenientes e problemas.
- Aqui estão alguns exemplos de comportamentos que indicam que você tem limites fracos:
- Confiar ou desconfiar sem motivo.
- Tocar as pessoas sem pedir permissão.
- Estar excessivamente envolvida (enredada) na vida dos outros.
- Estar metida em conversas ou ações ofensivas envolvendo outras pessoas.
- Definir-se pela forma como deseja que os outros a vejam e tratem.
- Esperar que as pessoas leiam a sua mente.
- Desrespeitar as outras pessoas.
- Ter uma mentalidade rígida.
- Saltar rapidamente para relacionamentos ou situações.
- Ignorar ou minimizar as experiências e opiniões dos outros.
- Não escutar sua própria voz interior.

- Revelar tudo sobre você para pessoas que não conhece bem.
- Tolerar o comportamento dos outros que você considera inaceitável só para evitar rejeição.

Limites e Autoproteção

Uma maneira de proteger seus limites é por meio do trabalho energético. E talvez a maneira mais fácil de fazer isso seja lançar um círculo mágico – um espaço dentro do qual você esteja protegido de invasões indesejadas em sua energia e em sua mente. Um círculo mágico também pode ajudá-la a evitar ultrapassar os limites dos outros.

Quando meu filho mais novo estava na pré-escola, ele tinha grandes problemas em respeitar os limites das outras crianças e era muito sensível às emoções dos outros. Começamos a trabalhar na criação de seu círculo mágico pessoal, treinando-o para visualizar um escudo branco protetor que crescia de dentro dele. Isso o ajudou a compreender os limites das outras pessoas e a reforçar os seus próprios. Ele também passou a dormir com antigas divindades egípcias porque as estátuas e imagens o faziam se sentir seguro. No entanto, você não precisa fazer isso para reforçar seus limites e não absorver as energias dos outros. Pode confiar em quaisquer divindades ou imagens que o façam se sentir seguro em seu círculo pessoal. Quanto ao meu querido filho mais novo, ele é definitivamente um faraó reencarnado.

Quando sei que passarei algum tempo com pessoas que são vampiros de energia, eu me protejo, estabeleço intenções e faço uma lista de todas as coisas que não direi ou farei quando estiver com elas. Existem muitos cristais que você pode carregar para ajudar a fortalecer seu círculo pessoal. Obsidiana e outras pedras pretas são ótimas para absorver energias nocivas. Gosto da ametista e rodocrosita para autoaceitação, o que incentiva limites fortes. Tenho um citrino como amuleto que carrego sempre comigo, para facilitar relacionamentos saudáveis. No passado, as minhas fracas "políticas pessoais" resultaram em problemas com outras pessoas, especialmente em envolvimentos românticos. Citrino é ótimo para ampliar meu trabalho nessa área. As pedras são aliadas incríveis enquanto nos aventuramos pela caverna de Hécate.

A proteção faz parte da cura, mas tome cuidado para não se isolar. É fácil para mim me isolar completamente dos outros (exceto dos meus filhos; não consigo escapar deles). Quando faço isso, não me preocupo com a violação dos meus limites. Mas, ao fazê-lo, acabo me privando da riqueza das relações sociais. Talvez você possa se identificar com isso. Para mim, compreender os meus próprios limites e os dos outros é um processo contínuo e fascinante. Não existe um conjunto perfeito de práticas pessoais; elas mudam com o tempo e variam entre os indivíduos. Basta fazer o que achar certo para se manter no caminho.

Prática: Conheça Seus Limites

Investigue os momentos em que alguém ultrapassou os limites com você. O que foi que o levou a violar seus limites? Faça uma lista de limites absolutos que outras pessoas não podem cruzar sem consequências. Pegue essas definições de limites e transforme-as em afirmações. Por exemplo, se o discurso de ódio é um limite para você, escreva um decreto como: "Protegerei aqueles que são marginalizados". Isso afasta a energia do limite de ser dependente das ações dos outros, criando seus próprios princípios soberanos. É uma forma de magia de reversão.

Prática: Seu Círculo Mágico Pessoal

Pensar nos limites como nosso círculo mágico pessoal consolida seu papel vital na proteção contra o mal. Escrevi extensivamente sobre a criação de círculos mágicos – que, na verdade, são apenas espaços sagrados – em meus livros anteriores. Um exercício simples, mas profundo, é explorar o que está dentro do seu círculo mágico pessoal e o que está fora dos limites. Esse exercício usa escrita automática intuitiva. O segredo é seguir o fluxo, sem edição ou críticas posteriores. Ninguém verá seu talismã completo, a menos que você mostre.

Você precisará de uma vela, papel (tela, madeira, etc.) e materiais de arte ou escrita. Utilizamos essa prática todos os anos no Instituto Covina, a elevando a um verdadeiro talismã por meio de colagens, pinturas, etc. Indicarei as etapas básicas mais adiante. Amplifique isso da maneira que você se sentir conduzido a fazer.

Antes de começar, desenhe um círculo em um pedaço de papel, criando um modelo. Inclua cristais de limpeza, proteção, orientação e inspiração, os colocando ao redor do seu modelo para formar um espaço sagrado.

Acenda uma vela. Usando o protocolo apresentado anteriormente, faça círculos com a chama três vezes no sentido anti-horário ao redor do papel, limpando o espaço e evocando tudo o que você precisa manter fora do seu círculo, dizendo:

> "Eu limpo esse espaço, invocando-o como sagrado. Chama Sagrada, me revele tudo o que preciso manter fora do meu círculo mágico pessoal."

Escreva, sem editar, tudo o que surgir em sua mente a respeito do que precisa manter fora de seu círculo mágico pessoal. Inclua itens sérios, como ódio, invalidação e pessoas que são tóxicas, e também outros mais leves. Quando fazemos isso como um exercício coletivo, sempre acabamos incluindo coisas engraçadas que não suportamos, desde sorvete de menta com gotas de chocolate até vincos na frente das calças. Isso acalma o peso dos tópicos anteriores.

Quando terminar, pegue a vela e diga:

> "Tudo isso está além do meu círculo; não tenho espaço para isso dentro da minha vida."

Faça círculos com a vela no sentido horário ao redor do papel, dizendo:

> "Eu protejo meu espaço pessoal; meus limites são fortes. Chama Sagrada, me lembre do que é sagrado para mim."

Agora, escreva tudo o que vier à mente, desde músicas e filmes até pessoas e lugares. Inclua suas divindades, seus aliados, suas cartas... – tudo o que é sagrado para você. Faça isso em um estilo de fluxo de consciência.

Quando terminar, segure a vela sobre o papel, que agora virou um talismã, e recite algo como:

> "Esse é o meu círculo mágico pessoal. Tudo o que bloqueia e traz estagnação está fora. Tudo o que nutre está dentro do meu espaço sagrado. Enquanto eu falo, isso se torna real."

Apague a vela depois de contemplar o seu talismã, que você deve ver como um documento de trabalho e um feitiço para manter seus limites.

Capítulo 8

Lampadios: A Iluminação

A cada passo que dou,
O peso insuportável da minha pele falsa,
O peso das cicatrizes,
E a carga dos meus fardos,
Estão lançados ao chão.
Os deixo na escada,
Um por um,
Peça por peça,
Caminhando para baixo,
Deixando cair o que precisa morrer
No meu despertar.
À medida que a escuridão se aproxima,
Eu sou iluminado,
Vendo o brilho de suas tochas,
Iluminando a jornada.

Volte seu olhar para as tochas de Hécate, aquelas luzes que guiam, que nos conduzem através de sua caverna. Essa é Lampadios nos chamando às suas profundezas para que possamos nos curar.

Lampadios (também Lampadephoros) é um epíteto antigo que significa "Portadora da Lâmpada". Refere-se tanto a tochas quanto a lamparinas a óleo usadas em rituais. Embora sejam diferentes, compartilham o poder do fogo controlado. Sugerem Hécate como a guardiã da chama primordial. Outros títulos que significam Portadora da Tocha, incluindo Pyrphoros e Dadophoros, são epítetos associados ao papel mais amplo de Hécate como iluminadora – por exemplo, Phaesimbrotos (A Que Traz a Luz) e Phosphoros (Portadora da Luz).

Existem muitos títulos antigos atribuídos a Hécate que ilustram seu papel como uma deusa que ilumina o caminho. Na verdade, as suas tochas gêmeas surgem como um dos seus símbolos mais icônicos. No registro histórico, quando Hécate chegou com sua tocha acesa, foi um presságio de que tudo ficaria bem no final. Às vezes, ela usava suas tochas em batalhas míticas, como aquela liderada por Zeus contra os Titãs. Em uma história, as usou para iluminar uma cidade antiga para que possíveis saqueadores fossem impedidos de atacar. Normalmente, porém, a aparição de Hécate com suas tochas acesas não estava ligada à batalha, mas sim a um sinal de seu papel como guia.

As tochas duplas de Hécate foram citadas em textos e ilustradas há mais de 2.000 anos. Em *Os Oráculos Caldeus*, ela é chamada de Hieros Pyr, o fogo sagrado.[1] Também é descrita como *Anima Mundi*, a Alma do Mundo, nesses fragmentos antigos. É por meio do fogo sagrado de Hécate que todo o mundo material nasce e é sustentado. Nos mitos, nos rituais antigos e até nas peças de teatro, o fogo de Hécate é visto como todo-poderoso, como neste exemplo de Sófocles:

> Tu, fogo sagrado, arma de Hécate, a deusa da estrada, que ela carrega quando ministra no Olimpo, nas alturas e em seus refúgios nas encruzilhadas sagradas da terra. (*Fragmentos,* Vol. 2)

Em *Os Oráculos Caldeus*, Hécate é referida como o Hieros Pyr da criação usando diferentes epítetos, incluindo a Flor do Fogo (às vezes, traduzida como a Rosa do Fogo) e o Relâmpago. Esses são epítetos noéticos, que se referem ao seu papel como a Alma do Mundo cósmica. Escritores antigos menos filosóficos também evocaram sua natureza ígnea, como em *Os Papiros Mágicos Gregos*. Alguns estudiosos afirmam que a tocha é um símbolo fálico, representando uma Grande Mãe que preside tanto o feminino quanto o masculino.[2]

A tocha simboliza a imanência divina em todas as coisas. Somos atraídos pela tocha de Hécate porque ela é uma alma gêmea da luz dentro de nós e da luminosidade inerente ao universo. Se você já se sentou sozinho em um quarto escuro com uma vela acesa, o que eu recomendo sinceramente que faça, pode ter tocado nesse tipo de energia. Abrandar-se na vela, permitindo que sua mente descanse, evoca uma sensação que você não consegue descrever, mas que sente e conhece. Dessa maneira, está tocando a imanência divina da deusa.

Compare isso com acender uma vela em uma sala imersa em luz artificial. Não é a mesma coisa. Nos tempos modernos, não andamos por aí com tochas para iluminar a noite, mas podemos retornar ao poder da chama de Hécate quando apagamos as luzes artificiais. Precisamos da cura da Mãe Negra para ver nossa verdadeira luz interior. Não há como chegarmos à alma sem entrar na escuridão. O olho do tigre é o cristal a ser usado nesta parte da sua jornada. Coloque um olho de tigre em seu altar ao lado da vela para expandir seu impulso em direção à caverna e ajudar a aprimorar sua intuição.

A imanência divina da deusa foi negada na nossa cultura durante centenas de anos. Aqueles que seguem a tocha de Hécate em direção à sua verdade foram perseguidos, torturados e assassinados. Fomos rotulados como esquisitos e empurrados para as margens da sociedade por causa da nossa recusa em negar a sua chama sagrada. E o que estamos vivenciando a nível individual está acontecendo em escala global.

Quando nos voltamos para dentro, para o fogo da nossa alma, iluminamos o mundo porque estamos nos conectando com a tocha de Hécate. Isso exige coragem. Estamos finalmente admitindo para nós mesmos que carregamos em nosso interior o poder curativo do seu fogo. E finalmente reconhecendo a necessidade de permanecer tanto no que às vezes é chamado de "mundo da energia" quanto no "mundo da forma". Jung os chamou de "espírito das profundezas" e "espírito dos tempos".[3] As profundezas do mundo oculto, o mundo da energia, é onde as tochas da deusa brilham mais intensamente. Lampadios chega até nós em sonhos, na lembrança de quem somos e em suas mensagens e visões inesperadas. Ela é o fogo que arde por dentro.

O Fogo que Arde por Dentro

No mundo caótico de hoje, vimos a falsa luz das estruturas culturais e sociais dominantes rachar e abrir fendas profundas, permitindo que a escuridão de Hécate aparecesse. Muito provavelmente, você encontrou a luz da deusa quando estava vivenciando uma "noite escura da alma". E é aqui que nos encontramos como um planeta. Esse é um ponto de inflexão – *nyssa*. Se olharmos para a escuridão, veremos a tocha de Hécate acesa, esperando que entremos em sua caverna. Quando entramos, a tocha se torna um espelho da centelha que arde dentro de cada um de nós. Estamos sendo abertos para nossa luz interior.

Lampadios é frequentemente retratada com duas tochas acesas para ilustrar sua conexão com o fogo primordial. Ela ilumina aqueles que desejam entrar em sua caverna. Talvez a representação moderna mais impressionante disso seja a Estátua da Liberdade, que indica a direção da sua terra de aceitação e oportunidade aos cansados. A deusa portadora da tocha brilha mais quando está mais escuro. Em nossas vidas pessoais, é somente quando ela se sente fora de alcance que vem até nós.

Virar-se para a tocha de Hécate acende nossa coragem. Responder ao seu chamado traz empoderamento e paz. Encontramos uma base firme que vibra com essência curativa. Traz consigo um retorno ao útero, um novo despertar do sagrado feminino. É escuro e úmido, o antídoto perfeito para a secura estéril da vida moderna. A tocha ilumina e aquece, oferecendo proteção e orientação. À medida que nos curamos, o fogo de Hécate fica mais forte dentro de nós. Ele se funde conosco. Assim como um ferreiro transforma pedaços de metal em belos tesouros, ele molda nossos seres em nossa verdade única. O fogo surge dentro de nós até renascermos dele. O que você pode estar experimentando agora é o brilho dessas tochas, iluminando padrões que o mantêm preso, lançando um brilho em torno de possibilidades há muito esquecidas e clarificando o caminho a seguir.

Quando você se volta para a tocha de Hécate, traz à consciência aquilo que precisa de atenção. Você preenche o recipiente da sua mente, seu *temenos* interno, com o que é saudável, enquanto continua a iluminar o que não serve mais. Você experimenta a lucidez cristalina de permanecer em seu centro e permitir que o que quer vir à tona o faça. Essa pode ser uma grande transição; vá com calma nesse processo. Os símbolos de Hécate é muitas vezes, a forma como as nossas mentes conscientes recebem a cura. Ela aparece nos sonhos, na nossa imaginação e em sincronicidades inesperadas. E embora esses símbolos tradicionais sejam importantes, também o são aqueles que consideramos únicos para nós.

As tochas são símbolos de esperança. Elas iluminam o caminho a seguir e o caminho para dentro. Lampadios é, portanto, a proverbial luz no fim do túnel. Mas também é muito mais que isso. Ela é a luz do fogo da alma que queima por dentro. Quando nos voltamos para a sua tocha, despertamos nossa própria luz. Hécate carrega a tocha da nossa alma, acesa a partir de sua fonte primordial, até que sejamos capazes de recuperá-la para nós mesmos.

No centro da Roda de Hécate está uma estrela que representa o fogo da deusa. Assim, ao entrarmos na caverna de Hécate, embarcamos na jornada dentro dessa Roda que leva ao seu fogo primordial. Essa é a cura que suas tochas trazem. Elas são a alma materializada.[4]

Um aspecto importante do poder simbólico das tochas de Hécate é como elas foram usadas na história para demonstrar sua autoridade sobre os Três Mundos – Superior, Inferior e Médio. A tocha ilumina o Mundo Subterrâneo, mas nasce do fogo primordial dos céus acima. O papel de Hécate como Enodia, a deusa das estradas e das viagens, sinaliza a sua iluminação ao longo da nossa jornada terrena. Para os antigos, garantiu a passagem segura pelas estradas e pelas encruzilhadas traiçoeiras, da mesma forma que ela nos guia em nossas vidas pessoais. Hécate Lampadios nos conduz nos mistérios de sua sabedoria. Para acessar essa sabedoria, nos voltamos para dentro, para o fogo da tocha dentro de nossas almas, nos apoiando em nossa intuição e nossas reservas. Hécate alimenta o nosso fogo interior quando percorremos o seu caminho, nos curando e fortalecendo à medida que avançamos, nos protegendo do brilho desagradável e das mentiras sórdidas que encontramos enquanto nos desviamos dos falsos becos sem saída do mundo civilizado.

Você é o chão por onde eu viajo,
E você é o caminho.
Você é as sombras e a noite,
E você é a luz que nutre.
Fogo sagrado brilhante que me indica a direção mais profundamente.
Eterno como o próprio universo.

As Três Portadoras da Tocha

Hécate, Perséfone e Deméter são todas retratadas como deusas portadoras de tochas, reforçando o papel de Hécate como a Deusa Tríplice e reconhecendo seus poderes individuais e combinados. Perséfone aprende a usar sua tocha para trazer luz ao Mundo Subterrâneo. Deméter utiliza a dela para iluminar seu caminho em meio à dor. Hécate, como uma tocha de orientação. Quando exploramos o significado histórico de suas tochas, vemos que elas estavam relacionadas aos seus diversos papéis. Eram frequentemente associadas a divindades ctônicas, simbolizando sua capacidade de "ver no escuro". Na verdade, Perséfone, na sua plenitude como rainha do Mundo Subterrâneo, também foi representada com tochas, tal como sua mãe, Deméter, criando mais uma conexão entre essas três deusas.

As tochas das três deusas significam vigilância; elas estão sempre atentas. Vemos isso também em alguns outros papéis de Hécate, incluindo seu Eu independente de três cabeças que olha em três direções ao mesmo tempo. A busca incansável de Deméter para encontrar Perséfone simboliza nossa jornada interna em direção à nossa verdade única. O poder da deusa de iluminar o que está oculto é demonstrado em vários momentos da história. Perto do início, quando Perséfone está perturbada e Deméter se encontra de luto, Hécate aparentemente deixa a jovem cuidar de si mesma enquanto ela vai em busca de Deméter. Isso simboliza o papel de Hécate como mediadora e unificadora.[5] Deméter, que estava furiosa contra o noivado da filha, se recusou a aceitar a realidade. Todos nós já tivemos experiências como essa, quando nossa insistência em nos apegar a uma situação que não podemos remediar nos leva a uma grande angústia. Em última análise, a forma como curamos é trazer essa verdade para nossa consciência. Evitar a realidade raramente ajuda. A tocha de Hécate pode iluminar até as situações mais difíceis e nos ensinar a parar de evitar aquilo que não pode ser desfeito. Pelo perigo de Perséfone, podemos ver como nossa própria ingenuidade pode ter contribuído para os nossos problemas. Caminhamos com Deméter em sua expressão de raiva porque nossa Perséfone interior está sofrendo.

O relacionamento dessas três deusas é um testemunho de fidelidade – a si mesmas, umas às outras e às demandas insondáveis daquilo que não podemos controlar. Podem ser maquinações de outras pessoas, às vezes até daquelas que existem apenas em nossas mentes, ou caprichos do destino. Assim como Perséfone e Deméter, podemos acender nossa própria tocha para iluminar o nosso próprio caminho, e também permitir que a tocha de Hécate arda tão intensamente dentro de nós a ponto de oferecermos a mesma luz a outros que atravessam as suas viagens pelas cavernas. Essa é a imanência divina da deusa em ação no mundo.

Individuação e Fogo Simpático

Acender o fogo da nossa alma nos permite, em última análise, iluminar os outros enquanto perseguem a sua própria plenitude. Esse fogo simpático pode, portanto, ser uma cocriação que nos nutre como indivíduos, ao mesmo tempo que apoia os outros. Contemple como Lampadios cria essa resposta emocional evocativa dentro de você. Ela a obriga a entrar na escuridão dela para que possa alcançar sua própria luz no fim do túnel.

O objetivo do desenvolvimento pessoal na psicologia profunda é conhecido como individuação.[6] Dito de forma simples, esse é o processo de viver a partir do centro do nosso ser, com limites saudáveis e abertura. Ser individuado significa que renunciamos às nossas dependências dos outros. Não vivemos mais de acordo com as expectativas, regras ou desejos de outras pessoas, ou com o que elas pensam que somos ou deveríamos ser. Entrar na caverna faz parte desse processo, pois não há plenitude sem escuridão. Consideremos os "terríveis 2 anos", em que os acessos de raiva dão início à independência de uma criança, ou a rebelião adolescente. As características de individuação adulta incluem deixar empregos, encerrar relacionamentos e definir o que é significativo para nós. Tudo vem com grande agitação.

Embora isso possa parecer que a ênfase está em nosso trabalho solitário, ao nos tornarmos inteiros, ficamos conectados com os outros de maneiras profundamente significativas. Passamos por diferentes processos de individuação ao longo de nossas vidas. O bebê se individualiza da dependência física total do cuidador principal para sobreviver.[7] Na adolescência, fazemos a transição de nossos relacionamentos de apego aos nossos pais para amigos e parceiros românticos, e estabelecemos nossa própria jornada, separada de nossas famílias de origem.[8] Para Jung, a maior individuação ocorre quando nos tornamos plenamente o nosso ser único, livre das expectativas familiares e sociais.[9]

Experimentamos o fogo simpático quando somos inspirados pela luz que outra pessoa traz com seu brilho. Pode ser um amigo, uma figura pública ou um personagem mítico. A luz de suas tochas reflete a nossa e amplifica o arquétipo subjacente do fogo original. Quando somos guiados pela sombra, esse fogo pode nos queimar. Podemos nos encontrar em relacionamentos com padrões repetitivos, com pessoas que cuidam das "chamas da sombra". Mas Lampadios ilumina esses relacionamentos e os padrões disfuncionais.

Um fenômeno frequente que observei em meus alunos é que seus relacionamentos mudam drasticamente à medida que se inclinam para a luz interior. Eles relatam o fim de alianças obscuras das quais não conseguem escapar há anos. "Amigos de conveniência" – aqueles que talvez tenham acendido o fogo em algum momento, mas certamente não o fazem mais – tendem a desaparecer. Pode resultar em solidão temporária, mas, sem dúvida, os alunos rapidamente encontram relacionamentos saudáveis que fortalecem sua chama interior.

Sombra, Eu *(Self)* e Alma

A grande Marion Woodman escreveu extensivamente sobre a interação entre aspectos da sombra, do Eu e da alma. Em *Dancing in the Flames: The dark goddess in the transformation of consciousness* (em coautoria com Elinor Dickson), ela descreve o processo de nos voltarmos para a Mãe Negra para encontrar a tocha interna que nos permite ver a luz em todas as coisas, inclusive em nosso território interior. Somos sombra, Eu (*self*) e alma. Assumimos nossas *personas*, que são as projeções externas de nós mesmos – algumas saudáveis, outras restritivas. Todos esses aspectos se misturam em uma construção interna, às vezes chamada de ego.

O ego, por si só, não é destrutivo. Considere que é o seu Eu superficial. Entretanto, se você viver puramente em sua superficialidade, simplesmente não poderá ver sua luz interior, nem a tocha da deusa. Na melhor das hipóteses, é opaco e, na pior, puro miasma obscuro. Embora o ego tenha um papel importante a desempenhar como interface entre você e a realidade externa, se ele for controlado pela sombra, você acabará sendo projeções dela, em vez de emanações de sua verdadeira luz. À medida que ganha a clareza brilhante encontrada na caverna de Hécate, conquista a habilidade de dialogar com a sombra, de ver a partir da alma e de criar o Eu intencionalmente. (Esse é um assunto difícil; talvez seja interessante segurar seu olho de tigre enquanto lê e faz anotações nesta seção.)

Pense em suas *personas* como papéis que você desempenha - mãe, filha, parceira, trabalhadora, estudante, amiga e assim por diante. Alguns desses papéis são fiéis à sua alma, outros são simplesmente parte da vida e alguns podem ser um fardo. Sua alma reserva espaço para as *personas* que são saudáveis, mas pode ser brutal com aquelas que não o são. Quando você se volta para a tocha da deusa, ela o guiará sobre quais *personas* deve manter e quais precisam ser abandonadas. Vemos isso na história de Perséfone, quando ela descobre que é filha e esposa. Da mesma forma, essas nossas *personas* muitas vezes precisam passar por uma revisão substancial até encontrarmos o equilíbrio. Essa é a iluminação da caverna. Como nos diz Woodman: "Hécate possui a sabedoria que permite a Perséfone ser filha de sua mãe e, ao mesmo tempo, esposa de seu marido".[10]

Sempre que você se envolve com uma *persona*, entra em um arquétipo subjacente - filha, mãe ou esposa, por exemplo. Mas esses arquétipos não precisam ser exclusivos. Você pode ser uma "esposa de escritório" (quando compartilha um relacionamento especial com alguém de seu trabalho), por exemplo, ou uma adolescente rebelde tentando irritar a mãe.

Um dos meus epítetos favoritos de Hécate é Pyriboulos, que se traduz como "aquela do conselho do fogo". Na verdade, as mensagens de Hécate podem ser bastante acaloradas e podem até queimar um pouco. No entanto, são sempre conselhos sábios. Ela nos pede para abandonarmos nossa pele falsa, removendo as camadas de tudo o que não serve mais. O traje de sombra de certas *personas* não consegue suportar o calor de suas tochas. No entanto, existem *personas* que ainda precisamos assumir, e algumas delas estarão ansiosas para serem atendidas. Quando você vai trabalhar, assume a personalidade adequada para aquele ambiente. Também pode desempenhar o papel de boa filha para evitar conflitos, que podem se tornar restritivos à medida que você percorre sua jornada em direção à sua própria plenitude.

Talvez algumas de suas *personas* não se encaixem muito bem - como vestir um casaco de neve muito pequeno quando era criança. Você fica parado, rígido, incapaz de se mover, com medo de estourar as costuras. Mas quando está diante das tochas de Hécate Lampadios, que revela toda a falsidade, aquele traje de neve se torna insuportável. Explore quais *personas* estão parecendo muito "quentes" para você. Quais funcionam para alimentar sua sombra em vez de refletir seu Eu autêntico?

O *self* (às vezes chamado de *Self*, com "S" maiúsculo) é amplamente entendido como a alma e também chamado de psique. A alma, residindo em grande parte fora da nossa consciência até começarmos a deixar a tocha iluminá-la, tem uma vontade própria. Quantas vezes você se viu em uma situação difícil porque não ouviu sua intuição? Essa é a alma te convidando a ouvi-la. E mais nada. A alma chega até você com presentes – as visões e experiências que tem de Hécate e do mundo mais profundo. Isso ocorre porque é o conector entre o seu estado normal de ser e o seu Eu eterno e não nascido.

A alma é não racional e não linear. Ela fala por meio de símbolos – por isso, é útil explorar o que eles significam quando invadem sua consciência. A alma detém as chaves do mundo mais profundo e do que está por vir. Vê a sombra e oferece compaixão e compreensão.

Podemos honrar a sombra por meio de vários talismãs e rituais. Um antigo talismã usado para esse fim é o *Maskelli Maskello* (veja logo adiante). Embora o significado exato do termo permaneça um mistério, ele aparece como parte das antigas *voces magicae* (palavras mágicas) em vários textos, incluindo *Os Papiros Mágicos Gregos*, onde é usado para evocar a presença de Hécate. Há evidências de que essas palavras poderosas estão enraizadas na palavra hebraica *miskel*, que indica uma "canção de sabedoria". Certamente, contemplar nossa sombra é uma grande tarefa. Quando li pela primeira vez um dos antigos feitiços contendo essa expressão, fiquei encantada. Abriu uma porta dentro de mim que me chamou às profundezas de Hécate e falou de memórias de vidas passadas. Foi um encontro transcendente; eu simplesmente sabia que *Maskelli Maskello* pretendia escrever um hino à sombra. Trata-se de revelar a máscara interior.

A sombra pode ser vista como uma máscara que colocamos para nos proteger – mas que, ao mesmo tempo, nos aprisiona. Nos ritos antigos que evocam Hécate e seus companheiros – como nos ritos dionisíacos e nos mistérios de Elêusis –, os adoradores costumavam usar máscaras. Nossa máscara de sombra é aquela que mantemos involuntariamente por muito tempo. Chegou a hora de tirá-la, com determinação, gentileza e integridade. O ato de projetar a sombra na máscara retira seu poder sobre nós. Quando "nomeamos e invocamos" os pedaços da nossa sombra, começamos a ser entrelaçados em direção à totalidade, à plenitude.

Visão da Alma

Todos temos dentro de nós a capacidade inata de estar em conexão com Hécate, com a psique coletiva, o inconsciente coletivo e o mundo dos espíritos. Essa relação também mantém nossos dons psíquicos. À medida que você vai mais fundo na caverna – conforme se liberta das personalidades que o prendem e se separa das vozes que não nutrem –, sua intuição latente ascende à consciência. Sua bússola interna fica mais forte e você pode receber mensagens e *insights* de manifestações de certos arquétipos. Em particular, o significado do seu oráculo diário se tornará mais aparente assim que vai enxergando o mundo como arquetípico (veja o Capítulo 5). Você pode descobrir que recebe símbolos de Hécate e seus companheiros. A chama sagrada pode formar imagens.

Você também pode começar a ter visitas de ancestrais e até mesmo de espíritos etéricos, como anjos ou santos. Essa habilidade é conhecida por muitos nomes – comunicação psíquica, mediunidade e canalização, por exemplo –, mas a maioria dessas descrições não aborda a habilidade subjacente. Chamo essa capacidade de *sibylika*, em homenagem às antigas sibilas que proferiram profecias e ofereceram cura, refletindo sua capacidade de se comunicar com o mundo mais profundo.[11] Também a chamo simplesmente de "visão da alma", embora ela se manifeste em todos os nossos sentidos. Os contos de fadas nos oferecem uma forma de ver a partir da alma, revelando seus significados mais profundos. O trabalho da grande Marie-Louise von Franz sobre esses contos é uma forma fabulosa de entrar nos seus mistérios. Sua citação sobre nossa capacidade inata de olhar a partir da alma é uma das minhas favoritas:

> Todos nós poderíamos ser médiuns e todos teríamos conhecimento absoluto, se a luz brilhante da consciência do nosso ego não a obscurecesse.[12]

Quando trazemos a visão da nossa alma para o primeiro plano, ela pode iluminar como temos extraído informações do mundo mais profundo, mesmo sem saber disso.

Um efeito colateral de deixar a visão da alma apagada é que podemos acumular a energia dos outros. Hoje, isso às vezes é chamado de sobrecarga empática, que pode resultar em um grande peso pelas emanações de outras pessoas. Frequentemente, ficamos tão acostumados com isso que não temos consciência do ruído em nossas cabeças causado por todas essas vozes.

Embora possam ser profundamente saudáveis, também podem deixar marcas em nossa psique. Essas marcas nos fazem ficar bem na aparência, mas podem ser muito sensíveis.

Quando seguimos a tocha de Hécate, nos tornamos inevitavelmente conscientes da confusão em nossas cabeças, que chamo de "vozes dos outros". É um vasto compêndio de todos aqueles que ocupam espaço dentro de nós – nossas famílias, nossos amigos e colegas de trabalho, bem como a voz da consciência coletiva e dos costumes e valores da nossa sociedade. Agora, isso não é inerentemente ruim. Existem vozes que nos apoiam e nos amam, nos animando ao longo da nossa jornada para a plenitude. Quando estamos desanimados, ter uma conversa imaginária com uma delas pode ser muito útil. Além disso, Hécate habita profundamente em nossas almas e muitas vezes aparece como uma dessas vozes. Pode ser assim que recebemos suas mensagens.

Mas, como a nossa própria capacidade de nos conectarmos à energia em muitas formas é substancial, podemos perceber essas vozes de uma maneira que pode ser quase enlouquecedora. Você sabe que a sua sintonia está muito apurada quando se sente desconfortável no círculo da sociedade dominante.

Porém, a visão da alma sempre esteve em ação, nos afastando do *zeitgeist* cultural (espírito da época) e nos atraindo para o meio-termo, no qual a alma está mais satisfeita. Somos inerentemente diferentes daqueles que seguem apenas o que Jung chamou de "o espírito dos tempos".

Pense assim: existe um grupo, o coletivo da sociedade dominante, que tem uma atração energética tão grande que normalmente nos sobrecarrega. A maioria das pessoas nesse coletivo está focada, por exemplo, nas últimas novidades da internet, em celebridades e assim por diante. Quando ficamos presos nesse ruído coletivo, acabamos indispostos porque somos sensíveis às vozes – tanto ao ruído que percebemos quanto à sua energia implícita. Simplificando, nos tornamos estranhos numa terra estranha. Mas o lugar que queremos estar é à margem do coletivo, reduzindo, assim, esse ruído. Se você já ficou em uma sala barulhenta e cheia de gente, saiu e voltou, sabe o que quero dizer. Nós nos acostumamos com o barulho enquanto estamos lá, mas, quando tentamos voltar, perguntamos quem aumentou o volume. Nem sabemos o quão barulhento é até nos afastarmos do ambiente. Entrar na caverna de Hécate inicia o processo de distanciamento dessa poluição sonora dentro do coletivo e, também, dentro de grupos e relações.

Prática: Criando um Conselho Íntimo

Essa atividade ajuda você a distinguir as pessoas que estão ocupando um lugar em seu espaço sagrado, mas não deveriam, daquelas que dão bons conselhos – seus portadores pessoais da tocha, seus conselheiros de confiança. Comece desenhando um círculo conforme descrito na atividade sobre limites, no Capítulo 6. Imagine uma mesa do conselho colocada no centro. Quem se senta à mesa? Quem precisa ser retirado? Certamente, Hécate estará à frente desse conselho, mas talvez você tenha outras divindades e espíritos que também o aconselharão. Existem ancestrais e arquétipos aos quais deveria ser concedido um lugar à mesa? Há certas *personas* que deseja que sejam representadas? Certifique-se de deixar uma cadeira para você e também para a sombra.

Prática: A Tocha da Criação

Muitas vezes, pensamos que a sombra contém apenas elementos negativos – dor, maus hábitos e coisas do gênero. Porém, tudo o que está oculto ou reprimido dentro de nós também faz parte da sombra. A sombra abriga experiências, emoções e sentimentos que desejam que os tiremos da escuridão e os iluminemos para que possam crescer até sua plenitude. Você pode ajudar nesse processo criando sua própria tocha simbólica, seja um desenho ou uma vela especial, como fonte de iluminação. Essa tocha pode permitir que veja o potencial dentro de você.

Fique com sua vela ou imagem e contemple o que está escondido em suas sombras e o que precisa trazer para sua consciência. Podem ser talentos latentes, sonhos há muito tempo abandonados, *hobbies* e interesses. O que você esqueceu? O que foi abafado por aquelas vozes clamorosas dos outros? Consulte o seu Conselho Íntimo para orientação. Considere isso o início da criação de sua tocha exclusiva. Reserve um tempo toda semana para uma "reunião" com seu Conselho Íntimo, para discutir o que você está trazendo à luz.

Prática: Criando um Talismã da Máscara de Sombra

Enfrentar a sombra é um ritual de aceitação. Entramos no *temenos* interior para explorar nossas feridas, nossos medos e as partes de nós mesmos de que não gostamos. Mas a sombra também é a protetora da alma quando não é seguro para o nosso verdadeiro Eu interagir com o mundo. A sombra deve, portanto, ser honrada como parte de quem somos, embora seja uma máscara que podemos escolher colocar ou tirar. Esse exercício pode ajudar você a trazer à luz os fardos ocultos que todos carregamos involuntariamente. Entre com cuidado nessa prática. Acenda sua vela, conecte-se com seu olho de tigre, faça sua meditação e tire suas cartas diárias antes do exercício. Veja isso como uma tarefa sagrada, um verdadeiro ritual em si.

Gosto de fazer um *mirari*, um espelho que vê a alma, antes de iniciar essa atividade. Eu encorajo você a fazer o mesmo. Qualquer espelho adornado com símbolos que lhe pareçam adequados é maravilhoso. Use-o para ver sua aparência física e além, olhando em seus olhos para enxergar como você é muito maior do que seu corpo exterior. Quando você percebe seu reflexo completo, encara sua sombra em sua totalidade. Veja esse corpo e a luz interior como um espaço sagrado.

Com caneta e papel à mão, diga:

"*Maskelli Maskello*, me revele a minha sombra."

Permita que sua imaginação se abra para as partes dentro de você que são a sombra. Escreva todas as palavras que vierem à sua mente ou esboce imagens, se desejar. Permaneça no processo. Quando terminar, pode adicionar floreios que abençoam o talismã com energia curativa – por exemplo, o ungindo com óleo ou adicionando flores. Deixe sua criatividade fluir.

Mantenha seu talismã da máscara de sombra em sua Cista Mística quando terminar. Use-o como um ponto focal para se comunicar com sua sombra quando ela ameaçar se deixar levar. Durante a jornada pela caverna de Hécate, continue a passar algum tempo com sua máscara de sombra pelo menos algumas vezes por mês. Com o tempo, à medida que a sua luz chega, pode querer alterar ou substituir algumas das palavras ou imagens pelas novas palavras-chave e imagens da alma que chegam até você.

Capítulo 9

Borborophorba: A Catarse

Borborophorba.
Borborophorba.
Borborophorba.
Catarse.
Catarse.
Catarse.
Mãe da Caverna.
Comedora de Sujeira.
Deusa dos Ossos.
Mãe da Caverna.
Comedora de Sujeira.
Deusa dos Ossos.
Mãe da Caverna.
Comedora de Sujeira.
Deusa dos Ossos.
Borborophorba.
Borborophorba.
Borborophorba.
Catarse.
Catarse.
Catarse.

Borborophorba, um dos epítetos mais incomuns de Hécate, é encontrado em *Os Papiros Mágicos Gregos*. Pode ser traduzido como Comedora de Sujeira. Há alguns anos, quando comecei a dividir esse papel de Hécate com os alunos, isso causou uma verdadeira comoção. Alguns ficaram imediatamente sintonizados com esse simbolismo, enquanto outros recusaram a ideia de que sua amada deusa comeria lixo. Simbolicamente, Borborophorba janta as oferendas carnudas de nossas feridas e sombras, relacionando a jornada por sua caverna à experiência de catarse. Borborophorba nos encontra no final da descida. Ela nos diz que o preço da entrada na caverna é o nosso desabafo, nosso alijamento.

Além do epíteto, há outras evidências históricas que ligam Hécate ao que é descartado. Notavelmente, o lixo doméstico e as sobras rituais dos sacrifícios feitos a ela eram oferecidos como parte de um jantar na noite em que a lua estava escura. Hécate tinha, portanto, o poder de eliminar resíduos e excrementos, bem como de lançá-los contra nossos medos e inimigos. James Hillman, no livro *O Sonho e o Mundo das Trevas*, viu seu poder de comer sujeira como uma representação da liberação de nosso lixo interno:

> O lixo da alma é guardado primordialmente pela bênção de Hécate, e até mesmo o nosso lixo pode ser levado de volta a ela. A vida confusa é uma forma de entrar em seu domínio e se tornar um "filho de Hécate". Nossa parte é apenas reconhecer que há mito na bagunça para descartar os restos do dia no local adequado, ou seja, colocá-los no altar de Hécate. Ritualmente, o lixo era depositado à noite numa encruzilhada, para que cada sonho pudesse seguir em pelo menos três direções além daquela de onde viemos. Hécate, que tradicionalmente é representada com três cabeças, nos mantém olhando e ouvindo de várias maneiras ao mesmo tempo.

A jornada na caverna é, portanto, "transformar a bagunça em mito". Oferecemos a Borborophorba o que deseja morrer dentro de nós, mantendo, ao mesmo tempo, a sabedoria arduamente adquirida.

Cada um dos nossos mitos é único, começando pelo que entregamos à morte e como percebemos a Comedora de Sujeira. No cemitério da caverna de Hécate, deixamos nossos fardos, trazendo a morte para aquilo que nos oprime. Permita-se o dom de seguir sua intuição. Suas entranhas sabem. Na verdade, a palavra *borborygmus* (borborigmo) se refere ao ronco do estômago, sinais de movimento intestinal. No nível espiritual, entretanto, isso pode ser "conhecimento intuitivo".

Catarse e Cura

"Catarse" vem da palavra grega para purgação. A ideia de que liberar traz cura é encontrada ao longo dos séculos, de Aristóteles a Freud. Acredita-se que o corpo, a mente e a alma se beneficiam de uma limpeza completa daquilo que está nos causando problemas.[1] A liberação de fardos antigos abre caminho para que emoções enterradas venham à tona. Quando expurgamos nossos traumas e angústias, criamos espaço no qual sentimentos mais benéficos podem florescer. Uma das minhas citações favoritas é o título de uma obra semiautobiográfica de C. S. Lewis e o nome de um poema de William Wordsworth: *Surprised by Joy* (Surpreendido pela Alegria). Para mim, esse é o presente da Borborophorba.

Sempre que penso em catarse, dois fragmentos da sabedoria das mulheres da minha família vêm à mente. A mãe do meu pai frequentemente arrotava alto e depois dizia, orgulhosamente: "Melhor fora do que dentro". Quando eu estava chateada na minha infância, geralmente por causa de algum desrespeito social, minha própria mãe observava: "Um bom choro é do que você precisa". Essas duas mulheres sabiam intuitivamente da importância da purificação física e emocional.

Nossa catarse espiritual, ao cruzarmos o primeiro portal da caverna de Hécate, é essencial para a jornada que temos pela frente, porque estamos criando o espaço para permitir o início da cura. Hécate, como a Comedora de Sujeira, é uma das faces da Grande Mãe que aceita nossas sobras. A deusa asteca Tlazoltéotl também comia resíduos humanos e depois os defecava como flores, simbolizando o poder transformador da deusa de transmutar sujeira em ouro.[2] Quando encontramos Borborophorba, tomamos consciência de como estamos sobrecarregados pelo acúmulo de detritos sombrios, programação espiritual, impactos de pessoas tóxicas e assim por diante. Ela nos desafia a purgar todas essas coisas. No entanto, também nos lembra de que há um tesouro em todos os nossos resíduos. Podemos cavar para encontrá-lo ou inferir a flor da sabedoria. Se você já teve prisão de ventre grave, pode se relacionar com esse processo de maneira visceral. Considere esse período de transição como uma recuperação da constipação psicológica e espiritual.

A deusa romana Cloacina, que está ligada a Hécate por meio de seus papéis relacionados às estradas, tem a regência dos esgotos. No mundo de hoje, podemos nos concentrar totalmente nas estradas e ignorar os esgotos que correm por baixo delas nas áreas urbanas. Cloacina, a grande purificadora do mundo romano, livrou o império da sujeira, permitindo que as águas corressem limpas. E para cada cano de esgoto que retira resíduos, existe um conduto que leva água pura. Tudo isso acontece sob nossos pés, na escuridão subterrânea. Em muitas culturas, as deusas do Mundo das Trevas estão associadas a esse tipo de libertação. Elas são regentes tanto do lixo quanto dos tesouros.

Miasma

Cloacina, Tlazoltéotl e Borborophorba são todas coletoras do que os gregos chamavam de *miasma*. Miasma não tem um equivalente preciso em inglês, mas podemos considerá-lo poluição.[3] Em suas práticas religiosas, essas deusas removiam o miasma da casa e de seus ocupantes, muitas vezes em conexão com rituais dedicados a Hécate.[4] Alguns pensavam que as doenças físicas eram causadas pelo miasma no corpo.[5] Por meio de diversas práticas, esse contaminante era regularmente removido do corpo e da mente, das construções e do ambiente. Alguns pensavam que os males culturais também eram causados pelo miasma. Acreditava-se que doenças infecciosas eram transmitidas por ele, por exemplo. Hoje, usamos a palavra "tóxico" de maneira semelhante. O miasma é, portanto, como uma toxina que funciona tanto no nível arquetípico quanto no físico. Ele tem espírito e vontade próprios e ativa o arquétipo do medo, sobre o qual se apoia. Todo miasma é sustentado pelo medo.

O miasma é a força vital dos complexos, que são aglomerados disfuncionais de padrões de pensamento, comportamentos e emoções associadas. Os complexos são expressões de arquétipos.[6] Eles atuam em nós, exigindo ocupar uma posição em nossas vidas. São frequentemente vistos como negativos, mas também carregam assinaturas positivas. Há muito me identifico com a carta da Rainha de Espadas do tarô. Como arquétipo, a iluminada Rainha de Espadas é decidida, motivada e no controle de sua mente poderosa. Em seu aspecto sombra, no entanto, é ditatorial e de língua afiada. Assim, na forma de um complexo, pode ocupar minha personalidade em ambas as funções.

Complexos típicos giram em torno de nossas famílias. Algumas pessoas podem ter um "complexo materno", o que pode significar que a sua angústia é motivada pela relação que têm com as suas próprias mães, ou que estão enredadas no arquétipo materno. Aquelas com "complexo de filha" podem continuar a se definir dentro desse papel na família, sendo preenchidas pelo arquétipo da mulher jovem e dependente. Os complexos podem se constelar em torno dos arquétipos do Eu, como o Guerreiro, o Místico ou o Curador. Pessoalmente, tenho um "complexo de salvadora", que me leva a resgatar pessoas. Nada disso é inerentemente problemático. Mas, quando são ativados de maneira inadequada, certamente podem causar grande transtorno.

Quando nos libertamos do miasma, é criado um espaço dentro de nós que podemos preencher com nutrição. Porém, se não tomarmos cuidado, o miasma – muitas vezes, regurgitações do passado – pode voltar imediatamente. Permitir que a alegria, o contentamento e a paz invadam a nós mesmos pode ser um enorme desafio se vivemos na sujeira há anos. Quando você está livre do que não serve mais, pode experimentar algo como o fenômeno do membro fantasma, no qual as pessoas que perderam um membro ainda o sentem. Esse processo inclui liberar pedaços de si mesmo que você pode perder, mesmo que não possam ser reparados ou que lhe façam mal.

E essa é também uma descrição precisa da nossa morte psicoespiritual. Sentimos a atração de antigos complexos, relacionamentos passados e velhas feridas. Explorar nossos limites e estabelecê-los nos protege contra sermos consumidos e preenchidos mais uma vez por esses fantasmas famintos. A única maneira desses fantasmas passarem por Borborophorba é se sairmos do *temenos* de sua caverna. Assim como Perséfone, temos um tempo obrigatório no Mundo das Trevas. Se abandonarmos essa jornada, todo o equilíbrio das nossas vidas ficará prejudicado.

Lidar com nossa "sujeira" significa enfrentar a sombra. Em nossa sociedade, a sujeira é vista como "não divina" ou, de alguma forma, "pecaminosa". Todos nós já ouvimos que "a limpeza é tudo", "a limpeza está próxima da santidade". Porém, Borborophorba nos ensina que a "sujeira" é *da* deusa. Vemos evidências de negação da importância de explorar nossa sujeira em todos os lugares: o quanto estamos afastados do nosso próprio lixo; o quão higienizado o mundo se tornou. No entanto, o lixo faz parte da vida. Sem lixo, há abundância? O feminino é, por natureza, uma bagunça. O ciclo menstrual ainda é visto como "profano" em muitas culturas. No entanto, sem essa "inconveniência", sem essa sujeira, nenhuma nova vida pode ser criada. Onde está a sujeira em sua vida que você costumava considerar pecaminosa, mas que é verdadeiramente sagrada?

A cura se encontra no miasma; está na sujeira do trauma, da invalidação e do sofrimento. Existe uma expressão de que o problema é a solução, e assim segue nessa jornada. A negação, a culpa e outras estratégias para se evitar algo nos afastam do processo. Borborophorba nos ensina que, ao expulsarmos nossos fardos, damos lugar à sabedoria. Encontramos o tesouro que emerge da bagunça, da sujeira. Achamos isso quando ficamos quietos – na quietude. Assim como quando tomamos um remédio, mas só sentimos seus efeitos depois que nossas emoções se acalmam, esse tesouro, essa cura, chega até nós por meio de sonhos, sincronicidades e conhecimentos interiores.

Vergonha – A Infecção Oculta

O miasma aparece como vergonha. Ele nos diz que não somos suficientes e que somos indignos. A vergonha pode ser a infecção que normalmente está tão escondida, que nem sequer sabemos que a temos.[7] Como experiência imerecida de sentimentos profundos de indignidade, costuma ser, muitas vezes, um problema tácito que fere profundamente. Outros podem causar grandes danos ao invalidar nossa verdadeira natureza. Esse miasma atravessa nosso núcleo. Embora possamos estar cientes das nossas ansiedades e medos, e das pessoas tóxicas em nossas vidas, expor a vergonha implícita exige uma busca profunda. Mas Borborophorba é uma consumidora voluntária dessa doença insidiosa. À medida que você se aprofunda pela caverna, preste atenção onde a vergonha está aparecendo em sua cabecinha suja. Resista ao desejo da sombra de se julgar por se sentir envergonhado, estúpido, preguiçoso, inadequado e todos os outros "primos da vergonha". Se você estiver fazendo isso, mude sua atenção para a gentileza com sua vergonha. Reconhecer a sua existência e o seu poder são os primeiros passos no caminho para se libertar da vergonha.

É claro que esse sentimento tem um lugar na vida daqueles que fizeram coisas verdadeiramente vergonhosas. Mas, aqui, estou falando do resto de nós que se sente envergonhado sem qualquer motivo legítimo. Também não estou falando sobre cometer erros e depois se sentir arrependido. Meu foco é a vergonha crônica de quem somos e das coisas que nos foram feitas. Ela é uma criatura tão sorrateira que é improvável que percebamos que nos mantém prisioneiros.

Sentimos vergonha não só pela invalidação pessoal, mas também por uma cultura que desvaloriza nossa identidade. Por baixo de tudo isso, há sempre uma história de trauma. Temos inúmeros feridos entre nós que carregam muita vergonha. A fuga inicial de organizações e indivíduos abusivos costuma trazer alívio. Porém, a menos que reconheçamos nossa vergonha, muitas vezes permanecemos controlados por ela. O que acontece a nível individual é, portanto, expresso nas nossas comunidades como um todo. Precisamos enfrentar a vergonha em ambos os níveis.

A vergonha nos mantém em silêncio. Tememos que todos pensem que somos idiotas ou loucos se falarmos. Ninguém vai acreditar em nós. É uma vergonha falar. Trata-se de um tipo específico de medo relacionado ao fato de nosso senso de identidade, nossa maneira de ser, ser violado por outras pessoas. Mas esse medo também se espalha pelas opiniões sociais sobre o que é aceitável.

Pense na vergonha como uma árvore infectada, com uma variedade de frutas podres. No jardim da sua vida, essa árvore extrai toda a sua energia e impede que você alimente qualquer coisa bela. Quando sacodir a árvore da vergonha, a fruta estragada cai no chão. Ao acontecer isso, você pode enviá-la para a compostagem, que é uma espécie de templo de Borborophorba. Quando sacudo minha árvore genealógica, a vergonha cai. Os impactos da profunda vergonha que senti se espalharam por toda a minha vida. A vergonha, muitas vezes, me impediu de compartilhar quem sou com outras pessoas. Levei séculos para resolver isso.

E a vergonha ainda toma conta de mim – por exemplo, quando ouço uma mulher zombar de outra porque seus filhos têm dois pais diferentes. Sendo a Rainha de Espadas que sou, tenho certeza de que meu rosto se transformou em uma máscara de mágoa e desgosto com essas palavras, fazendo com que ela parasse no meio da frase e pedisse desculpas para mim. Senti a vergonha que outras pessoas provocaram em mim ao tentarem me criticar por ter sido casada duas vezes. Mas percebi que, quando outros lançam vergonha imerecida sobre nós, geralmente é o fruto da sua própria árvore da vergonha que eles estão atirando. São projeções – projéteis – de suas próprias inseguranças.

Ao nos mantermos em qualquer tipo de relacionamento abusivo, a vergonha desempenha um grande papel ali. Depois, há a vergonha de permanecer calado, quando somos vítimas ou quando ficamos em silêncio enquanto outros fazem algo. Se você for estimulado pela leitura de histórias de outras pessoas, recomendo que examine como a vergonha de suas próprias experiências pode estar envolvida.

Se deseja poder falar a verdade em um ambiente seguro, preciso que saiba que você pode e o fará. Comece aos poucos, encontrando uma comunidade on-line de almas que pensam da mesma forma. Você tem muito a contribuir. Precisamos da sua voz. No momento, há muitos faladores obstruindo o diálogo e minimizando o poder de nossas conversas. Evidências de todos os tipos de propagação da vergonha estão por toda parte hoje em dia. Falar é o primeiro passo. Se você não se sentir confortável em fazer isso, encontre formas de resistência silenciosa, como não apoiar indivíduos cujo comportamento induza a vergonha nos outros.

Cair na real sobre a vergonha, em vez de continuar a negar que a sentimos, é o caminho a seguir. Dada a natureza profunda desse sentimento, métodos energéticos como o reiki também podem ajudar a remover a sua toxicidade das nossas mentes e dos nossos corpos. A vergonha entra direto em nossos tecidos. Também está em parte do nosso DNA. O trabalho de cura ancestral pode fazer parte da sua jornada. Comece reconhecendo sua vergonha. Siga isso com uma investigação profunda de suas raízes. Finalmente, entre na catarse. Rituais simples ativam a cura da vergonha, como sentar calmamente com uma vela acesa para ver como ela reflete sua própria centelha interna. Trabalhe com a energia da lua minguante para ajudar a banir sua vergonha.

O Portal da Catarse

Borborophorba nos traz até aqui, onde nos livramos daquilo que deseja morrer dentro de nós. Seja trauma pessoal, seja envolvimento com toxicidades sociais, tudo é liberado como uma oferenda a Hécate quando entramos em sua caverna sagrada. À medida que sacudimos a árvore da vergonha, continuamos a explorar e a impor esses limites. Permaneça com sua prática diária. Não tenha pressa antes desse primeiro portal, permitindo que seus fardos apareçam em foco. Saiba que as emoções podem ser fortes durante o processo. Você pode sentir raiva, medo, angústia ou um pouco de ansiedade. Todos esses sentimentos são convites para explorar o que representam para você. Trabalhe no desenvolvimento de um relacionamento com eles. Permita que deem a sua opinião. Até que você os ouça, continuarão a agir mal. Dê a eles uma cadeira à mesa do seu Conselho Íntimo.

Lutar contra as emoções porque elas são desconfortáveis não vai fazer com que desapareçam. Um dos meus mantras preferidos quando minhas emoções estão intensas é: "Caia na real, sinta, lide com isso e cure". Esses sentimentos intensos são positivos. Borborophorba está devorando seu pesado lixo. Considere sua ave companheira como uma assistente em sua catarse, destruindo pouco a pouco o que você está liberando – limpando você.

Depois dessa catarse, vem a fome. Essas dores são um convite para um bufê daquilo que realmente alimenta a sua alma. Você pode emergir faminto tanto por nutrição física quanto por "alimento da alma". Pode se sentir entusiasmado e procurar ansiosamente por uma nutrição significativa. Após uma purgação, porém, também há chances de se sentir exausto. Não existe reação certa ou errada à catarse. Fique com as emoções que surgem. A sensação de amplitude, aquela fome da alma, é um convite para que seu propósito venha à tona. Pode levar algum tempo para se ajustar ao espaço vazio, para aprender o que sua alma precisa para estar bem alimentada. É a partir desse espaço que você embarcará na grande jornada rumo à sua plenitude única.

É claro que o caminho que o levou até esse momento faz parte do mapa da sua vida. Funciona um pouco como reforma de casas: a demolição cria uma grande bagunça, mas conduz a um belo ambiente novo. Trauma e dor são partes importantes do seu "mito confuso".

Um dos livros mais transformadores que li em minha jornada pessoal é *Broken Open: How difficult times can help us grow*, de Elizabeth Lesser. Encontrei esse livro quando estava totalmente derrotada após o fim de um relacionamento abusivo com um verdadeiro narcisista. Com o coração partido, fui a uma grande livraria com a intenção de buscar algo que alimentasse minha alma faminta. Quando você experimenta a catarse, começa a desejar uma dieta espiritual saudável, em vez da velha comida sem valor nutritivo. Antigos modos de ser, relacionamentos desgastados, empregos insatisfatórios e até mesmo o ambiente físico podem estar na sua lista de "restrições alimentares", à medida que procura o que nutre o centro do seu ser. Faça com cuidado quaisquer alterações importantes.

Depois de limpar o miasma, podemos nos tornar conscientes da toxicidade em outras pessoas. Criando um espaço no qual a cura do mundo mais profundo nos nutre, ficamos sensíveis ao risco de infecção por pessoas tóxicas que nos rodeiam. Todos nós temos miasma – não apenas as feridas dos outros, mas também as nossas próprias sombras. Tenha em mente, ao lidar com outras pessoas, que elas também estão feridas. Isso não quer dizer que você deva tolerar a "sujeira" delas. Apenas esteja ciente do fato de que também estão machucadas.

Você pode ter relacionamentos próximos com pessoas tóxicas. Explorar sua sombra inevitavelmente faz você ficar mais sintonizado com as mesmas questões em quem você conhece melhor. De um modo geral, as pessoas podem ser consideradas tóxicas se a presença delas for regularmente perturbadora para você, embora existam amplas categorias de personalidades que são particularmente infecciosas. Ao discernir se alguém é realmente tóxico, tenha em mente que algumas pessoas são introvertidas, tímidas, deprimidas ou ansiosas. Todos esses problemas podem levar à demonstração de características capazes de ser confundidas com toxicidade.

A Sombra do Narcisismo

Narcisismo é um termo que descreve um espectro de comportamentos, pensamentos e emoções em personalidades que apresentam excepcional confiança e foco em si mesmas.[8] Um pouco de narcisismo pode ser muito adaptativo. Precisamos ser nossos próprios "líderes de torcida", e um tanto de egocentrismo pode ser saudável. Porém, se torna problemático quando se transforma em presunção combinada com a tendência a ser muito inflado. Esses indivíduos parecem totalmente egocêntricos e são extremamente manipuladores. Infelizmente, de modo geral, também se mostram muito encantadores. No extremo mais preocupante do espectro está o transtorno de personalidade narcisista, que é bastante raro.

Compreender que um pouquinho de narcisismo é tanto saudável quanto disfuncional aprofunda nossa capacidade de explorar como essa característica se apresenta dentro de nós e nos outros. Uma distinção fundamental entre narcisismo saudável e prejudicial é como você se sente quando está com outras pessoas. Elas exigem sua admiração total? Você se sente como se estivesse constantemente pisando em ovos perto delas?

Mas narcisismo é mais do que um aspecto da personalidade ou um distúrbio psicológico. É também um arquétipo profundo que é descrito por meio de mitos, como a história original de Narciso, que estava fadado a olhar ansiosamente para seu próprio reflexo, sem nunca ver suas profundezas interiores.

Quando Perséfone, como a donzela inocente – antes do grande trauma que finalmente levou ao seu triunfo –, é apresentada no Hino Homérico a Deméter, ela está sendo atraída por flores de narciso, que são as últimas que ela colhe.[9] Isso indica que Perséfone, então ainda Kore (Cora), ficou encantada com a vida exterior. Ela se deleita consigo mesma sem pensar em suas questões mais profundas. Porém, se tudo o que fizermos for colher flores num dia ensolarado com ninfas, nunca atenderemos ao chamado da alma. Nós nos tornamos essa versão jovem de Perséfone quando permanecemos presos a uma versão adolescente de nós mesmos. Esse narcisismo primário faz parte do desenvolvimento saudável.

Precisamos nos concentrar no Eu exterior para entender quem somos em relação aos outros. No entanto, pode ser difícil superar essa armadilha, especialmente face às pressões sociais que nos impedem de amadurecer:

> O narcisismo é mais uma armadilha para algumas mulheres-Perséfone. Elas podem ficar tão ansiosamente obcecadas por si mesmas que perdem a capacidade de se relacionar com os outros. Seus pensamentos são dominados por perguntas sobre si mesmas: "Como estou?", "Sou graciosa o suficiente?", "Eu pareço inteligente?". E a energia delas vai para maquiagem e roupas. Essas mulheres passam horas na frente dos espelhos. As pessoas existem apenas para lhes dar *feedback*, para lhes proporcionar superfícies refletoras nas quais possam se ver.[10]

Embora o tipo primário de narcisista esteja preso na infância, o narcisista megalomaníaco é a versão clássica que frequentemente vemos em celebridades e políticos. Esses são os falastrões enfáticos que não param de nos dizer o quantos eles são maravilhosos.

Comum aos narcisistas primários e megalomaníacos é a incapacidade (ou recusa) de compreender os sentimentos dos outros. Eles também têm necessidade de demonstrar sua suposta grandeza devido a um conceito do Eu malformado. É fácil distinguir o primário dos megalomaníacos porque seu próprio comportamento nos diz tudo o que precisamos saber. Mas é mais difícil identificar um narcisista dissimulado. Essas personalidades costumam ser muito mais prejudiciais do que os declarados, porque não conseguimos entender por que eles nos fazem sentir mal com nós mesmos. Todos os três tipos se alimentam da atenção dos outros, mas os narcisistas dissimulados conseguem sua manipulação criando dependência. Contam fortemente com métodos passivo-agressivos e convencem os outros, especialmente crianças e parceiros românticos, de que precisam deles para sobreviver porque eles próprios são totalmente inúteis. Isso é um reflexo da sua profunda insegurança e incapacidade de sentir empatia.

Os narcisistas declarados estão atrás de nós. Eles atacam, abusam (como no *gaslighting*, que explico a seguir), mentem, manipulam e usam outras formas de abuso de maneiras que são evidentemente óbvias devido à sua natureza agressiva. No início, podem fingir uma natureza atenciosa, mas, assim que violamos a sua necessidade de controle, eles atacam. Compare isso com os narcisistas dissimulados, cujos ataques são muito mais sutis, embora mais prejudiciais porque usam todas as mesmas táticas, só que de uma forma que é difícil de discernir. Os narcisistas malignos partilham muitas características com os psicopatas – falta de empatia, traços vívidos de maldade e falta de contenção que ignora as convenções sociais.[11] Ambos podem ser excessivamente agressivos, quer fisicamente quer através de meios psicológicos. *Gaslighting* – convencer alguém de que está errado mesmo quando todas as evidências indicam o contrário – é uma tática tóxica muito comum.

Tanto os psicopatas quanto os narcisistas malignos são, normalmente, bastante ousados. Eles pouco se importam com as normas sociais e são incapazes de assumir a responsabilidade pelas suas ações. É incrivelmente difícil pessoas com altos níveis de narcisismo e psicopatia mudarem. Com frequência, não possuem o discernimento pessoal para pensar que possuem um problema. Se você tem esses tipos em sua vida, o mais importante a saber é que não pode mudá-los. Tudo o que pode fazer é gerenciar como interage com eles.

Embora todos nós possamos agir de um modo um pouco narcisista de vez em quando, os verdadeiros narcisistas demonstram continuamente essa característica em uma ampla variedade de situações e sempre nos fazem sentir da mesma maneira: constrangidos. À medida que você vai mais fundo na caverna de Hécate, sua capacidade de discernir entre pessoas verdadeiramente tóxicas e aquelas que são saudáveis se amplifica. Isso pode resultar no corte de relacionamentos com as que não oferecem nada além de uma dieta constante de toxicidade.

As Chaves Para Uma Vida Com Alma

Explorar como as pessoas podem ser tóxicas tem o potencial de nos enredar no arquétipo implícito. Podemos ser contagiados pelo espírito para que consigamos ver o que há de ruim em todos. Isso não é culpa nossa; estamos lidando com forças incrivelmente poderosas. Trazer à consciência que as personalidades tóxicas são impulsionadas por arquétipos mais profundos pode ajudar você a prevenir "infecções".

Veja os acontecimentos do mundo hoje em dia. É como se o espírito de Narciso estivesse em toda parte. No entanto, há muito mais acontecendo se você olhar além desse reflexo sombrio. Ao realizar sua prática diária, trabalhando com sua máscara de sombra e continuando a explorar seus limites, pode se vacinar contra a força poderosa dos aspectos sombrios de Narciso e se voltar para uma vida com alma, expressiva.

A vida com alma depende de três princípios fundamentais: paixão, gentileza e integridade.[12] Todos os três estão ausentes ou não funcionam nas sombras e nos tipos de personalidades tóxicas de que falei anteriormente. Paixão é a energia de entusiasmo, coragem, criatividade e curiosidade. A gentileza inclui cuidar de nós mesmos e também considerar que os outros têm suas próprias experiências, fardos e desafios. Integridade é a promulgação de nossos limites, seguindo e vivendo externamente o que sabemos ser verdade em nosso centro, em nossa essência. Usufruir desses princípios pode ser sutil ou audacioso.

Adicione a exploração desses princípios à sua prática diária. Faça um "check-up PKI" (do inglês *Passion*, *Kindness*, *Integrity* – paixão, gentileza e integridade), como dizemos na minha escola. Como você está permitindo que cada um desses sentimentos viva em você? Como poderia deixá-los trabalhar mais? Considerar esses princípios como forças arquetípicas e ver você mesmo como canal através do qual são expressos vai lhe proporcionar uma dieta constante de verdadeiro alimento para a alma. Contemple como sua ave companheira os incorpora. Crie símbolos deles usando três chaves e guarde-as em sua Cista Mística. Quando os tempos ficam difíceis, o que sempre acontece, utilize o PKI para uma espécie de catarse rápida. Essa abordagem funciona bem até mesmo com as tarefas mais mundanas. Eu simplesmente detesto limpar a casa. Então, coloquei minha lista de reprodução *Clean Sweep* (Mudança Total) e PKI para arrumar tudo.

Prática: Ritual de Catarse

Esse é um dos Rituais da Caverna Sagrada a que me referi no Capítulo 6. Conduzi centenas de alunos em sua prática e o adaptei aqui para que você possa fazer sozinho. Se está se sentindo um pouco intimidada pelo processo de um ritual formal, isso é perfeitamente normal. Os capítulos anteriores lançaram as bases para esse ritual, e os próximos irão ajudar você no processo de integração após a catarse. Para esse ritual, vai precisar de:

- Uma vela de expurgação (de preferência, na cor preta para simbolizar o lixo que está sendo liberado).
- Um dos cristais de Hécate. O jaspe vermelho é excelente para liberar a vergonha, especialmente para feridas associadas ao sexo e à sexualidade. É também uma pedra de equilíbrio e manifestação, trazendo vitalidade nos dias após o ritual.[13] A obsidiana negra é a pedra poderosa que pode absorver quase tudo. Passe algum tempo com todas elas antes do ritual.
- Uma oferenda do jardim de Hécate. Agrimônia, zimbro, musgo, sálvia e mil-folhas são excelentes acompanhamentos para esse ritual.[14]
- Óleo sagrado. Em *Entering Hekate's Garden*, compartilhei a fórmula para criar um *Oleum Spirita*, um óleo sagrado. Mas qualquer óleo que tenha propriedades botânicas de catarse funcionará. Teste-o primeiro para garantir que é seguro para você.

Antes de começar, determine sua oferenda. O ritual apresenta uma oferenda simbólica do que você está liberando. Por exemplo, pode oferecer um anel que represente um relacionamento passado ou as chaves de uma antiga casa. Pode ser uma joia, uma bijuteria, uma foto, uma peça de roupa ou o que quer que represente o que deseja expurgar.

Em seguida, crie um altar Borborophorba, utilizando imagens e símbolos que evocam a energia da deusa Comedora de Sujeira. Uma obsidiana negra é excelente para esse altar, assim como o jaspe vermelho. Recomendo usar uma vela nova, que você pode reacender após o ritual para ajudar na expurgação adicional. Certifique-se de ter sua ave companheira presente no altar, pois será seu guia durante a jornada até a caverna.

Quando seu altar estiver pronto e antes do ritual, purifique seu corpo com um banho ritual. Um eterno favorito meu e de meus alunos é uma esfoliação com sal negro. Isso livra o corpo, a mente e o espírito do miasma, tornando o ritual muito mais significativo. Embora existam muitas maneiras de fazer a esfoliação, uma fórmula básica é misturar ¼ de colher de chá de pó de carvão ativado (comestível, de qualidade) com uma xícara de sal marinho de alta qualidade. Cubra esses ingredientes com azeite e misture. Pode adicionar ervas apropriadas, como lavanda e alecrim. Advertência: você vai acabar coberto de lama preta, mas ela sai facilmente com sabão. Meus alunos, que são corajosos o suficiente para fazer isso, relatam nunca terem se sentido tão limpos e se tornaram usuários recorrentes.

Após a limpeza, e cerca de trinta minutos a uma hora antes de realizar o ritual, unte a parte interna dos tornozelos e pulsos com o óleo sagrado e, em seguida, coloque algumas gotas nos três meridianos da raiz, do coração e da coroa. Você pode repetir o processo no início do ritual.

Aqui está um pequeno texto que pode ler para o seu ritual. Adapte-o como for melhor para você. Assim, acenda a vela, unte-a com óleo e segure-a no centro do coração, dizendo:

> "Eu estou na jornada através da escuridão rumo à plenitude.
> A chama dessa vela acende o fogo em minha alma e me conecta
> às tochas eternas de Hécate."

Mova a vela três vezes no sentido anti-horário, enquanto diz:

> "Através dessa chama, tudo o que faz mal é banido."

Mova a vela três vezes no sentido horário, falando:

> "Estou protegido nesse espaço sagrado de tudo o que faz mal."

Retorne a vela ao centro do seu coração e diga:

> "O Ritual de Catarse começou.
> Sou abençoado com o poder da expurgação."

Coloque a vela no altar. Unte a raiz, o coração e a coroa com o óleo (três vezes cada) no sentido horário. Segure o símbolo da sua ave companheira no centro do seu coração, unte-o com óleo e diga:

> "Eu invoco minha ave companheira. Leve-me para a caverna de Hécate."

Devolva o símbolo ao altar, depois pegue a vela e a segure no centro do seu coração, dizendo:

> "Eu chamo por Hécate. Conceda-me entrada em sua caverna."

Recoloque a vela no altar e pegue a oferenda. Segurando-a no centro do coração, fale:

> "Eu honro você com esse sacrifício, Borborophorba.
> De boa vontade trago a morte a esse fardo que carrego.
> Eu ofereço isso... *(Descreva a oferenda que você está dando a ela e por quê.)*
> Aceite minha oferenda sincera, poderosa Deusa da Catarse."

Visualize o altar como um portal para a caverna de Borborophorba. Olhe para a chama da vela iluminando a entrada da caverna. Abra a visão da sua alma para ver a si mesmo caminhando através das chamas para dentro da caverna. A chama se transforma em Borborophorba, consumindo o miasma de sua oferenda. Imagine o peso sendo retirado; sinta o espaço criado.

Fique com esse sentimento pelo tempo de que precisar. Se surgirem emoções, as coloque também na vela. Quando você estiver se sentindo mais leve, veja a energia da vela mudando de algo abusivo para uma efusão da sabedoria de Hécate. Observe cuidadosamente quaisquer imagens, sensações ou sentimentos que venham a você. Um símbolo se manifestará.

Após o ritual, passe algum tempo elaborando ou selecionando uma representação física do símbolo que você recebeu como lembrança de sua catarse. Mantenha-a em sua Cista Mística. Consulte as dicas para processar e integrar experiências do mundo mais profundo no Capítulo 6. Você pode descartar a oferenda da maneira que achar melhor. Alguns alunos guardam a oferenda em sua Cista Mística, enquanto outros a enterram ou queimam.

Capítulo 10

Skotia: A Escuridão

Eu a saúdo, Hécate, Senhora da Noite.
Pálida Rainha Ctônica,
É para a sua escuridão que me volto
Quando o mundo ameaça me consumir.
Eu a saúdo, Hécate, Senhora da Noite.
Deusa portadora da tocha,
Eu sigo livremente o seu caminho,
À medida que você ilumina o caminho em direção à verdade.
Eu a saúdo, Hécate, Senhora da Noite.
Guardiã das Chaves,
Eu aceito o que você oferece
E o clamo como meu direito.
Eu a saúdo, Hécate, Senhora da Noite.
Eu procuro seus mistérios da escuridão,
Revele a sua verdade e a minha.
Eu a saúdo, Hécate, Senhora da Noite.
Guardiã das Almas,
Desperte o que está no fundo da minha escuridão.

Skotia é a essência da escuridão e das profundezas da obscuridade. No terreno pós-catarse da caverna, ela é a escuridão elementar que nos rodeia e preenche o espaço que criamos. Mas essa escuridão não evoca os terrores da noite. Em vez disso, nos encontramos no ventre escuro e úmido da deusa. É aqui, na escuridão total, que entramos nos primeiros estágios da gestação daquilo que estamos nos tornando.[1]

Perséfone, em seu desespero, se recusou a comer, acreditando que negar a alimentação a si mesma levaria à sua emancipação. Todos nós já passamos por isso – com o coração partido, traídos e cheios de dor. Mas, com o tempo, ela reuniu forças para se alimentar na escuridão.

Considere o seu mundo interior, aquele que você nunca compartilha com ninguém. A escuridão de Skotia é como aqueles desejos e interesses secretos estimados. Penso nessa escuridão mais profunda como a sensação de estar em segurança na cama, sabendo que estou protegida de todo mal. Trabalhar com essa escuridão profunda desperta uma sensação semelhante a um contentamento. Também traz consigo a maravilha dos nossos próprios mistérios – desde o porquê de certas coisas nos iluminarem até nossos sonhos mais íntimos. Na verdade, esse é o mundo dos sonhos, as nossas explorações noturnas do mundo mais profundo da deusa. Como escreveu Hillman, é aqui que encontramos o significado de nossas vidas.[2] É onde reside o verdadeiro alimento.

Diodoro Sículo, em seus relatos históricos do antigo Mediterrâneo, menciona um templo perto de Mênfis, no Egito, dedicado a Hécate Skotia.[3] Eu, que moro na Nova Escócia, fiquei encantada quando me deparei com esse epíteto obscuro. Como Escócia (*Scotia*) deixou de ser um título da minha amada deusa para ser o nome do lugar que chamo de lar? A resposta é mítica, naturalmente. Para os egípcios, o título era concedido às deusas da noite. Skotia me falou dos mistérios de Hécate, da sua escuridão sagrada, do inconsciente e do caminho através da escuridão para a totalidade, a plenitude.

Colocar Hécate no Egito começa com um breve desvio para possíveis conexões com a deusa de nome semelhante, Heqet (Heket), e também com Heka, que era a deificação da magia. Ambas partilham a responsabilidade de ajudar a trazer nova vida ao mundo.[4] Assim, embora Heqet não seja um antecedente histórico de Hécate com base nas evidências disponíveis, está intimamente ligada a ela no sentido espiritual. Além disso, Hécate, a deusa cujo culto se espalhou pela região, era bem conhecida no Egito durante a época do grande império dos gregos. A evidência mais marcante disso vem da coleção de fragmentos conhecida como *Os Papiros Mágicos Gregos*, que me inspirou a escrever este livro.[5]

A Lenda de Scota

Skotia – também conhecida como Scotia, Scota e até mesmo Scoti, por causa das diferentes traduções que foram feitas ao longo dos séculos – era, provavelmente, uma figura mítica que teve origem na esposa humana de um faraó, talvez até mesmo do grande Tutancâmon. Na época do antigo templo de Skotia, o título se referia às trevas femininas e era tido em alta estima.

Diz a lenda que uma jovem princesa chamada Scota navegou para o norte com seu marido, conhecido pelos irlandeses como Gaodhal Glas, para a Ilha Esmeralda, quando o templo egípcio de Skotia estaria ativo.[6] Seus descendentes se tornaram os gaélicos da antiga Irlanda e, mais tarde, os escoceses. Talvez a jovem Scota tenha sido abençoada por Hécate em seu templo de mesmo nome. Podemos imaginar Scota se aventurando corajosamente na escuridão do desconhecido ao pisar naquele antigo veleiro destinado a dar origem à Escócia e à Irlanda. Talvez ela estivesse na proa sob as estrelas, se sentindo muito sozinha entre os marinheiros. Certamente, deixou para trás uma vida que conhecia em busca da promessa de dias melhores.

Scota era uma rainha soberana em uma terra estrangeira, que foi morta em uma batalha épica com os Tuatha Dé Danann enquanto buscava vingança pela morte de seu marido.[7] Aqueles que conhecem a dor podem compreender o tipo de escuridão que pode acender a tocha da vingança. Scota evoluiu ao longo do tempo para a figura da Mulher Sábia, como era contado nas histórias compartilhadas em torno da lareira. Ela é transformada na Cailleach em algumas lendas. A Escócia agora leva seu nome, possivelmente em referência aos valentes guerreiros conhecidos como escotos (*scot*).[8] E meu lar se tornou a nova terra de Scota, Nova Escócia.

A Escuridão Primordial

O epíteto Skotia foi traduzido para o inglês como "negro", "sombra", "noite", "sombrio" e "obscuro". Skotia pode, portanto, ser experimentada como uma escuridão esfumaçada criada pelo rastro das tochas de Hécate, que nos força a ficar quietos - como o isolamento de estarmos sozinhos em nosso próprio navio ou mesmo no poço do desespero. É a sombra interior que só podemos ver quando começamos a nos aprofundar em nossa própria escuridão. Quando nossos complexos e modelos de atuação são iluminados, enxergamos os padrões de nossas vidas. A quietude absoluta nos permite perscrutar, por meio de nosso inconsciente pessoal, os fundamentos arquetípicos. Esses são os mistérios da Anciã - Hécate plenamente realizada como aquela que pode conter toda nossa escuridão porque ela é a própria escuridão. Você pode percebê-la como uma mulher idosa ou não. Sua aparência externa varia de acordo com a forma como você deseja vê-la. No entanto, Skotia é a mais antiga. A escuridão existia muito antes de haver luz. E é para essa escuridão primordial que regressamos.

No entanto, Skotia não está perdida e sem esperança, pois é quando não temos absolutamente nada na noite mais negra que finalmente começamos a ver. O poder de Skotia é enxergar a partir da alma. Nessa escuridão sagrada, que é uterina e lunar, começamos a explorar nossas profundezas. É quando nos abrimos à visão da nossa alma, que percebe nossas questões mais íntimas e além do tempo cronológico. Skotia nos abre ao *kairós*, o eterno tempo cíclico da deusa. Voltamos ao passado para curar velhas feridas. Olhamos para o futuro para nos orientar em direção ao renascimento predito. E ficamos muito imóveis na escuridão até que nossos olhos se ajustem a ela, em todas as formas que traz.

Skotia evoca a escuridão primordial de onde veio toda a vida. Ela é o antes, o antigo, o atemporal. É sabedoria e bondade. Seu ventre deu origem ao universo. Ela aparece para nós de muitas formas. A Grande Mãe, claro, é luz *e* trevas. Ela é jovem *e* idosa. No entanto, quando nos voltamos para o que há de antigo dentro de nós, ela muitas vezes aparece como a Anciã, com suas muitas faces - que incluem a Cailleach. Eu, pessoalmente, me conectei à Anciã como a Cailleach que Scota se tornou.

Eu a saúdo, escuridão,
De dentro e de fora.
Eu o saúdo, Mundo das Trevas,
De dentro e de fora.
Eu honro minha escuridão,
Eu valorizo meu tempo no Mundo das Trevas.
Eu a saúdo, Hécate, que está comigo na
Escuridão da minha jornada pelo Mundo das Trevas.
À luz de suas tochas,
À dádiva de suas chaves,
Ao mundo mais profundo.
Nossa jornada é da escuridão
E do Mundo das Trevas.
Eu as saúdo, profundezas emocionais
Através das quais renascemos.
Eu o saúdo, útero escuro e úmido
De onde vem toda a vida.

Há uma história, contada em muitas versões diferentes, sobre uma jovem selkie que perdeu sua pele de foca e, portanto, teve que viver na terra porque o homem que a queria como esposa escondeu dela sua preciosa pele. Ao longo dos anos, porém, cuidar do marido e do filho não conseguiu extinguir o anseio pela alegria natural que sentia na sua pele brilhante, que lhe permitia nadar até as profundezas do oceano. Ela escolheu deixar a escuridão que não a alimentava para mergulhar de volta em seu verdadeiro Eu, para poder nadar nas águas profundas que lhe deram vida. E fez isso sabendo que a viagem de volta seria difícil. Porém, quando finalmente recuperou sua pele, ela estava seca e quebradiça.

Com grande resistência e espírito de desespero determinado, ela foi até Cailleach, que lhe disse que a única maneira de se tornar inteira novamente seria se aventurando em uma caverna. Depois de ser restaurada pelo chá de Cailleach, a selkie partiu novamente. Uma vez dentro da caverna, ela ficou chocada ao descobrir que toda sua família havia sido morta ali. Firme em sua decisão de consertar as coisas, novamente procurou o conselho de Cailleach e foi instruída a cantar uma música secreta. Um por um, seus entes queridos renasceram e sua pele – seu traje de alma – foi restaurada. Toda a família reunida dançou em volta do fogo da caverna e depois mergulhou nas profundezas do oceano.

O território de Skotia é o nosso inconsciente. Ela é a totalidade do mundo espiritual e o domínio da alma. É a alma feminina do mundo. Podemos pensar que nossa sombra é o limite da nossa escuridão, mas ela reside na extremidade desse vasto reino. A sombra é sombria. É a projeção das partes de nós mesmos que não queremos admitir que existam, até que não tenhamos escolha a não ser fazê-lo. Quando começamos a curar a sombra, trazendo à luz o que ficou escondido por muito tempo e liberando o que nos mantinha presos, nos aproximamos cada vez mais do inconsciente. Essa pode ser uma transição difícil.

Nossa tarefa aqui é dupla: trazer à consciência nossas partes sombrias para que a cura possa ocorrer e, então, nos voltar para dentro, para a escuridão mais profunda da alma. Pelo nosso trabalho, damos vida aos nossos dons como videntes. Compreendemos nossos sonhos e nos conectamos aos espíritos para sua cura. O mundo tende a evitar os trabalhos de Skotia, preferindo os climas mais amenos do mundo solar, com as suas rápidas explosões de gratificação instantânea, como as proporcionadas pelas redes sociais e pelas compras on-line. No entanto, esses trabalhos acabam nos levando a uma vida muito mais fácil. Podemos fazer as coisas difíceis, especialmente quando elas nos tiram das trevas. Como nos diz Jung:

> Ninguém se torna iluminado imaginando figuras de luz, mas tomando consciência da escuridão. Esse último procedimento, contudo, é desagradável e, portanto, pouco popular.[9]

O processo foi desenhado para ser desafiador. O reencontro dos selkie foi ainda mais doce porque custou muito caro. A evolução de Scota para a Anciã custou sua vida. Perséfone se tornou a rainha que estava destinada a ser porque, simplesmente, foi para as profundezas do Mundo das Trevas.

Quando entramos pela primeira vez na caverna, podemos nos perguntar o que vai acontecer. Talvez acreditemos que a viagem será rápida e breve. Mas, uma vez na escuridão de Skotia, começamos a procurar a saída. Esse não é o momento de se abandonar, entretanto. É o lugar onde você começa a ver quem você é e além. É o território não descoberto por dentro.

As regras para navegar nessa parte da caverna são encontradas em visões e sonhos. Os marcos são os momentos em que você percebe que está vivenciando sua vida do ponto de vista da alma, e não do ego. Esses são sinais misteriosos que não podem ser descritos com precisão, mas você os reconhecerá quando estiver na presença deles. Quando estamos aqui no mundo de Skotia, encontramos nossos corações abertos e nossas costas firmes. Podemos ter sido feridos no passado, quando éramos vulneráveis, por isso passamos a vida toda erguendo barricadas ao nosso redor para proteger nossos tesouros mais íntimos. A alma nos chama a retornar à vulnerabilidade. Essa é Hécate nos sacudindo profundamente, nos convidando para dançar em suas profundezas.

É possível que tenha sonhos assustadores enquanto passa por essa iniciação. Você vem construindo seu *temenos* por meio de práticas e talismãs. Agora, começa a ocupá-lo com sonhos, visões, consciência e muito mais. Um templo vazio deseja ser preenchido.

À medida que você se inclina para a cura de seus sonhos e explora suas sombras, inicia o processo de abertura para os mistérios interiores e para o fluxo da Grande Mãe. Comparo isso a um fogo negro (sabedoria de luz absoluta) purificador que elimina o mal, nos protege e nos abençoa com clareza. Procure os símbolos de Hécate em seus sonhos. Depois que seus olhos se ajustarem, a verá com mais clareza do que nunca. Você pode ficar impaciente com esse processo ou até rejeitar a necessidade de estar aberto ao fogo negro da deusa. Essa essência alimenta seus sonhos e visões. Pulsa dentro de sua alma.

O Inconsciente

A escuridão mais profunda dentro de nós é o inconsciente.[10] Quando nos aventuramos mais fundo na caverna, o inconsciente, que até então era inacessível, agora vem à luz. O inconsciente é o útero dentro de todos nós. É uma rica fonte de nutrição ao iniciarmos o período gestacional aqui na caverna.

Não é novidade que se voltar para Skotia desperta nossa intuição e amplifica nossa conexão com o mundo dos espíritos. É uma fuga do duro mundo solar e um retorno ao útero governado pela lua. Afinal, a escuridão de Skotia é iluminada pela tocha lunar de Hécate. Os antigos entendiam a jornada lunar para dentro, e a tocha da deusa representava essa luz noturna. A luz interna nos guia às profundezas do inconsciente quando deixamos de lado os fardos e quando nos separamos da luz simulada da sociedade moderna.

Jung via o inconsciente como o recipiente de tudo o que não está presente em nossa paisagem mental. Assim, inclui coisas que esquecemos, bem como os complexos que temos e dos quais podemos não ter consciência. Além disso, o inconsciente se estende em direção aos arquétipos que sustentam esses complexos. Podemos não estar conscientes de que um certo complexo vive em nós até nos aventurarmos na nossa escuridão. O inconsciente contém os esquemas, ou padrões de pensamento, de como entendemos a nós mesmos e ao ambiente exterior.[11] Os modelos de atitudes são as formas de pensamento que moldam todas as nossas experiências e estados de ser.[12]

Os níveis mais profundos do inconsciente, por estarem próximos do mundo arquetípico, falam por meio de símbolos e emoções. É nesse nível que o nosso inconsciente se liga à teia universal que é o inconsciente coletivo. Considere os fios disso como os arquétipos. Os epítetos de Hécate que uso aqui são evocações desses arquétipos; eles puxam os fios para nossa consciência. Hillman advertiu que deveríamos resistir à tentação de forçar essa linguagem simbólica do inconsciente profundo a caber na literalidade da mente racional.[13]

Talvez o aspecto mais surpreendente da exploração do inconsciente seja que nossa visão se adapta à penumbra. Vemos que nossos aspectos sombrios coexistem com aquilo que nutre nossa alma. Há uma nítida falta de separação na escuridão de Skotia. Comparo isso ao início da integração do Eu, da sombra e da alma. A capacidade de perceber formas envoltas na escuridão é um dom natural dos videntes da alma – aqueles que permitem que seus olhos se ajustem para que possam receber as dádivas do mundo mais profundo enquanto tecem as peças de si mesmos. Todas as noites, viajamos para o reino de Skotia, o mundo dos sonhos, onde sua cura chega até nós em símbolos, mensagens enigmáticas e enredos fantásticos. Há momentos em que nossos sonhos podem parecer fáceis de entender, mas sempre há muito mais para descobrir se nos permitirmos analisar através da névoa do sonho tornado consciente.

Precisamos do mistério de Skotia para nos aventurar em nosso inconsciente, para que possamos nos abrir à nossa alma e à de Hécate. Os videntes recorrem aos sonhos em busca de profecias e do poder de revelar as profundezas da alma. As cartas os guiam no mundo desperto, abrindo seu campo de visão para lhes permitir tecer suas histórias em suas mentes. À noite, olham para o céu para compreender a si mesmos e ao universo.

A vulnerabilidade é a verdadeira dádiva do vidente, pois, se permanecermos fechados, não haverá fenda através da qual a gloriosa escuridão dos sonhos e a brilhante luz da verdade possam penetrar na nossa consciência. Uma aluna minha tomou medicamentos prescritos durante anos para evitar os sonhos traumáticos que teve. Quando chegou a hora de parar de tomar a medicação, ela decidiu, em consulta com seus profissionais de saúde, entrar na escuridão. Seus sonhos retornaram, vívidos e crus, a atraindo para a cura de Hécate. Ela sonhava com mulheres dançando, com mulheres guerreiras, celebrando a sensualidade do feminino. A cura veio.

Tornar-se aberto é um processo. Muito provavelmente, você teve que se envolver em uma armadura por décadas. Aprender a confiar em si mesmo para saber quando é hora de ficar vulnerável e quando não é seguro surge como um esforço para toda a vida. Volte-se para a chama negra de Skotia para ver a verdade de qualquer situação externa e para saber quando é a sua alma falando, e não a sombra. Esteja em conexão com a resistência natural que ocorre. Afinal, a sombra só quer proteger você. Esses bloqueios que temos são resultado de feridas e programação. O coração fica obstruído, a raiz se emaranha em sentimentos feridos e a mente se torna nublada pela dualidade da sombra e do ego.

Continue com suas práticas diárias. Compreender como você adquiriu esses bloqueios – que, na verdade, são apenas escudos – ajuda você a curá-los.[14] O quartzo transparente pode auxiliar nisso. Tornar-se aberto revela uma vulnerabilidade saudável que é, em sua essência, confiar em si mesmo e em sua deusa. Quando você está na escuridão mais profunda, o poder da vulnerabilidade – de abrir a mente e o coração – é onde reside a sua cura. A alma serpente, com coluna forte e parte da frente flexível, analisa Skotia com coragem e curiosidade.

O Mundo dos Sonhos

Quando sou questionada sobre como iniciar um relacionamento com Hécate, minha resposta é sempre olhar para os seus sonhos. Acredite em mim, ela tem tentado chamar sua atenção a vida toda. Os sonhos podem oferecer luz para sua própria escuridão, desde aspectos que você precisa curar até desejos há muito abandonados. Eles também podem tratar do mundo externo, oferecendo *insights* sobre relacionamentos, situações e outras coisas. Os sonhos são comunicações do inconsciente. Seus símbolos podem evocar emoções fortes. Quando entramos na escuridão do sono, penetramos no mundo de Hécate. À medida que vagamos pela paisagem onírica, nosso Eu físico desaparece em algo mais. Caminhamos entre arquétipos, trilhamos a teia do universo e nos estendemos além de nossas limitações mortais. É uma triste situação que nossa cultura desvalorize a importância dos sonhos.

Os sonhos com cobras são um excelente exemplo disso. Considere o sonho da serpente que compartilhei no início de nossa jornada na caverna. Sonhos com cobras podem ser perturbadores, mas oferecem uma visão consistente da nossa própria escuridão. Ou consideremos a minha aluna que suprimiu os seus sonhos tomando medicamentos, em vez de receber apoio para a cura por meio da compreensão dos seus pesadelos. Nossos sonhos certamente podem parecer como se estivéssemos "lutando contra um infortúnio lúcido", mas lutar nessa escuridão é como encontramos as riquezas. Embora possamos praticar o despertar por meio da capnomancia (adivinhação pela fumaça), das cartas e de outras práticas, também temos acesso a performances noturnas de sonho que aguardam nossa audiência. O sonhador dentro de você conhece o caminho a seguir.

A mãe de Hécate é identificada como Astéria em alguns mitos.[15] Astéria governava as estrelas e, como tal, governava os espíritos da noite, bem como a astrologia, os oráculos e os sonhos proféticos. Como a Mãe da Mãe, ela dá origem ao nosso período noturno no mundo espiritual da nossa amada deusa. Astéria concedeu à sua filha o comando do reino dos sonhos. Assim, Hécate dá continuidade às tarefas da noite atribuídas à sua mãe. Ela vem até nós em nossos sonhos, às vezes de maneiras óbvias, mas, geralmente, de formas mais simbólicas. Tece os sonhos e o sonhador, nos puxando mais profundamente para nossa plenitude à medida que expandimos nossa consciência das realidades do mundo invisível. Os espíritos que desejam nossa atenção vêm até nós no mundo dos sonhos. Eles assumem rostos de pessoas que conhecemos, nos obrigando a olhar além de sua personificação superficial. Embora possamos desejar um sonho com Hécate em sua forma tríplice, é mais provável que ela apareça sob outro aspecto, muitas vezes assumindo características de mulheres misteriosas que não conhecemos na vida desperta. Isso é verdade para todos os espíritos. A cura que Hécate nos traz durante a noite tanto ilumina o que precisamos ver quanto tira de nós o que necessitamos deixar ir. Ela acolhe as partes mais sombrias de nós, que muitas vezes surgem em sonhos, em seu próprio mundo. Nada dentro de nós é sombrio demais para ela aceitar. Não há qualquer aspecto nosso que possa destruir a pureza da sua escuridão, na qual todos os resíduos das nossas vidas são bem-vindos e eventualmente renascem numa forma nutritiva. Os sonhos são, portanto, em parte curativos e em parte compostos nutritivos. Tudo é terreno fértil no mundo de Skotia, quer tenhamos ou não acesso consciente ao que lá se passa.

O excelente tratado de Hillman sobre sonhos descreve como Hécate reina suprema sobre as nossas aventuras noturnas.[16] Além disso, argumenta que devemos resistir à tentação de racionalizar os nossos sonhos. Seu forte argumento para permitir que permaneçam místicos é convincente. Fomos programados para pensar que são disparos neurais aleatórios, "lixo" ou experiências que deveriam ser reduzidas a interpretações específicas. Mas os sonhos existem com ou sem as nossas tentativas de racionalizá-los. Encorajo você a deixar que os seus sejam o que são, pois é na sua forma pura que reside a verdadeira cura. Respeite o mistério do mundo dos sonhos e permita que ele atue em você.

Os sonhos falam a linguagem simbólica do mundo espiritual. Essa é a língua nativa de Hécate. Eles são arquetípicos e não racionais. Raramente, literais. São a forma como nossa alma inconsciente fala conosco. O sonhador interior é um viajante estelar que tem grande sabedoria para compartilhar se apenas o ouvirmos. Normalmente, os personagens em nossos sonhos são aspectos de nós mesmos, e não as figuras reais percebidas. Podemos reconhecer a diferença explorando se a pessoa, animal ou coisa é ou não sentida como "o outro" ou como parte de nós. Uma figura comum nos sonhos é uma mulher assustadora praticando atividades sexuais selvagens ou travando guerras. Essas imagens arquetípicas têm como objetivo assustar a vida *dentro* de nós. Todas elas representam aspectos que foram reprimidos, agora trazidos à luz na escuridão do mundo dos sonhos. O reino espiritual, do qual fazem parte, não segue as leis da moralidade humana; tem suas leis misteriosas específicas. Hécate mantém seu próprio livro de regras, avaliando as medidas de nossas vidas conforme ela achar adequado. As leis do homem simplesmente não se aplicam a Skotia.

Os sonhos fazem mais do que apenas esclarecer o que reprimimos ou mantemos fora da consciência. Eles também compensam o que nos falta. Por exemplo, podemos ter sonhos sexuais, eróticos, quando negamos esse aspecto de nós mesmos. A cura de Hécate sempre funcionará para alcançar nossa homeostase única, o verdadeiro equilíbrio que a alma deseja. Quando estamos acordados, muitas vezes nos recusamos a permitir que ela atue em nós. Mas, ao dormirmos, ela usa nosso estado vulnerável para defender seu ponto de vista.

A maioria dos nossos sonhos diz respeito ao que está acontecendo agora e que é importante sabermos. Também temos "grandes" sonhos que são profecias do que está por vir para nós – e, às vezes, para o coletivo. Saber a diferença entre os sonhos pessoais "aqui e agora" e aqueles que são proféticos muitas vezes reside na perspectiva de quem sonha. Em geral, somos observadores, em vez de participantes de sonhos proféticos. Perceber a diferença pode ser desafiador – e, em última análise, isso não importa. Procure olhar para a sensação com a qual acordou. Você se sente como se estivesse com aquela pessoa ou se sente como normalmente acontece quando está só?

Nossos sonhos com a deusa, independentemente de como ela venha até nós, fazem parte tanto da nossa cura individual quanto da necessária para o planeta. É por isso que muitos de nós estamos sonhando com ela agora. Estamos numa encruzilhada global. Quando trabalhamos para compreender como ela fala conosco em nossos sonhos, ajudamos a mudar o equilíbrio do mundo. Todos os sonhos têm relevância e são mensagens sagradas de Hécate.

Os livros de interpretação de sonhos podem ser úteis para decodificar essas mensagens, mas evite confiar inteiramente neles. Raramente os uso, mas consulto vez ou outra o *The Dream Interpretation Dictionary: Symbols, signs, and meanings*, de J. M. DeBord. Busque livros de correspondências e símbolos para ajudá-lo a compreender o conteúdo dos seus sonhos. *O*

Homem e Seus Símbolos e *O Indivíduo Moderno em Busca de uma Alma*, de Jung, também são imensamente úteis. *O Livro dos Símbolos*, de Kathleen Martin, também é um excelente recurso. E o já citado *O Sonho e o Mundo das Trevas*, de Hillman, é uma leitura essencial para quem deseja compreender o mundo dos sonhos e dos espíritos.

Emoções, Intelecto e Imaginação

Jung percebeu que existem três aspectos no processo de compreensão dos nossos sonhos: emoções, intelecto e imaginação.[17] As emoções com as quais você acorda são a pista mais importante para a mensagem de um sonho. Certifique-se de registrá-las imediatamente antes de entrar no conteúdo do sonho. Você acordou suando, com o pulso acelerado? Talvez se sinta calmo. Recentemente, tive um sonho poderoso em que liderava mulheres em uma turnê mundial e menstruava por todo o mundo. Contudo, todo esse derramamento de sangue parecia sem importância no sonho; era apenas parte do trabalho que precisava ser feito. Minhas emoções eram de aceitação tranquila e determinação. E tenha em mente que o mundo dos sonhos não se importa com sua moral e seus julgamentos. Se você acordar de um sonho sexual, erótico, ruidoso e cheio de empolgação, não se critique. Observe as emoções, as registre e depois trabalhe na compreensão dos outros aspectos do sonho.

Embora Hillman nos previna contra o uso do nosso intelecto – o que ele chamou de ego – para analisar sonhos, ainda tentamos entendê-los. Isso leva a um ato de equilíbrio entre tentar transformar o sonho em algo que ele não quer ser e possibilitar ser nutrido e curado por ele. Os sonhos usam nossas experiências e memórias como recursos para nos ajudar a compreender sua mensagem. Eles também podem extrair determinados temas e cenários do coletivo. Explore as associações que lhe vêm à mente. Use a associação livre para se perguntar o que um lugar, evento ou situação poderia significar. Conecte isso com o que está acontecendo atualmente em sua vida.

Unir emoções e pensamentos é trabalho da imaginação. Evite se deixar levar pela ideia de que, ao acordar, o sonho acaba. Reencene o sonho no palco da sua imaginação, permitindo que os detalhes sejam preenchidos, seguindo os fios das emoções e dos pensamentos para pintar um quadro completo. Conecte seus sonhos à sua prática diária. Observe as imagens que surgem na meditação. Examine como as leituras do Oráculo Enodia estão relacionadas aos seus sonhos (veja o Capítulo 5). Sempre há fios para tecer juntos. Se você estuda mitologia e contos de fadas, recorra a eles para ajudá-lo a compreender os mistérios do seu próprio mundo de sonhos.[18]

Preste atenção aos símbolos do sonho, pois eles estão sempre presentes. Os símbolos podem ser altamente individualizados ou coletivos. Observe as cores, os números e outras pistas aparentes. Veja os personagens e as características dos sonhos como símbolos de arquétipos mais profundos. Se uma casa ou um edifício é importante no sonho, contemple como o tipo de construção é utilizado e o que isso significa para você. Os animais costumam aparecer e geralmente simbolizam os poderes que estão associados a eles. Os corvos são mensageiros; os cães, protetores; serpentes trazem cura. No entanto, é sempre necessário combinar essas qualidades conhecidas com o que o sonho significa para você. Pergunte a si mesmo o que um símbolo representa para você e explore suas definições padrão. Analise a memória do sonho com abertura e curiosidade. Os símbolos e personagens que encontra são arquétipos vivos. Permita que sejam fluidos e venham até você.

Prática: Trabalhando com Sonhos

Há muitas maneiras de tornar seus sonhos mais acessíveis e fáceis de recordar. Definir a intenção na hora de dormir (por exemplo, ter um sonho que lhe traga a verdade), manter um diário por perto (ou seu telefone para registrar), posicionar seu quartzo transparente ao seu lado e adicionar ervas associadas a sonhos a uma bebida ou preparar um chá noturno com um sachê podem ajudar a criar uma conexão entre o seu Eu consciente e o sonhador interior.

Vá com cuidado em sua análise. Pode levar semanas, meses e até anos para compreender totalmente um sonho importante. Passar uma hora por dia contemplando seus sonhos pode ser muito mais interessante do que assistir à TV. Sua prática diária, meditação e todas as outras práticas que apresentei aqui irão ajudar você a se abrir para a cura do sonho. Recomendo registrar os detalhes assim que possível depois de acordar e, em seguida, se abrir para eles depois de terminar a meditação.

Você pode, ainda, pedir ao sonho que lhe traga uma carta que ajude com sua mensagem. Aguarde um pouco com o sonho antes de iniciar a pesquisa, pois o conhecimento externo pode interferir na mensagem. Muitas vezes, escondemos nosso lado criativo nas sombras, mas explorar seus sonhos é um ato criativo. E a criatividade é a magia de Hécate.

Representar um sonho também pode ajudar a entendê-lo. Se você sonha com gatos, aja como um para entrar na energia deles. Traga o que viu enquanto dormia para o seu corpo para vivificá-lo. Permita-se sentir as mesmas emoções. Se você estava com determinadas roupas no sonho, vista-se assim.

Prática: Conhecendo Cailleach

A Cailleach é uma expressão da Anciã, um espírito curador que oferece descanso ao longo da jornada pela caverna.[19] Existem muitas histórias sobre Cailleach como a eterna mulher sábia e curandeira. Às vezes desqualificada como uma bruxa mesquinha, essa figura foi vista de diferentes maneiras em vários locais. Por exemplo, as Cailleach Bheur (também chamadas Cally Bera) eram deusas do inverno para os antigos celtas.[20] Na verdade, a importância do lugar é central para os contos de Cailleach, e ela frequentemente aparece no registro histórico como baseada em uma localização específica. Essa ligação ao local significa o quanto está profundamente conectada à terra e ao seu povo. Ela é da própria terra, e isso fala da sua mensagem de nos reconectarmos com a nossa terra, de a tratarmos bem para que possamos ser nutridos.

Cailleach Bheur é a ancestral de muitos povos da Irlanda. Para eles, é a rainha soberana que se lembra de tempos anteriores e das primeiras eras em que a terra era água. Ela também representou a época antes da perda da liberdade dos irlandeses. Cailleach an Mhuilinn ("do moinho") também aparece em muitos mitos. Ela é, ao mesmo tempo, ajudante e inimiga, vidente e metamorfa. Para os antigos que a reverenciavam, o moinho simbolizava o poder da criação por meio da roda que girava a água para criar o atrito necessário à moagem. A associação com o moinho ilustra sua conexão com lagoas e lagos, e a pedra de moagem (mó) representa a Roda do Tempo. Além disso, sua conexão com as mós demonstra sua natureza primordial. Ela existiu antes do tempo e criou as pedras e a própria terra.

Essa prática leva você às profundezas da caverna para encontrar Cailleach e acessar sua cura sábia. É mais bem realizada no solstício de inverno, após o Ritual da Catarse (veja o Capítulo 9). Para você mesmo fazê-la, monte um altar que evoque a Anciã. As pedras, em particular, são oferendas preferidas por Cailleach. Ela ficará curiosa sobre sua coleção crescente, então as ofereça a ela e peça que as abençoe enquanto você a contempla.

Convoque sua ave como companheira enquanto você viaja pelas profundezas da caverna para encontrar a antiga mãe. Use sua vela do ritual de catarse para criar *temenos* como você fez: banir três vezes, proteger três vezes e depois voltar ao centro do coração (veja o Capítulo 9). Enquanto segura a vela ali, chame Cailleach três vezes. Há muitas maneiras de dizer o nome dela e ela responderá ao clamor do seu coração, e não à maneira como você o diz em voz alta. Eu pronuncio "Cal-EE-ack".

Agora, coloque a vela sobre o altar e abrande sua chama, novamente a vendo como a entrada da caverna. Enquanto você continua a dizer o nome da deusa, veja a chama se transformar em um olho e observe a íris preta no meio. Quando se sentir envolvida pela presença dela, ela pode apenas mostrar todo o seu rosto. Pergunte a ela que sabedoria lhe concederia.

Nesse ponto, você pode pedir que ela fale com você por meio das cartas. Tire três cartas – uma para orientação em sua catarse contínua, uma para assistência à medida que você avança em direção ao próximo resgate da alma e uma última para seu eventual renascimento e saída da caverna.

Eu chamo a Pedra Mãe,
A Criadora das Montanhas,
Mais antiga que o tempo.
Cailleach.
Cailleach.
Cailleach.
Eu chamo a Mãe dos Ossos,
Abrigando-se das tempestades que se enfurecem,
Reunindo-se em torno de seu fogo.
Cailleach.
Cailleach.
Cailleach.
Eu chamo a Mãe Ancestral.
Compartilhando minha história,
Ouvindo sua sabedoria.
A cura é encontrada em sua caverna.
Cailleach.
Cailleach.
Cailleach.

Capítulo 11

Paionios: A Curandeira

Nesta lua nova,
Ajude-me, Paionios.
Nesta lua nova,
Eu escolho compaixão, coragem
e sabedoria a partir deste dia.
Guia-me, Paionios, para que eu possa viver
dentro da sua misericórdia.
Nesta lua nova,
Comprometo-me a honrar a luz em mim e nos outros,
E ver a escuridão nos outros e em mim.
Mostre-me, Paionios, para que eu possa ver com a alma.
Nesta lua nova,
Eu me dedico à graça e à paz.
Revele-as em mim, Paionios.
Torne-me um instrumento de amor e cura.
Que eu seja guiado pela sua sabedoria,
Protegido pela sua força,
E abençoado por seu amor ardoroso.
Estou livre de limitações.
Seguro, curado e pleno.

Num dos hinos mais cativantes de *Os Papiros Mágicos Gregos*, a ritualista clama em angústia à deusa, suplicando a Paionios, a Curandeira, que intervenha. As palavras falam de toda a dor que se abate sobre nós e do nosso desejo de corrigir os erros que nos foram cometidos. Eu me encontrei em um cenário semelhante, clamando por alívio das dores do coração partido, enquanto queria que a causa da minha perturbação sentisse o peso de suas transgressões. Tal como a antiga oração, as minhas palavras eram a dor crua, com a qual todos podemos certamente nos identificar.

Erga-se, Deusa da Lua, Curandeira Solar, Guardiã dos Combalidos.
Oh, astuta, celestial, ágil e elevada,
Corajosa, desembainhando suas espadas.
Curandeira, sábia, renomada, encorajadora,
Pés rápidos, corajosos, carmesins.
Tenebrosa, Ardorosa, Imortal.[1]

Imaginando a história por trás do desespero da oradora, fui inspirada a mergulhar no poder dos epítetos usados. Talvez o seu amante a tivesse traído ou prejudicado o seu filho. Embora haja muito sobre *Os Papiros Mágicos Gregos* que permanecerá para sempre um mistério, as emoções viscerais da oração reverberam profundamente dentro de qualquer um que já tenha sido consumido pelo desespero e pela raiva devido às ações de outra pessoa – alguém em quem uma vez confiou, agora revelado como traidor. Na verdade, não há nada que implore mais alto por cura do que as feridas de nossos relacionamentos.

Paionios entende a dor que suportamos por causa dos nossos laços com os outros. Foi ela quem ajudou inúmeras pessoas a encontrar o caminho através do abismo escuro do desgosto e do coração partido. Assim como cuidou de Perséfone, que estava sozinha em sua dor, ela vem até nós quando estamos nas profundezas do desespero. A energia de Paionios é a da sábia compassiva que restaura nosso bem-estar curando nossas feridas. Ela cura com a energia do amor, da confiança e do apoio inabalável. Permanece durante nossos erros e espera até que estejamos prontos para que trabalhe em nós. Comparo isso a um lago de cura no coração da caverna. A rodocrosita é a pedra equivalente a esse lago.

Curando Feridas de Relacionamentos

Muitas das orações e rituais em *Os Papiros Mágicos Gregos* se concentram no alívio do sofrimento causado pelas feridas que outros nos infligiram. Ao viajarmos pela caverna de Hécate, cuidamos dessas cicatrizes – velhas estruturas incrustadas no inconsciente sombrio que sussurra que somos menos, ou indignos, ou que quem somos é por natureza errado. Até esse ponto de nossa jornada subterrânea, o foco tem sido o trabalho profundo de nossas raízes emocionais. Agora, transferimos nossa energia para o coração, a encruzilhada entre o nosso mundo interior e os outros.

O coração também é o epicentro da energia de nossos seres físicos. É ativo, agindo sobre as emoções da raiz, mas também nas que descem da coroa. Ao realizar a meditação Unificando os Três Eus, apresentada no Capítulo 4, observe as diferenças entre os três centros. A raiz sente; o coração executa; a coroa pensa. Considere como os três se misturam para formar a plenitude interior, trabalhando com a imagem da serpente. Imagine a Curandeira segurando essa serpente, que é o antigo símbolo usado hoje para a profissão ligada à saúde. A serpente se cura trocando de pele, muitas vezes enquanto está abrigada em uma caverna. Podemos ser gravemente feridos pelo veneno de cobra, mas ele também é usado em alguns tratamentos curativos. A serpente nos ensina que temos sombra e alma, maldição e bênção. Certamente, nossos relacionamentos ilustram isso.

A deusa hindu Akhilandeshwari personifica o processo contínuo de cura.[2] Conhecida como a deusa do "Nunca Está Arruinado", ela está sempre se recompondo amorosamente enquanto desce um rio montada em um réptil. O crocodilo que Akhilandeshwari monta, embora não seja uma cobra, simboliza tanto a alma poderosa interior, como Drakaina, quanto o potencial da sombra para "nos morder". Considere o crocodilo dela também como todas as outras pessoas que encontramos. Elas nos ajudam a navegar pelo rio e também têm o poder de causar danos.

Aqueles pedaços de nós mesmos que estamos juntando foram muitas vezes arrancados devido a questões do coração. Embora nossos relacionamentos possam ser fonte de grande conforto, também podem nos trazer um sofrimento insuportável. Relacionamentos são cocriações com base no que fazemos, pensamos e sentimos. Eles são *egrégoras* – formas de pensamento de grupo que são sustentadas pela crença.[3] São espíritos únicos em si mesmos existentes em um "terceiro espaço" que não é inteiramente nosso, nem de nossos parceiros de relacionamento.[4] A maneira como cada pessoa em um relacionamento percebe esse "espírito" pode ser muito diferente. Um parceiro é capaz de acreditar que mantém um relacionamento comprometido e monogâmico com alguém; e esse outro, quando questionado, pode responder: "Que relacionamento?".

Os relacionamentos assumem muitas formas, desde aqueles que temos com nossos principais cuidadores na infância até os que construímos à medida que interagimos com grupos e a sociedade. Passei vários anos no início da minha carreira acadêmica estudando as conexões entre diferentes tipos de relacionamento e bem-estar, com foco especial no processo de individuação do adolescente, quando deixa de estar mais intimamente ligado à sua família de origem e foca mais nos relacionamentos com amigos e parceiros românticos. O mundo dos relacionamentos é infinitamente variado e de fundamental importância para nossa jornada.

Aqui, entretanto, vamos nos concentrar naqueles que incluem amor romântico e sexo. Os estudiosos, certa vez, presumiram que o relacionamento adulto padrão era um vínculo de casal comprometido que incluía intimidade sexual. A falta dessa intimidade foi vista como um fracasso. Ainda vemos resquícios disso hoje. Não sei dizer quantas vezes uma pessoa bem-intencionada me disse: "Você vai encontrar alguém" ou "Você precisa transar". Isso porque não estive envolvida em alianças românticas nos últimos anos. Minha resposta a essas declarações e às tentativas de "me juntar" com alguém é: "Na verdade, não. Estou perfeitamente feliz sozinha". Digo isso para que saiba que, se você for como eu quando se trata de tais assuntos, está tudo bem com você. Por outro lado, se tem uma parceria de compromisso, isso é ótimo. Pode ser um casal tradicional ou uma amizade, ou pode incluir mais de duas pessoas.

Há muita bagagem coletiva em torno dos relacionamentos. A heteronormatividade e os papéis tradicionais de gênero espreitam por todo o lado nas nossas psiques individuais e nas crenças sociais. O amor romântico e o sexo estão entrelaçados a esses preconceitos. Uma pesquisa na internet sobre Perséfone revela rapidamente as diferentes formas como sua relação com Hades é entendida. Parece haver uma oferta ilimitada de escritos, poesias, canções e conceitos sociais que interpretam a parceria deles. Às vezes, ela é a vítima indefesa, como aparece no Hino Homérico a Deméter. Já muitas análises contemporâneas exaltam a relação amorosa que mantinham. E, claro, sempre existe o fascínio do arquétipo do "homem perigoso". Mas o fato de a história de amor dos dois durar milhares de anos nos mostra o poder da viagem ao Mundo das Trevas e como as relações românticas são parte integrante da nossa plenitude pessoal.

Ao explorar a união Perséfone-Hades, preste atenção aos ingredientes ativos que a levaram a se tornar não apenas a rainha do Mundo dos Mortos, mas também aquela que torna possível a existência da vida. Ela é uma deusa da ação. Se nunca tivesse comido as sementes de romã, a história não apresentaria o mesmo desfecho. Isso não quer dizer que tudo foi culpa dela, mas, sim, apontar que os relacionamentos são resultado das escolhas que fazemos.

O amor não correspondido é um exemplo que ilustra que os relacionamentos são uma criação de ação. Se tudo o que fizermos for pensar na pessoa amada, então nenhuma relação poderá existir. Sexo e outras atividades compartilhadas contribuem para nossa experiência e para a construção de algo. Assim, os relacionamentos são do coração, onde nossos pensamentos e sentimentos criam a "cachoeira" que sempre jorra e que nos impulsiona para a frente para formar novas relações. Se e como nos envolvemos em tais coisas é influenciado pelos modelos de relacionamentos que foram formados na primeira infância, que normalmente existem fora da consciência.

Eros e Ágape

Erototokos, outro epíteto que nos vem da antiga oração mencionada anteriormente, significa "Portadora do Amor". A antiga sacerdotisa chamou Erototokos para resolver seu coração partido. Mas a energia da cura consiste em escolher o amor e, ao mesmo tempo, compreender as nossas feridas que estão enraizadas nas muitas faces do medo. Assim, todos nós podemos nos identificar com seus clamores temerosos para Erototokos. Essa angústia do desgosto, do coração partido, e esse poder curativo do amor são vividamente retratados no mito de Eros e Psiquê.[5]

Psiquê foi forçada a pagar um preço por sua beleza incomparável: ser abandonada por seu pai. Embora ela estivesse destinada a ficar sozinha por todos os seus dias, lhe foi prometido que um amante invisível viria até ela todas as noites. Mesmo sem que pudesse ver esse amante e apesar de lhe dizerem que era uma espécie de monstro, Psiquê se apaixonou por ele. Ela superou o medo do amante das sombras e acabou desafiando o destino – como costumamos fazer quando as coisas são boas demais para ser verdade –, revelando a aparência dele com uma lamparina. Eros fugiu temendo a ira de sua mãe, Afrodite, que instigara todo o cenário por ter ciúmes da beleza de Psiquê.

A pobre Psiquê, grávida e ainda inocente, mesmo depois de tudo o que passou, tentou se afogar, mas foi rejeitada pela água. Ela ainda tinha trabalho a fazer. Depois de um tempo, encontrou Afrodite, que a submeteu a uma série de tarefas árduas antes de reuni-la com seu amado.[6] Essas tarefas incluíam uma descida ao Mundo das Trevas, onde ela foi tentada por uma caixa que prometia beleza. Acreditando que o conteúdo da caixa poderia torná-la ainda mais atraente para Eros, espiou lá dentro. Assim como a Bela Adormecida e a Branca de Neve, sua curiosidade a forçou a um sono profundo. Com o passar do tempo, seu príncipe – nesse caso Eros, o deus do desejo – a libertou. A filha deles nasceu e foi apropriadamente chamada de Hedonê, que significa "prazer" ou "alegria", especificamente do tipo sensual, dependendo da tradução.[7] Eles viveram felizes para sempre.

Na psicologia junguiana, "eros" refere-se ao desejo, tanto em sua forma pura quanto nas profundezas obscuras da sombra.[8] Tenho tendência a me referir a eros como sentimentos eróticos, românticos e sexuais, e uso ágape para descrever as energias gerais de bondade, compaixão e conexão.[9] Eros se relaciona à chave da paixão, e ágape à da amabilidade. Psiquê significa alma e, num dos meus duplos sentidos favoritos, também borboleta. A jornada da alma e do desejo está, portanto, no centro de todos os nossos relacionamentos. A progressão de Psiquê, de donzela ingênua a esposa sábia, exige a prova de sua dedicação a Eros. Ela deve descer ao Mundo Subterrâneo para enfrentar sua própria sombra – representada pela caixa que promete beleza – a fim de enfrentar as questões que nos impedem de nos curarmos para o estado de plenitude e de sermos capazes de ter relacionamentos saudáveis.

Isso também se aplica a outros tipos de relacionamentos. Quando caminhamos com Paionios pela caverna, curamos nosso eros para que nossos desejos se sintonizem com nossa alma. A mensagem mais profunda das uniões românticas – como Eros e Psiquê, ou Perséfone e Hades – é que a totalidade, a plenitude, vem da integração da sombra com a alma. No tarô, a carta dos Amantes, no nível superficial, se refere a relacionamentos externos, mas a jornada para a plenitude interior está implícita. Existe um vínculo inquebrável entre nossos relacionamentos externos e nosso Eu interior.

A angústia causada pela traição, que sentimos em alguns relacionamentos, revela os laços que nos prendem aos outros. Embora esse apego possa resultar em amor, também pode destruir. Quando considero meus relacionamentos mais saudáveis, o vínculo parece bidirecional – um fluxo contínuo de apoio e afeto mútuos. Há um reconhecimento da alma de que sou abraçada e ouvida e que faço o melhor que posso para retribuir. Os arquétipos implícitos em ação aqui são eros – o desejo pelo relacionamento, seja ele sexual ou não – e ágape – o fluxo universal do amor. Quando nos falta isso, como demonstra quem escreveu a antiga oração, podemos recorrer à deusa como fonte de apoio e compreensão de que necessitamos.

A mensagem de Paionios é que a energia do amor – do tipo forte e seguro – leva à cura dos nossos arquétipos de relacionamentos disfuncionais e alivia a dor, enquanto o desejo por tal estado de ser está igualmente envolvido. Apoiar-se no arquétipo do Curador, independentemente de como o percebamos, nos ajuda a remover essas camadas de desconfiança e desgosto. Podemos ficar confusos com as crenças erradas da sociedade sobre o amor ser frágil, quando o oposto é realmente verdadeiro. Ao estarmos sem forças, subjugados, somos possuídos pelo medo, não pelo amor. Quando temos arquétipos de relacionamentos não saudáveis, permanecemos com medo. Transmutar a raiz de volta ao seu estado sagrado de pureza invoca o amor.

Podemos pensar no amor de muitas maneiras diferentes. Na história de Psiquê e Eros, ele é inicialmente equiparado ao desejo sexual. Mas o arquétipo de Eros pode ser expandido para a energia de qualquer desejo, tanto saudável quanto sombrio. Ágape, por outro lado, se refere à pura energia do amor de Paionios, que se caracteriza pela confiança, pelo carinho mútuo e pelo apoio adequado. Quando entramos na presença de Paionios, despertamos para o ágape. Eros é o amor forte e emocional que sentimos por outra pessoa, enquanto ágape equivale a um sentimento de generosidade voluntária. É ideal quando ambos estão presentes, tanto dentro de nós quanto nos relacionamentos. Vemos isso no casamento maduro de Perséfone e Hades, caracterizado pela fidelidade e pelo respeito. Também é demonstrado na relação entre Perséfone e Deméter depois que ela se tornou a rainha do Mundo das Trevas. Esse vínculo retratava proximidade, senso de confiança, independência e interdependência. Nenhum deles era totalmente definido pelo outro. Era uma relação de iguais.

Escolher amar enquanto busca compreender o medo é uma característica fundamental da cura. Na caverna de Hécate, habitamos o reino dos opostos. Esse é o espaço entre todas as coisas, em que descobrimos que os relacionamentos são espíritos, energias, em si mesmos. Eles têm uma vitalidade que vai além dos indivíduos envolvidos. Ninguém negaria que tanto no relacionamento de Psiquê quanto no de Perséfone houve sérios problemas. No entanto, alcançaram a plenitude ao abraçar essa tensão. Bem, não estou dizendo que devemos nos envolver em relacionamentos disfuncionais ou abusivos. Mas defendo a compreensão de que os problemas que encontramos nos relacionamentos podem ser enriquecedores. E quando reduzimos essas questões até suas raízes, elas se baseiam sempre no medo.

Danos à Raiz

Compreender como nossos traumas da primeira infância prejudicam nossa capacidade de constituir relacionamentos saudáveis nos permite ver como o passado molda o futuro – como nossos medos nos dominam. Temos uma relação difícil com ágape e eros. Mas, quando nos apoiamos em Hécate Paionios, deixamos que trabalhe nas nossas raízes mais profundas, que muitas vezes são experiências traumáticas sentidas no início da vida. Costuma-se dizer que os psicólogos entram em seu ramo de trabalho para se curarem. Eu me aventurei em minha pesquisa focada em apego e saúde sem uma compreensão consciente do motivo pelo qual estava fazendo isso.[10] Minha ideia, como uma jovem mãe solteira, era criar uma vida melhor para meu filho, e me tornar psicóloga foi meu "meio para esse fim". Involuntariamente, eu estava me envolvendo com o arquétipo do Curador. E veja a coincidência, quando um novo professor assistente, que estudou relações humanas, me aceitou como estagiária!

Os arquétipos sempre atuam sobre nós dessa maneira. Paionios, a Curandeira, conseguiu o que queria comigo. Sempre me senti indesejada na minha família de origem. Assim que terminei o ensino médio, fugi com um homem muito ferido que descontou em mim suas dores. Mas, quando me voltei para a pesquisa psicológica, dei o primeiro passo para me curar. Com as minhas primeiras pesquisas sobre apego, aprendi como era vital um cuidador persistente e solidário ao longo de toda vida.[11] Fiquei obcecada por compreender, e mais tarde desenvolver, os impactos desse relacionamento precoce, tanto como forma de ajudar os outros quanto de me impedir de prejudicar meu filho.

O que ficou claro ao longo dos anos é que a melhor abordagem para evitar que esse tipo de "dano à raiz" aconteça, em primeiro lugar, é por meio de programas de intervenção precoce.[12] Aprendi que, embora seja possível transmutar a raiz disfuncional, isso não é tão fácil quanto a prevenção. Ao longo dos anos, em minha pesquisa explorando em que consiste essa raiz, encontrei um padrão constante de experiências adversas na primeira infância. Conhecidos como "crises de apego", esses eventos ocorrem quando os cuidadores não conseguem proporcionar o ambiente seguro e de apoio necessário que facilita o desenvolvimento saudável. Já que estamos aqui como adultos, o que fazemos a respeito? Antes de continuar com a resposta, preciso que você saiba que ter um estilo de apego inseguro não é culpa sua, nem incomum. Embora cerca de 50% dos entrevistados relatem ter o que chamamos de estilo de apego seguro – caracterizado pela confiança, pelo apoio e por um autoconhecimento positivo –, a outra metade revela possuir uma orientação de apego insegura, que é a raiz dos problemas superficiais.

É como se todos os nossos esforços de cura fossem como cortar a parte visível de um dente-de-leão. No entanto, essa erva é verdadeiramente tóxica. Por baixo, a raiz persiste quando as condições são adequadas e a flor reaparece. E cultivamos a mesma amaldiçoada flor disfuncional repetidas vezes. Essa raiz costuma ser as experiências traumáticas da primeira infância. A flor responderá apenas às mesmas condições em que se enraizou. Se nunca pudéssemos confiar em nossos cuidadores, então nossas raízes seriam atraídas apenas para parceiros não confiáveis. A boa notícia é que podemos transmutar a raiz. Com isso, quero dizer que podemos reconfigurar a estrutura dessa raiz para que ela produza flores apenas em resposta a condições que nos sejam saudáveis. Ao desenvolver, estabelecer e viver nossos limites, escolhemos quando a flor do nosso amor florescerá. Os limites são um meio altamente eficaz de transmutar a raiz.

No entanto, claramente, os dentes-de-leão não têm grandes limites. Eles crescerão em qualquer lugar. São muito fáceis de colher, cortar e destruir na superfície, mas continuam voltando. Considere uma planta diferente, como verbasco. É exigente com o local onde cresce e suas flores são incrivelmente resistentes. Embora os dentes-de-leão não tenham critérios na "construção de relacionamentos", o verbasco é rigoroso quanto ao ambiente que escolhe. Por causa dos traumas iniciais, o dente-de-leão não conhece nada diferente. Não tem consciência de como é bonito e do quanto oferece ao mundo. O trauma no início da vida influencia todos os aspectos de nossa existência. Mas você pode começar a descobrir essas raízes iniciais ao interagir com Paionios.

E lembre-se: embora os dentes-de-leão tendam a ter má reputação, também podem ser incrivelmente curativos. São fantásticos para banhos rituais. Basta preparar um bule de chá de dente-de-leão e adicioná-lo à água do banho.

Arquétipos de Apego

Venho estudando relacionamentos íntimos há mais de duas décadas. Na minha abordagem, a raiz é conhecida como nossa tendência de apego, às vezes chamada de "estilo". Mas esses estilos são muito mais do que meras descrições de personalidade; são, na verdade, arquétipos. Esses arquétipos de apego funcionam em grande parte fora da consciência e têm vida própria. Quantas vezes decidimos encarar um relacionamento de uma determinada maneira e então alguma força inconsciente parece nos fazer fugir de nossas melhores intenções?

Compreender os arquétipos de apego, os trazendo à consciência, nos ajuda a reconstruir a raiz dos problemas e a curar os danos na base. Existem arquétipos da alma e da sombra, e o arquétipo do apego que mais nos pressiona atua em todos os nossos relacionamentos. Geralmente, esse arquétipo flui para nós a partir de nossos principais cuidadores, na infância. Uma vez que essa energia está em nós, ela influencia todos os nossos outros relacionamentos e como nos vemos. A mãe que tem uma conexão saudável com o arquétipo do apego desde sua própria infância tira proveito disso ao criar seu filho. Ela não é uma Deméter oscilante, nem uma mãe egocêntrica que negligencia seus filhos.

O arquétipo principal da alma tem base no ágape e no eros positivo. O arquétipo do apego ágape é constelado com um conceito do Eu positivo, sentimentos de atuar positivamente no mundo e uma perspectiva otimista. É a orientação natural da alma. Podemos ver o arquétipo do apego seguro aninhado no ágape e no eros positivo – embora, é claro, haja momentos em que o medo é experimentado. Cerca de 50% de nós estamos naturalmente nesse arquétipo. Os demais têm a oportunidade de curar isso.

As tendências de apego das sombras estão situadas no arquétipo Phoberos e existem três expressões diferentes. O arquétipo obstinado se concentra na aprovação dos outros enquanto nega as necessidades pessoais. Aqueles que estão enredados nesse arquétipo mudam suas *personas* em resposta ao que acreditam que os outros desejam que sejam. Por outro lado, quem está ligado ao arquétipo que evita o apego faz tudo o que pode para ficar longe de apegos íntimos. Ambos os tipos são movidos por inseguranças sobre como os outros os tratarão, aprendidas nas primeiras interações com seus principais cuidadores. O arquétipo que evita o apego se divide em dois tipos – esquivo medroso e esquivo refutante –, e isso esclarece a maneira como se orienta em relação aos outros. O arquétipo esquivo medroso tem a mesma orientação eros que o tipo obstinado – o desejo de se fundir tão completamente com um parceiro a ponto de o *self* se evaporar –, mas evita tentar fazê-lo, ao contrário do estilo obstinado. Aqueles atraídos pelo arquétipo do evitamento e da rejeição (esquivo refutante) são medrosos e não desejam relacionamentos porque eliminaram sua necessidade básica de conexão.

Geralmente, temos um estilo arquetípico dominante, embora possa variar. À medida que nos curamos em nossa jornada pela caverna, o arquétipo ágape se torna mais presente e os arquétipos Phoberos ficam adormecidos. Lembre-se também de que fatores como introversão e extroversão podem influenciar os arquétipos.[13] Se você estiver mais relacionado a um dos arquétipos de Phoberos, a energia de Paionios pode ajudar a restaurar sua confiança em si mesmo e nas outras pessoas.

Você pode usar o resumo de estilos de apego a seguir para ajudá-lo a entender qual arquétipo de apego é dominante em você.[14] Sem pensar demais, escolha o que melhor descreve sua disposição geral em relação aos outros:

- Geralmente, me sinto confortável dependendo de mim mesma e tendo outras pessoas dependendo de mim. Não me preocupo muito quando outras pessoas não me aceitam.
- Quero ser completamente íntima emocionalmente das outras pessoas, mas muitas vezes descubro que relutam em chegar tão perto quanto eu gostaria. Às vezes, me preocupo que outras pessoas não me valorizem tanto quanto eu as valorizo.
- É importante para mim me sentir independente e autossuficiente e prefiro não depender dos outros, nem deixar que os outros dependam de mim.
- Gostaria de estar perto das outras pessoas, mas sei que vão me decepcionar. Não gosto de ser autossuficiente.

A primeira afirmação descreve a orientação da alma, o arquétipo do apego ágape. Se escolheu esse arquétipo, o veja como uma Estrela do Norte guiando você nessa direção. Os outros três se inclinam para o território da sombra. Se você escolheu um desses, a parabenizo pela coragem de ser honesta. Reconhecer que agimos a partir da sombra é o passo mais importante para a cura. Você está no caminho certo para a plenitude. Pense na sua escolha como um reflexo de como está conectado ao arquétipo implícito e como essa associação influencia os laços que você tem, ou não, com os outros.

Isso é um processo. Não julgue seu arquétipo dominante, nem escolha um que realmente não mapeie você. Essa é uma prática poderosa de autorrevelação. Recomendo usar esse inventário de arquétipos em conjunto com sua prática diária, após a meditação, mas antes da leitura, que você pode fazer depois para encontrar orientação sobre como trabalhar com seu arquétipo de apego.

Os Laços Que Unem

Dependendo do relacionamento, talvez precisemos trabalhar para consertar os laços que nos prendem aos outros, ou até mesmo cortá-los. Esses cordões podem ficar amarrados como nós bem apertados, capazes de nos prender em feridas passadas e prejudicar os relacionamentos atuais. Quando trabalhamos na cura dos laços, seja os reparando ou cortando, eles afrouxam os nós que o prendem. Tendo em mente que os relacionamentos se tornam espíritos, energias, em si mesmos, podemos trabalhar no cordão que vai de nós até eles para promover nossa jornada de cura. Quando retificamos nosso vínculo com o relacionamento, há potencial para uma cura profunda.

Sempre que as pessoas dão energia umas às outras durante um período de tempo, se forma um espírito, uma energia, do relacionamento. Trabalhamos nossa conexão com esse espírito, essa energia. Às vezes, nenhum espírito do relacionamento é criado – por exemplo, se formos vítimas de violência por parte de um estranho. Na maioria das vezes, contudo, nossas feridas são infligidas por pessoas com quem nos importamos profundamente. Essas formas-pensamento funcionam, principalmente, fora da consciência, estejam elas relacionadas a um relacionamento ou a um evento. Se você tem vários relacionamentos para trabalhar, como muitos de nós, comece com aquele que é mais complexo. Às vezes, não há como salvar o relacionamento. Nesses casos, pode realizar uma cerimônia de corte dos cordões (veja logo adiante).

Existem duas abordagens para a cura dos laços. A primeira é cortar seu vínculo com o relacionamento. Isso interrompe o fornecimento de energia de você para o espírito relacional. Com o tempo, o espírito perde força e morre porque, mesmo que a outra pessoa esteja enviando energia para o relacionamento, o espírito só poderá sobreviver se ambos (ou todos) os parceiros o alimentarem. O segundo método é cortar o vínculo com uma memória dolorosa. Memórias intensas de traição, perda e trauma podem se tornar vívidas se muita energia for dedicada a elas. Pense nessas memórias como espíritos. A primeira técnica é recomendada em situações complexas e em relacionamentos tóxicos; a última é indicada para experiências isoladas – para um relacionamento com alguém a quem você não estava apegado ou algo que aconteceu em um relacionamento saudável.

Aqui está um exemplo pessoal intenso de um vínculo que tive. Eu estava em um relacionamento amoroso há apenas alguns meses quando meu parceiro encerrou a relação. Tinha sido um daqueles apegos turbulentos em que nenhum de nós foi honesto – consigo mesmo, um com o outro ou com qualquer outra coisa. Eu estava saindo do divórcio e me sentia muito solitária. Essa foi uma "recuperação" clássica, se é que alguma vez existiu. Fiquei insuportavelmente chateada com o fim do relacionamento e me senti presa em algo muito maior do que eu, como se estivéssemos fadados a ficar juntos e depois nos separar.

Quando meu parceiro literalmente navegou em direção ao pôr do sol, fiquei desolada. Com o passar dos dias, me senti fisicamente despedaçada. Era como se o vínculo entre nós fosse uma âncora que estava sendo puxada cada vez mais para longe, e eu fosse impotente para quebrar sua corrente, embora continuasse tentando. Certa noite, tive um sonho horrível em que meu ex-parceiro corria grave perigo enquanto seu barco enfrentava uma terrível tempestade. Acordei assustada, descobrindo que a janela trancada do meu quarto havia sido aberta. Alguns dias depois, recebi um e-mail dele perguntando se eu o havia amaldiçoado, porque exatamente o que eu sonhei tinha acontecido. Para sua informação: eu não o amaldiçoei. O laço entre nós era forte.

Com o tempo, com muitas cerimônias repetidas e trabalho profundo da alma, o cordão que nos unia enfraqueceu e acabou morrendo. Mas fiquei tão perturbada que procurei uma médium de confiança para me aconselhar. Assim que entrei em sua sala, sem que eu tivesse dito uma palavra, ela disse que eu estava presa em algum ciclo cármico de vidas passadas que finalmente seria resolvido. Desabei, aos prantos e soluçando, sobre sua adorável mesinha. Os laços podem ficar atados durante toda a vida.

Fique dentro dos seus limites ao curar ou cortar um cordão. Romper com um relacionamento disfuncional leva tempo. Sua prática diária pode ajudar.

Arquétipos e Relacionamentos

Nossos arquétipos de apego representam nossa disposição geral sobre nós mesmos em relação aos outros. Os relacionamentos, como espíritos cocriados, também estão incorporados aos arquétipos. Abordar os relacionamentos como arquétipos nos permite conscientizarmos de que são muito mais do que meras construções. Eles são entidades vivas, que respiram, aninhadas dentro de um arquétipo agregado muito maior. Os de "casamento" ou "amizade" são exemplos abrangentes de arquétipos de relacionamentos. Embora possam ter expressões muito diferentes a nível individual, fazem parte de algo muito maior. Os arquétipos pessoais aos quais estamos conectados influenciam muito nossos relacionamentos. O do Curador, por exemplo, pode nos levar a acreditar que somos capazes de curar outras pessoas.

Também podemos incorporar vários outros arquétipos, como a Criança Ferida.[15] Ao estudar o mito de Perséfone, vemos como seu arquétipo pessoal é transformado. Ela deixa de ser a filha sem nome (Kore) para ser Perséfone (a Destruidora). Porém, o mais importante é que ela se torna Anassa Eneroi, a terrível rainha que é uma monarca benevolente, mas severa. Dentro da história, Deméter apresenta um arquétipo extremamente diferente. Poderíamos chamá-la, hoje, de mãe "helicóptero". Ela simplesmente não consegue tirar o foco, se libertar do controle. Além disso, assume a dor da filha como se fosse sua, algo que é conhecido como codependência na linguagem contemporânea. No entanto, a sua devoção "leal até o fim" a Kore é admirável, representando um aspecto saudável do arquétipo da Mãe.

Mitos, lendas e outras histórias também são arquetípicos.[16] Quando estamos presos a um relacionamento, podemos nos conectar ao arquétipo e aos mitos que o habitam. Considere seus relacionamentos amorosos. Você foi pego no mito de Psiquê-Eros e ficou cego para a beleza de um amante até que essa pessoa o deixou? Fez de tudo para reconquistar a pessoa? Foi obstinado, Kore, cuja rebelião contra a figura materna causou grande transtorno? O mito de Sêmele, a mãe de Dionísio, tem trabalhado em mim desde o ano passado, à medida que meu filho mais novo passa para a idade adulta. Enquanto estive envolvida nesse assunto, o mito Perséfone-Hécate-Deméter se manteve igualmente presente em mim. Não é de surpreender que isso tenha começado logo quando iniciei a escrita deste livro. Uma aluna querida, a quem chamei de Kore, viajou para ficar com outra aluna, em quem Deméter estava trabalhando seriamente. Eu me vi desempenhando o papel de Hécate, a mediadora de cura, entre elas. Aprender mitos e contos de fadas nos dá um contexto para compreender nossa própria vida mítica, lhe dando significado e ilustrando que fazemos parte daquela grande teia arquetípica que é a alma do universo.[17]

Incorporando a Cura

O que sabemos com a pesquisa é que traumas precoces e feridas posteriores podem nos forçar a um estado de desconexão crônica do nosso Eu físico. Mas lembre-se de que o coração diz respeito ao corpo, não apenas às emoções e aos pensamentos subjacentes. Isso pode se apresentar como um mecanismo de defesa que invocamos quando tentamos desaparecer energeticamente para não atrair a atenção daqueles que nos magoam.[18] Fisiologicamente, os nossos corpos se tornam os depositários da dor. Bessel van der Kolk, em seu livro seminal, *O Corpo Guarda as Marcas: Cérebro, mente e corpo na cura do trauma*, descreveu como nosso Eu físico suporta a dor do trauma para nós. A dádiva de Paionios é que podemos melhorar muito nossa saúde física e psicológica fazendo o trabalho da alma. É por isso que a cura relacional, a recuperação de traumas e a mudança da energia dos relacionamentos atuais estão situadas no coração. É o resultado de interações com outras pessoas, mas também reside em nosso físico.

Um dos aspectos mais exigentes do trauma está nos efeitos que ele tem no corpo, incluindo muitas doenças crônicas.[19] Até trabalharmos na cura do corpo, nossa jornada para a plenitude fica estagnada. Além disso, quando nos desligamos dos nossos corpos, que são templos da dor, nos colocamos num estado crônico de hiperexcitação, sempre alerta para o próximo ataque.[20] Embora o trabalho mental que fazemos para curar seja vital – incluindo aprender a confiar novamente –, também precisamos voltar para nossos corpos. O que é interessante para mim é que, enquanto negarmos os nossos corpos, muitas vezes entorpecendo-os por meio de vícios e assim por diante, eles permanecerão fazendo tudo o que podem para chamar nossa atenção. É muito parecido com o modo como nossos arquétipos de relacionamentos disfuncionais continuam a atuar até que cuidemos deles. Não importa qual seja a dor, aprender a viver uma relação com ela, em vez de recorrer à negação e a outras formas de oposição, é o caminho para a cura.

Pense em quando foi a última vez que você teve uma experiência prazerosa com seu corpo. Até mesmo voltar sua atenção para isso começa a puxá-lo de volta ao seu Eu físico. Foi quando você foi passear na mata, na natureza? Quando fez um sexo fabuloso? Talvez dançar sozinho lhe traga alegria. Faça uma pausa todos os dias enquanto segue sua jornada pela caverna para ter momentos de alegria corporal e refletir sobre eles. Como alguém que vive com dor crônica, eu posso testemunhar que a incorporação diária da cura não só melhora o Eu físico, mas também reconfigura essa raiz disfuncional.

Prática: Banho Curativo

Esse banho curativo proporciona um novo começo. Recomendo acender uma vela nova para simbolizar esse recomeço. A cura pela purificação era uma prática central das antigas sacerdotisas de Hécate e daqueles sob seus cuidados. Quando vemos nossas feridas relacionais acumuladas como uma espécie de miasma, o banho se torna o recipiente sagrado de remoção. Adicione ao ritual a invocação da energia da fase da lua, permitindo que os poderes lunares fluam para a água.

Recomendo fazer um altar na banheira ou no chuveiro ou perto deles, incluindo pedras como rodocrosita, quartzo rosa e ametista.[21] Entre nas águas curativas de Paionios para sentir prazer físico enquanto desintoxica espiritualmente a raiz. Experimente adicionar chá de raiz de dente-de-leão à água. Você também pode incluir uma colher de chá de mil-folhas ao preparar a infusão. Crie uma experiência de banho luxuosa, seja na banheira ou no chuveiro. Você pode amplificar o poder de limpeza usando meu famoso esfoliante de sal negro (veja o Capítulo 9).

Prática: Toalha de Rosto Nunca Mais

Você pode criar ou escolher um talismã para expandir seu trabalho com Paionios. Aqui está uma história cômica sobre o talismã que criei na última vez que tive um relacionamento disfuncional. Eu chamo isso de Toalha de Rosto Nunca Mais.

Depois que me divorciei, fomos morar com meu namorado e seus dois filhos. Esse era um daqueles relacionamentos que pareciam muito melhores por fora do que por dentro. Depois de apenas seis meses, cancelamos mutuamente nossa tentativa de formar uma família composta. Para mim, uma grande constatação foi que meu eros de ter uma família dessa maneira era movido pela sombra, não pela alma. Sou uma mulher independente e sempre me sinto enjaulada quando moro com um companheiro. Eu sucumbi à demanda social por ser um casal. Quando nos separamos, dividimos os utensílios domésticos que compramos juntos. Foi tudo muito civilizado. Exceto por essa toalha de rosto.

Depois da separação, meu ex-parceiro relatou a um amigo em comum que eu havia levado muitas toalhas de rosto. Ele ficou bastante chateado com esse desrespeito. Talvez tenha ficado com mais toalhas do que deveria. Quando soube da reclamação dele, peguei uma dessas toalhas e coloquei na prateleira de cima do armário de roupa de cama, dizendo: "Nunca Mais". Eu quis dizer que nunca mais me veria lidando com o rompimento de uma relação na qual estivesse morando com alguém. Mas isso também significou muito mais. Nunca mais eu negaria minha verdade por estar em um relacionamento romântico. Até hoje, mais de sete anos depois, a toalha "Nunca Mais" permanece como um talismã na prateleira de cima do armário. Funcionou perfeitamente. Talvez você tenha um talismã igualmente único de uma ferida de relacionamento, que pode se tornar sua própria toalha de rosto "Nunca Mais", para colocar em sua Cista Mística.

Prática: Cerimônia de Corte dos Cordões

Essa cerimônia pode ajudá-la a romper os laços que estão prendendo você a relacionamentos fracassados ou disfuncionais. Qualquer que seja a origem da situação do cordão tóxico, essa cerimônia invocará o corte do vínculo. Recomendo que faça durante a lua minguante, se possível. Para incluir algum suporte astrológico, execute enquanto a lua minguante estiver em um dos signos de fogo (ou seja, Áries, Leão, Sagitário). Faça isso após sua meditação diária e, em seguida, tire suas cartas do Oráculo Enodia para receber orientação. Para a cerimônia, você vai precisar de:

- Uma rodocrosita para manter a energia nutridora.
- Uma obsidiana negra para captar qualquer resíduo.
- Uma imagem da pessoa (ou situação) de quem você está se separando.
- Alguns barbantes.
- Uma vela vermelha nova para simbolizar o coração.

Escreva uma intenção na imagem, em vermelho – por exemplo: "Estou completamente liberto do vínculo que tenho com X (pessoa, acontecimento, etc.). Isso não tem qualquer conexão comigo". Acenda a vela e recite sua intenção, depois amarre o barbante em volta da imagem e enrole a outra ponta em torno do pulso esquerdo.

Chame Paionios para romper esse apego, esse laço, até sentir a presença dela, dizendo algo como: "Paionios, Hécate, a Curandeira, rompam esse vínculo".

Fique com a energia do relacionamento ou com a memória dolorosa enquanto Hécate o envolve em sua cura. Quando estiver pronto, use a chama da vela para queimar o barbante e cortar o vínculo. Sinta a energia libertadora. À medida que esse vínculo for rompido, Hécate apresentará imagens de cura que substituirão esse laço tóxico. Tire suas cartas do Oráculo Enodia para orientação.

Quando terminar, agradeça à deusa e apague a vela. Tire o barbante com a imagem de sua casa – por exemplo, você pode enterrá-lo ou descartá-lo em uma lixeira pública.

Prática: Cerimônia de Limpeza dos Cordões

Essa cerimônia limpa uma conexão que lhe serve bem, mas que talvez esteja um pouco "turva" por causa de mágoas, conflitos e problemas de comunicação do passado. Essa é uma ótima cerimônia para realizar para pessoas com as quais você esteja "preso" – alguém como um ex com quem você tem um filho ou um colega de trabalho chato. Observe que isso não foi elaborado para uso em relacionamentos em que uma pessoa está atualmente envolvida em uma guerra com a outra. Cabe a você decidir qual relacionamento pode se beneficiar do ritual. A energia é de purificação, e não de separação ou corte.

Para a cerimônia, você vai precisar de:

- Uma rodocrosita para manter a energia nutridora.
- Uma obsidiana negra para captar qualquer resíduo.
- Uma imagem da pessoa (ou situação).
- Alguns barbantes.
- Uma vela vermelha nova para simbolizar o coração.
- Um pouco de *khernips* (água lustral ou consagrada) e alguns zimbros.
- Uma tigela de água sagrada.

Basicamente, essa cerimônia envolve um banimento botânico com o zimbro, com a chama da vela vermelha, e depois mergulhá-lo na tigela de água sagrada – por exemplo, água que absorveu a energia da lua cheia (para maior clareza e limpeza da situação). A água fica infundida com banimento e clareza. Siga os passos da cerimônia anterior de corte de cordões, mas limpe o barbante e as imagens onde se conectam a você, em vez de cortá-los.

Para criar um talismã duradouro, use imagens ou símbolos seus e dos outros envolvidos. Limpe o barbante com a água sagrada criada após a imersão da energia da erva. Em vez de descartar o barbante, mantenha o talismã em seu altar ou no local onde você e a outra pessoa se reúnem com mais frequência.

Eu a saúdo, Hécate.
Deusa da Lua.
Soberana invencível da terra, do mar e do céu.
Eu invoco você agora.
Eu a saúdo, Hécate.
Deusa Tríplice.
Refletida nas três faces da lua.
Eu a saúdo, Hécate!
Guardiã das Chaves dos Mistérios,
Os segredos da lua são seus.
Libere para mim a energia da lua.
Eu atraio a energia da sua lua gloriosa;
Busco seus favores para esse trabalho.
Minha intenção é verdadeira,
E minha vontade é forte.

Capítulo 12

Psychopomp: A Condutora de Almas

Nesta encruzilhada,
O fim de uma longa jornada.
Não sou mais seduzido pelo passado.
Nem me deixe enganar pela promessa vazia
do caminho bem iluminado.
É a escuridão mais profunda que procuro.
Guiado apenas pela luz distante de tochas.
A Senhora das Almas, minha única companheira.
Cada passo tem sido o meu.
Estou aqui para regatar o que é meu.
Pedaços de mim que encontraram refúgio
em seu ventre escuro.
Depois da crueldade e da violência,
Daqueles que se aproveitaram da minha fraqueza.
Eles estão mortos para mim agora.
Mortos pela minha vontade de me curar.
Como a Roda dela girou.
Agora eu guardo minhas próprias chaves.
Eu voltei para casa.

Na escuridão acolhedora eu caminho.
O próprio coração do reino de Hécate.
Onde ela abrigou fragmentos da minha alma.
Eu os chamo de volta para mim.
Que doce reencontro.
A verdade percorre meu ser,
E estou mais uma vez inteiro.

Um dos papéis, epítetos, mais antigos de Hécate é o de Psychopomp, que se traduz como "condutora de almas".[1] De acordo com os gregos, Psychopomp guiava os que partiram para a vida após a morte, fosse no pesadelo do Tártaro ou no Elísio celestial.[2] Certas divindades, como Hécate e Hermes – seu companheiro frequente –, tinham a habilidade especial de viajar à vontade entre o Mundo dos Mortos, o mundo da vida cotidiana e as alturas do Olimpo, para que pudessem facilmente cruzar para o território da vida após a morte.[3]

Hécate, em particular, era responsável por supervisionar os mortos sem descanso e por guiar as almas para o outro lado. Existe uma relação especial entre Hécate e aqueles que sofreram grandes perdas de alma nas mãos de outras pessoas. Ela mantinha perto de si os mortos que eram marginalizados pela sociedade, especialmente mulheres e meninas que morreram devido à violência sexual ou durante o parto. Em termos modernos, Hécate é uma especialista em traumas cuja escuridão acolhe os nossos fragmentos de alma em fuga, que encontram refúgio na sua caverna. Ela cuida deles até que estejamos prontos para nos recompormos.

Hécate Psychopomp é muito mais do que aquela que ajuda os mortos a atravessarem o rio para o outro lado. É a parteira que auxilia novas almas à medida que nascem na carne e nos reúne com os fragmentos de nós mesmos, que perdemos ao longo do caminho. Ela nos chama a cuidar de nossas próprias almas e a ver a alma em todas as coisas. Quando cuidamos de nossas próprias almas e procuramos compreender a alma em todas as coisas, isso nos aproxima da teia arquetípica, da própria alma do mundo. A prática xamânica e psicológica de resgate da alma é o processo de resgatar pedaços dela que foram perdidos devido a traumas individuais e culturais.[4] Em meu próprio trabalho, atuo como uma Psychopomp, iluminando o caminho para a plenitude conhecida apenas por meio do retornar à alma.

Às vezes, há confusão sobre as intenções de uma Psychopomp. Alguns veem Hécate e outros nessa função como nefastos quando, na verdade, seu trabalho é benevolente. E há quem tema essas figuras que caminham entre os vivos e os mortos, especialmente em certas religiões nas quais o controle da alma está firmemente nas mãos de um Deus e dos seus emissários. Mas mesmo nessas tradições, pode haver Psychopomp em ação. O Anjo da Morte, às vezes chamado de Azrael, consulta seu livro de nomes e depois conduz os mortos ao longo de sua jornada.[5] Nosso medo profundo da morte contribui para a tendência de ver Psychopomp como indesejáveis. Quando encontramos Hécate pela primeira vez nesse papel, começamos a encarar nossa própria alma preciosa de uma forma que ainda não fizemos. É natural se sentir vulnerável ao iniciar o processo de preparação para o resgate da alma. Mas Hécate é uma Psychopomp benevolente. Ela não pretende sugar sua alma, mas guiar você gentilmente de volta a ela.

No entanto, existem muitos contos de nefastos "comedores de almas" que são confundidos com esses Psychopomps mais benevolentes. Nós os encontramos nas culturas africanas, em filmes e livros populares de vampiros e na mitologia antiga – por exemplo, na deusa egípcia Ammit.[6] Nas tradições africanas e na cultura popular de hoje, essas criaturas roubam as almas de suas vítimas, as tornando sombras de seus antigos eus. Ammit e outras divindades, entretanto, devoram apenas as almas dos maus. Existem sugadores de almas humanos, verdadeiros "vampiros psíquicos", que parecem roubar de nós a própria essência. Aqueles de nós que são empáticos naturais correm um risco maior porque nossas almas brilham intensamente. Assim, é vital para nossa saúde espiritual que trabalhemos nos nossos limites e permaneçamos com nossa prática diária à medida que entramos na energia de Psychopomp.

Horda de Hécate

Ao longo da minha infância, fui atormentada por pesadelos com uma figura que chamo de "o homem em chamas". Mesmo agora, escrever sobre esse personagem provoca um arrepio em todo o meu ser. Ele nunca fez nada comigo, mas apareceu em um cenário aterrorizante, cercado por chamas nos limites de uma floresta, vestindo um antiquado uniforme de prisioneiro preto e branco. Algumas vezes, senti uma presença semelhante tarde da noite em espaços em que me sentia vulnerável a danos. Agora, acredito que essa figura é um membro protetor da horda de Hécate – o grupo de almas inquietas que se tornou associado ao seu papel como Psychopomp. Na Grécia Antiga, essa horda era um grupo de espíritos que não encontravam descanso na vida após a morte. Não é novidade que Hécate e sua horda evocaram grande medo.

O registro histórico revela uma correlação entre o retrato de Hécate como uma "rainha dos impuros" e a diminuição do poder do arquétipo da deusa Grande Mãe. A mudança mítica para representações de Hécate como um espectro aterrorizante é paralela à mudança cultural de deixar de ver a caverna como sagrada. Isso foi substituído pela crença em um Deus monoteísta que governava lá dos céus. À medida que os antigos escritos gregos eram traduzidos para o inglês durante o século XIX, essa visão de Hécate ganhou força até ofuscar todas as outras descrições dela como uma figura da Grande Mãe.[7] Ainda hoje, essa versão de Hécate persiste.

A horda de espíritos de Hécate foi creditada por infligir doenças à mente e ao corpo, espalhando suas toxinas ao vento para aqueles que não estavam protegidos.[8] De acordo com um mito, Lâmia se tornou um monstro comedor de crianças depois que sua prole foi destruída por Hera como vingança. As *laminaia* (lâmias) ficaram conhecidas como espíritos que devoravam crianças. Intimamente associados a elas estavam as *empousai*, espíritos femininos que se banqueteavam com rapazes. Essas estavam particularmente ligadas a Hécate, dando alguma credibilidade à sua reputação como mãe de vampiros.

Compare isso com seu papel anterior bem estabelecido como Kourotrophos, "cuidadora das crianças". Isso marcou uma mudança no *zeitgeist* social (espírito da época) e na compreensão de Hécate. Ela também foi relacionada por alguns aos *mormones*, espíritos geralmente usados para assustar crianças, e com Mormolyka (Mãe Lobo Assustadora), que era a ama de leite de Aqueronte. Todos esses personagens horríveis passaram a ser associados a Hécate. Para mim, porém, esses espíritos não são infernais. Pelo contrário, foram mal interpretados na percepção pública como um meio de controlar qualquer pessoa fora da estrutura de poder. Eles serviram ao propósito de impedir que as almas daqueles que resistiram ao comportamento predominante encontrassem validação.

Em particular, aos chamados mortos sem descanso era normalmente negado um enterro convencional porque não se conformavam com os costumes da sociedade – mulheres que tiveram filhos fora do casamento, por exemplo. As histórias de Hécate e sua horda nefasta foram contadas para assustar as pessoas e fazê-las manter o *status quo*. Contos da horda de Hécate são encontrados em todo o folclore, influenciando o entendimento comum de "mulheres perigosas" e outros termos que resistiram até tempos recentes. A rainha má da Branca de Neve não está muito longe da antiga horda de Hécate.

Desde que Hesíodo descreveu Hécate, há cerca de 3.000 anos, nossa energia cultural tem estado obcecada pela luz brilhante do dia, negando as maravilhas da escuridão.[9] Um fenômeno verdadeiramente fascinante que observei ao longo dos anos foi o aparecimento de figuras misteriosas em sonhos semelhantes aos meus, muitas das quais se identificam com personagens como Malévola. Minha teoria é que essas figuras nos ajudam a nos conectar com nossas próprias almas. Elas são rebeldes porque vivem nas trevas. São lunares, em vez de solares. Essas personagens vêm até nós em sonhos para nos mostrar nossos próprios medos. Podemos, às vezes, até sentir a presença delas. São Psychopomps que podem nos ajudar a enfrentar nossos medos mais íntimos e demônios pessoais para que possamos viajar através da escuridão até a plenitude.

Você também pode se sentir atraída por livros, filmes e outras mídias assustadoras. Isso é uma espécie de impulso no sentido de permitir que uma entidade temível seja sua protetora. Esses espíritos podem ter uma aparência apavorante, mas nunca nos fazem sentir ameaçados. Se você encontrar tal ser, observe sua reação emocional intuitiva. Se fica com medo porque são assustadores, mas não sente que vão prejudicá-la, esse é provavelmente um ser das hordas prestativas de Hécate, oferecendo proteção e guiando você em direção à sua própria alma.

Eu a saúdo, Hécate!
Ela que está no limiar
Entre os mundos.
Eu trago uma boa refeição
Sabendo que isso a honra,
E alimenta as criaturas deste lugar.
Eles, como eu, são seus.
Eu sinto os espíritos
Reunidos neste lugar.
Eles, como eu, são seus.
Estou abraçado pela noite mais escura,
Pois a lua cobriu o rosto por respeito a você.
Eles, como eu, são seus.
Aqui na sua encruzilhada,
Eu nunca estou sozinho,
Nem tenho medo.
Estou cercado por meus semelhantes
Aqueles que buscam seus mistérios,
E aqueles a quem você protege.
Nós somos sua horda.
Eu a saúdo, Hécate!
Ela que está no limiar
Entre os mundos.

Alma do Mundo

Os contos de Hécate Psychopomp liderando uma horda arrepiante são uma parte do registro histórico. Mas há muito mais na sua história do que essa perspectiva limitada. Hesíodo via Hécate como a Grande Mãe que governava os Três Mundos – uma deusa à qual até Zeus aceitava. A forma como Hécate e outras, como Perséfone, Deméter, Ártemis e Cibele, foram compreendidas se deveu, pelo menos parcialmente, à geografia e também ao espírito da época. Nos registros históricos anteriores, a Grande Mãe era vista como aquela de quem toda a vida fluía, às vezes acompanhada pela figura do Grande Pai como consorte.

Uma das partes mais fascinantes da história de Hécate é encontrada em uma coleção de fragmentos conhecida como *Os Oráculos Caldeus*, que explorou a estrutura do universo e o significado da vida.[10] Uma das minhas passagens favoritas desses oráculos explica que Hécate é o fogo da criação:

> (...) a partir daí, um raio, varrendo, obscurece a flor do fogo enquanto ela salta nas cavidades dos mundos. Pois a partir daí, todas as coisas começam a lançar raios maravilhosos para baixo.[11]

Essa é uma versão muito diferente de Hécate daquela em que ela patrulha a noite com um esquadrão fantasmagórico. Em sua tese de doutorado, Sarah Iles Johnston analisou como Hécate foi apresentada nesse tratado filosófico, oferecendo contexto erudito e interpretação para ajudar a compreender os oráculos.[12]

Aqui, Hécate é retratada como *Anima Mundi*, a Alma do Mundo. Ela é a fonte primordial da qual todo o universo flui. Simbolizada pelo fogo, é a ignição de todo o mundo. Em contraste, a Grande Mãe é mostrada como uma espécie de camada externa que envolve *Anima Mundi*, posicionando Hécate como mediadora entre a imanência divina e a humanidade. Esse papel é semelhante ao de Enodia e se reflete na história de Perséfone. Além disso, ela pode ser interpretada como Psychopomp cósmico, cujo trabalho é ajudar os humanos a ascenderem à plenitude. A Alma do Mundo é aquela a quem recorremos para a reunificação com as nossas próprias almas. Embora *Os Oráculos Caldeus* e os escritos sobre eles sejam quase impenetráveis em sua complexidade, eles identificam a essência de Hécate como uma manifestação da Alma do Mundo.

Nossa jornada na caverna é um retorno à *Anima Mundi*, sua escuridão protetora que simboliza o ventre de Hécate, de onde flui toda a vida. Para Jung, Hillman e outros, como Joseph Campbell, a única maneira de alcançarmos a totalidade, a plenitude, é por meio dessa aventura épica.[13] No livro *O Alquimista*, de Paulo Coelho, o herói empreende essa viagem de volta à alma, que é sempre aquela que nos atrai para dentro dos mistérios do mundo mais profundo.[14] Minha passagem favorita desse livro captura a essência do *Anima Mundi*:

> Ouça o seu coração. Ele conhece todas as coisas, porque veio da Alma do Mundo, e um dia para lá retornará.

Nossa busca individual para retornar à alma não só nos beneficia, mas também muda a energia do coletivo:

> Esse é um trabalho interior individual e, no entanto, nos leva além do nosso Eu individual para o mundo arquetípico onde os símbolos que pertencem a toda a humanidade também mudam e se transformam. Aqui, podemos descobrir que estamos trabalhando não apenas com a substância da nossa própria alma, mas com a *Anima Mundi*, a alma do mundo. A luz que descobrimos em nossas profundezas é uma centelha da Alma do Mundo, e o mundo precisa dessa luz para evoluir. Quando fazemos essa conexão na nossa consciência e na nossa imaginação, começamos a mudar a estrutura da vida.[15]

Assim, o verdadeiro trabalho de nossas vidas é essa jornada de volta à alma, percorrendo o caminho da *Anima Mundi*, a Grande Mãe. Embora esse espírito seja conhecido por muitos nomes, a própria invocação de Hécate à mente traz imagens do mundo mais profundo onde a alma habita.

Quando nos dedicamos ao cuidado da alma, nos tornamos nossa própria Psychopomp, guiando o Eu superficial de volta à alma. Esse é um dos conceitos-chave da psicologia junguiana.[16] Jung via esse processo de unificação como central para a cura à totalidade, à plenitude. Assim, Psychopomp é aquela que busca resgatar a alma e trazê-la à consciência, guiando a psique (alma) para a luz. Esse é, portanto, o trabalho de tirar o inconsciente das sombras. Quando exploramos nossos sonhos, estamos agindo como uma Psychopomp.

Jung via todas as coisas como compostas por seus princípios de *anima* e *animus*. Para simplificar o que é intensamente complexo, a *anima* – o princípio feminino primordial – é a alma, e o *animus* – o princípio masculino – é o Eu exterior. Ele ainda os dividiu em *eros* – amor e desejo – e *logos* – pensamento racional.[17] Assim, a recuperação de nossa alma é a unificação da nossa raiz emocional e intuitiva e da nossa coroa intelectual e lógica.

Embora a classificação binária de Jung se torne problemática no nível individual – somos todos combinações do que ele chamou de feminino e masculino –, é útil explorar a união do Eu exterior e do mundo interior como obra da Psychopomp.[18] A alma não é um "coisa." Pelo contrário, é uma forma de estar em conexão com a verdade de quem somos, das nossas vidas passadas, das nossas experiências e dos nossos anseios mais profundos. É o lugar que ocupamos no reino ilimitado do mundo mais profundo de Hécate. Não é encontrada dentro de nós, mas através de nós. Porém, também está fora de nós. No entanto, tendemos a tratá-la como se fosse um objeto, porque isso nos permite dar sentido (*logos*) ao que é essencialmente numinoso. Nossa alma é o nosso *temenos* e merece ser bem cuidada.

O grande psicólogo James Hillman dedicou sua vida à compreensão da alma, e os seus escritos sobre Hécate influenciaram profundamente a minha docência. Hillman nos pede para ver a alma como uma forma de estar no mundo, uma lente através da qual nosso campo de visão, tanto físico quanto espiritual, se expande imensamente:

> Por alma quero dizer, antes de tudo, uma perspectiva e não uma substância, um ponto de vista em relação às coisas e não a própria coisa. Essa perspectiva é reflexiva; intermedia eventos e faz diferenças entre nós e tudo o que acontece. Entre nós e os acontecimentos, entre quem faz e a ação, existe um momento de reflexão – e criar alma significa diferenciar esse meio-termo.[19]

Infelizmente, hoje existe um grande medo da alma na nossa sociedade. Para nós, abraçarmos o cuidado de nossas próprias almas, das almas dos outros e da *Anima Mundi* envolve a rebelião contra a cultura dominante. Ver com a alma exige coragem.

Durante séculos, a alma, juntamente com a deusa, foi expulsa pela estrutura de poder predominante. O trabalho da Psychopomp é, portanto, frequentemente visto com suspeita ou difamação total, e podemos ter sido doutrinados a esse medo de nossas próprias almas. Certamente, o inconsciente com seus sonhos estranhos pode ser visto como um território estrangeiro onde não compreendemos a cultura. No entanto, o caminho de volta à alma conduz profundamente a esse território. E é aí que ocorre o resgate da alma.

Quando nos envolvemos nesse trabalho, nossa capacidade como guias da alma para os outros, muitas vezes, vem claramente à consciência. Isso pode assumir a forma de trabalho de cura, mediunidade e relacionamento com os espíritos. Vemos a perda da alma na nossa cultura de muitas maneiras – desde o consumismo descontrolado até uma estrutura de poder que enfatiza o ego. A diminuição dos sonhos e da imaginação é uma das armas mais devastadoras da guerra cultural contra ela. Mas, quando aprendemos que essas são as manifestações sagradas da alma, nós nos restauramos. Não consigo contar quantas vezes me perguntaram se algo é "apenas minha imaginação". Meus queridos, a imaginação é o mais importante. Marion Woodman resumiu bem:

> Mate a imaginação e você mata a alma. Mate a alma e você ficará com uma criatura indiferente e apática que pode se tornar sem esperança ou brutal, ou ambos.[20]

Perda da alma

Toda jornada pela caverna é uma recuperação de fragmentos perdidos da alma. O seu resgate é uma prática antiga encontrada em muitas tradições, mas está ausente na nossa cultura contemporânea. Psicólogos profundos, místicos, xamãs e outras tradições compartilham uma visão semelhante – de que o retorno à alma é a chave para a totalidade.[21] Aqui nos concentraremos nos fragmentos da alma que foram perdidos, separados do todo pelo condicionamento tóxico do mundo de hoje.

Nossa sociedade, na sua determinação de impedir que a alma venha à tona, traumatiza a todos. Já que a alma é *anima*, o sagrado feminino, vemos a correlação entre a marginalização das mulheres e a negação da alma. A sociedade diz para focar na aparência, no materialismo e permanecer no "modo ego". Hécate canta sua canção para nos despertar para o mundo interior mais profundo. Ela nos chama a rejeitar o falso Eu que reside no medo, na fofoca e na mesquinhez.

Todos nós fizemos essas coisas para preencher o vazio quando a alma está ausente, e elas sempre funcionam a partir das energias mais tóxicas do Eu superficial, também chamado de ego. Mas quando realizamos o trabalho de resgate da alma, nos afastamos tanto das "manias" da sociedade quanto dos velhos hábitos do ego, pois eles sempre funcionam em conjunto. Esse é o processo natural de resgate da alma.

Muitos de nós temos pedaços de nossas almas perdidos devido a traumas. Como Perséfone, nossa inocência pode ter sido tirada de nós. Agora, nós a recuperamos por meio do processo de resgate. Vemos o problema da fragmentação da alma induzida pelo trauma de diferentes maneiras. Desconectar-se das emoções, separar a alma do corpo e manter relacionamentos com vampiros psíquicos são sintomas. Sentimentos de ansiedade, depressão e angústia generalizada sempre acompanham a perda dela. Lamentamos o que nem sabemos que perdemos até trazermos a alma à luz, iluminando os lugares que ainda estão em trevas. Talvez haja um evento específico que lhe venha à mente enquanto você lê essa passagem. Foi aí que ocorreu a perda da sua alma. Volte para antes disso e veja o que anseia pela reunificação.

Uma das características mais debilitantes da perda da alma é vista no surgimento do que é conhecido como "complexo de inocência". Por termos perdido um pedaço da nossa alma, ocupamos perpetuamente a sombra do arquétipo da criança. Em vez de nos identificarmos com a criança brincalhona, curiosa e enérgica, nos tornamos a órfã, buscando constantemente a aprovação dos outros. Esse complexo é caracterizado por acreditar que, se formos suficientemente agradáveis ou suficientemente bons, se reprimirmos os nossos desejos e fingirmos interesse nas coisas de que não gostamos, se colocarmos as necessidades dos outros acima das nossas, algum dia o nosso príncipe, ou princesa, virá e nos salvará. Todos nós já vimos crianças – geralmente meninas – que literalmente dão cambalhotas na tentativa de buscar validação. Se a ginástica alimenta sua alma, então a pratique. Mas se você está fazendo esse tipo de contorção por causa do que acha que os outros esperam, dê um passeio. Quando nos voltamos para Hécate, desistimos dessas atividades fúteis. Perséfone caminhou direto para seu trono quando estava pronta e o reivindicou para si. Ela abandonou o complexo de inocência.

Outra característica da perda da alma, especialmente devido a crises na primeira infância, é uma definição incompleta do verdadeiro Eu, que muitas vezes experimentamos como um vazio apático. Dito de forma simples, aqueles que sofrem dessa perda não têm uma visão firme de quem são.[22] Os seus gostos e desgostos se baseiam nas ideias dos outros e não nas suas próprias, à medida que tentam preencher o espaço vazio deixado pelos fragmentos de alma perdidos. Isso normalmente se reflete em uma orientação geral de apego a Phoberos. Como faltam partes de seu núcleo, se tornam inconstantes em vez de estáveis. Podem recorrer a maneiras equivocadas de preencher o vazio, como práticas de automutilação, cortes ou vícios. Todos esses são sintomas do que é conhecido como Transtorno de Personalidade Limítrofe e também estão associados ao transtorno do estresse pós-traumático. Embora esses diagnósticos possam por vezes ser necessários – para tratamento clínico ou para fins de seguros –, eles são problemáticos porque não abordam a questão por trás disso, que é a perda da alma. É por isso que tratamentos como a terapia cognitivo-comportamental podem nos ajudar a lidar com a situação, apesar de nunca resolverem a raiz do problema.[23] Os remédios alopáticos podem auxiliar a gerir os sintomas, mas também não abordam a raiz. O único remédio é o reencontro com as peças que faltam. É assim que o vazio é preenchido.

Resgate da alma

Agora estamos no portal da recuperação – o segundo portal da caverna de Hécate. Esse portal oferece a oportunidade de chamar intencionalmente a alma de volta por meio de um ritual transcendente. Você viajou muito, com graça e coragem. Fique à mercê de Psychopomp, que está cuidando dos fragmentos perdidos.

A sombra merece misericórdia, não repressão. Essa ideia equivocada é interpretada por aqueles que não têm uma compreensão profunda da cura pelas sombras. A sombra protege em tempos difíceis. Ela libera os fragmentos da alma na caverna de Hécate, pois sabe quando precisam ser protegidos. As lacunas resultantes em nossa identidade pessoal e em nosso Eu mais profundo são preenchidas pela sombra. Embora isso muitas vezes salve as nossas almas, também pode resultar em vazio, vícios, angústia, ansiedade, depressão, relacionamentos tóxicos e incapacidade de permanecer na nossa própria força.

Veja-se como Psychopomp fazendo o trabalho de recuperar pedaços de si mesmo enquanto Hécate mostra o caminho. Quando você entra no resgate da alma, chega ao *kairós*, o tempo não linear do numinoso. Nas minhas próprias experiências de resgate da alma, senti como se já estivesse ali há semanas. Mas, ao voltar, apenas alguns minutos tinham se passado.

É natural sentir emoções intensas ao se preparar para o resgate da alma. Fique tranquila, pois adaptei o ritual a seguir para que seja seguro e eficaz. Você não está sozinha. Hécate e seus companheiros estão lá. Sua ave companheira é especialmente importante durante essa jornada. Criaturas aladas têm sido associadas há muito tempo à recuperação de almas e são mais habilidosas como companheiras nesse trabalho.

À medida que você avança no processo de resgate da alma, suas peças devolvidas trazem consigo suas experiências, seus sonhos e desejos. Essas memórias, ideias e modos de ser podem ser bem diferentes da pessoa que você é hoje. Conversar com elas com aceitação e curiosidade, e ao mesmo tempo oferecer apoio, é fundamental para um reencontro bem-sucedido. Geralmente, há muitas emoções que imediatamente vêm à tona após a reunificação da alma. Você pode se sentir bem-aventurado, juntamente com as emoções que experimentava no momento da fragmentação. Fale com o seu Eu que retornou, como faria com um velho amigo. Encorajo você a participar dessas sessões de alma depois de realizar sua meditação diária e após pedir às cartas que revelem orientação durante a prática do Oráculo Enodia.

A integração dos nossos fragmentos de alma devolvidos ocorre em nossos sonhos e imaginação. Podem ser profundamente perturbadores, mas são convites à totalidade. Na noite passada, enquanto me preparava para um ritual que estava por vir, tive um sonho muito angustiante em que tentava reconquistar meu namorado do ensino médio, em quem não pensava há anos. No sonho, eu estava fazendo todo tipo de coisa para impressionar a ele e a à família, sem sucesso. Quando terminei esse relacionamento, estava passando por uma grande reviravolta familiar. Minha mãe havia sido presa por fraude grave e peculato. Meu namorado, por outro lado, pertencia a uma típica família feliz e bem-sucedida. E, em vez de me rejeitarem por causa do que a minha mãe tinha feito, eles aumentaram o seu cuidado e apoio. Simplificando, eu não conseguia lidar com a visão que eles tinham de mim como alguém digno, então terminei tudo.

Isso deu início a uma espiral horrível para mim, que durou mais de uma década, embora a brilhante bênção do meu filho mais velho tenha surgido durante esse período da minha vida. Ter tudo isso retornando para mim em um sonho foi significativo. Minhas primeiras feridas de apego abriram caminho para traumas sexuais crônicos na adolescência e uma série de escolhas extremamente ruins. Recuperar os pedaços de mim mesma, que fugiram durante esse período da minha vida, me mostrou que eu estava pronta para a cura integrativa de outro pedaço, que Hécate tinha cuidado para mim.

É importante, quando nos reunirmos com essas versões anteriores de nós mesmos, que elas saibam que estão seguras. Sempre que os aspectos difíceis que levaram à perda da alma vêm à tona, pode ajudar muito dizer: "Eu estou segura. Você está seguro. Estamos juntos agora". Exploraremos esse processo de integração com mais profundidade no próximo capítulo.

Empatia e Resgate da Alma

Cuidar de nossas próprias almas muitas vezes nos chama a cuidar das dos outros. O resgate desperta nossa empatia à medida que aprendemos que todas as coisas têm alma. Passamos da inconsciência da alma de todos, inclusive de nós mesmos, para a consciência dela. A maneira como implementamos essa consciência assume muitas formas diferentes, todas honrando a *Anima Mundi*. Quando interagimos com plantas medicinais ou energia dos cristais, entramos em uma relação com suas almas e não com suas qualidades superficiais. A "falta da alma" dos objetos e lugares entra em foco, buscando por compreensão.

Ver com a alma é saber que todo o mundo está "encantado" com um significado mais profundo. Isso atrai alguns para o trabalho ambiental, ajudando a nutrir a alma do nosso planeta. Outros usam a sua criatividade sagrada para se conectarem com suas próprias almas e inspirarem outras pessoas a fazerem o mesmo. Alguns trabalham como médiuns, conectando os vivos com os que partiram. Alguns são hábeis no *psychopompery* tradicional, que é a orientação das almas entre o mundo espiritual e a vida encarnada.

À medida que construímos um relacionamento com os fragmentos de alma recuperados, a empatia se torna muito importante. Por empatia, quero dizer contemplar intencionalmente como nosso Eu recuperado se sente. Entramos nisso com espírito de compreensão, tendo "costas firmes e parte dianteira flexível". Prossiga com curiosidade e compaixão. Aprenda os princípios-chave de paixão, bondade e integridade para despertar sua empatia.

Ela surge quando nos colocamos no lugar dos outros, e podemos fazer isso também internamente, à medida que construímos relacionamentos com os nossos diferentes eus.[24] A empatia nos pede que imaginemos temporariamente o que o outro está experienciando. Isso nos encoraja a deixar de lado nossos julgamentos precipitados por um momento, para que possamos tentar compreender as outras pessoas. A verdadeira empatia começa com bondade, paixão e integridade por nós mesmos. Não é dar conselhos ou resolver os problemas dos outros. Não é uma característica do complexo do salvador. A principal pesquisadora sobre empatia e vergonha, Brené Brown, descreve assim:

> [E]mpatia não é consertar, é a escolha corajosa de estar com alguém em sua escuridão – não correr para acender a luz para nos sentirmos melhor.[25]

A empatia na idade adulta tem uma relação complexa com o trauma na infância. Alguns estudos relatam que adultos com traumas graves no início da vida são mais empáticos do que outros participantes sem essa experiência,[26] enquanto outros relatam exatamente o oposto.[27] À medida que você avança no processo de integração dos seus fragmentos de alma perdidos, seu trauma passado pode influenciar o quanto você pode ser solidário com os fragmentos devolvidos. Aproxime-se da imagem de Hécate como a condutora benevolente de almas e veja a empatia fluindo dela para todos.

A empatia saudável busca compreender, em vez de se fundir com outra pessoa. A prejudicial, por outro lado, está correlacionada com limites fracos. Em nossos esforços genuínos para nos conectar com outras pessoas, podemos involuntariamente assumir suas emoções e feridas. Isso nos prejudica porque acabamos evitando nossa vida interior, adotando os sentimentos e pensamentos dos outros. Para quem é altamente sensível e atencioso, torna-se fácil. No entanto, se fomos profundamente feridos quando crianças, podemos ter dificuldade em estabelecer e manter limites, com base em instintos saudáveis que nos dizem quando precisamos fugir ou lutar. Isso é prejudicial porque é absolutamente exaustivo. Assumir a energia dos outros esgota a nossa. Quando trazemos nossas peças que faltam para casa sem dialogar intencionalmente com empatia, podemos nos cansar. Reserve espaço para o seu Eu reunificado.

Ter "costas eretas e boa disposição" nos permite exercer a empatia pelos outros sem nos deixar envolver por sua energia. Isso nos lembra que os sentimentos, as experiências e as feridas dos outros não são nossos e não os devemos carregar. A empatia não inclui violar nossos próprios limites porque tememos a rejeição. Ela diz: "Eu vejo você. Eu o escuto. Aqui está o que posso oferecer a você". Às vezes, a empatia por nós mesmos exige que nos afastemos de outras pessoas e situações. Se alguém é negativo, grosseiro e ignorante, podemos tentar entender por que é assim, mas não somos obrigados a corrigi-lo. Isso não é empatia, e sim demonstrar nossa necessidade de estarmos certos.

Além disso, podemos desenvolver transtorno do estresse pós-traumático se assumirmos as feridas dos outros. Isso resulta de algo conhecido como "estresse traumático secundário", que está frequentemente associado ao cuidado. A minha própria pesquisa mostrou que o estresse traumático secundário estava relacionado a muitos resultados negativos, incluindo aumento da depressão e problemas de saúde física. Simplesmente, não é útil para ninguém assumir o estresse de outra pessoa.

A verdadeira empatia tem limites firmes, pelos quais podemos compreender e reservar espaço para os outros.[28] Só nos responsabilizando, com apreciação pela nossa dor e fraquezas, poderemos nos tornar completos.

Aqui estão algumas dicas para ajudá-la a desenvolver e gerenciar a empatia com você mesma e com os outros:

- Responda aos outros com comentários específicos e deixe a pessoa saber que você a está ouvindo ativamente.[29]
- Repita o que uma pessoa diz: "Então, se eu entendi você, é isso que está dizendo...".
- Evite histórias correspondentes. Quando os outros abrirem o coração, os deixe saber que aprecia a confiança que depositam em você, em vez de iniciar sua narrativa pessoal. E lhe peça que contem mais.
- Afirme: "Posso imaginar que foi muito emocionante/difícil...".
- Ao interagir pessoalmente, use os olhos para demonstrar que está focada no que os outros estão dizendo.

- Saiba quem você pode ajudar e quem não pode. É mais que suficiente dizer: "Isso parece difícil. Gostaria de poder oferecer mais ajuda, mas não sei nada sobre... Fico feliz em ouvir".

Prática: Jornada de Resgate da Alma

Ao se preparar para essa jornada, continue com sua prática diária. Recomendo trabalhar com shungita na semana que antecede o ritual, a mantendo junto à pele, pois é fortemente purificadora e ativadora para a transcendência. Uma ametista também pode ser carregada junto ao corpo, pois é uma grande ajuda para o resgate da alma. Continue trabalhando com essas pedras por vários dias após o ritual. Deixe todas no altar antes da jornada.

A lua crescente é a fase ideal para essa jornada porque carrega a assinatura da atração. Crie um altar que evoque Hécate como Psychopomp. Se você conhece os fragmentos de alma específicos que estão faltando, inclua símbolos deles ao altar. Recomendo uma purificação completa do corpo e da mente imediatamente antes do ritual. Um banho curativo com ametista e shungita e sua vela ritual podem ajudar.

Decore sua vela ritual com símbolos apropriados, como tochas ou imagens evocativas de Psychopomp. Você pode continuar a usar essa vela durante a fase de integração que se segue ao ritual. Começando uma semana antes do seu ritual, a acenda todos os dias antes de dormir para ativar seus poderes como Psychopomp, alcançando seus fragmentos perdidos e lhes enviando a mensagem de que seu reencontro está se aproximando. Você pode usar palavras como: "Psychopomp, Psychopomp, desperte em mim. Eu chamo minha alma de volta para mim". Fazer isso na hora de dormir encorajará sonhos com esses fragmentos perdidos. Você pode ter sonhos intensos durante essa semana. Registrar um diário sobre eles será extremamente útil. Para esse ritual, vai precisar de:

- Pedras shungita e ametista.
- Uma seleção de ervas de Hécate. Damiana, dedaleira, papoula e tomilho são perfeitamente adequados para o resgate da alma.[30]
- *Oleum Spirita* ou outro óleo que melhore o transe, ou substância apropriada.
- Uma vela nova para iniciar o processo de recuperação – de preferência, vermelha –, além daquela de sua prática diária.

Não é necessária uma oferenda para esse ritual, pois o próprio processo de resgate da alma é uma grande bênção para Hécate.

Sente confortavelmente diante do seu altar. Acenda a vela e segure suas pedras. Chame sua ave companheira. Veja-a descansando suavemente em seu ombro. Transfira o seu peso para a coluna e para os ísquios. Relaxe os ombros e coloque as mãos em uma posição confortável, mas não as cruze, nem as pernas.

Você pode usar a visualização a seguir como guia para sua jornada de resgate da alma. Pode ser útil gravá-la para que possa reproduzi-la durante a cerimônia.

Imagine em sua mente um conjunto de 13 degraus. A cada número, você desce um degrau, com sua ave companheira voando um pouco à frente.

- No décimo-terceiro degrau, inspire o ar, enchendo os pulmões lentamente e deixando o peito se expandir. Então, expire.
- No décimo-segundo degrau, respire lenta e profundamente em seu abdômen. Expire.
- No décimo-primeiro degrau, repita a respiração lenta e profunda, percebendo qualquer retorno de pensamentos ou imagens do mundo material. Expire.
- No décimo degrau, descarte esses pensamentos e imagens. Expire.
- No nono degrau, respire fundo, pelo diafragma. Ao expirar, libere toda a tensão existente.
- No oitavo degrau, a respiração desce pelas pernas até a ponta dos pés, desconectando você do mundo externo, a envolvendo em uma mortalha protetora. Expire qualquer tensão que estiver sentindo.
- No sétimo degrau, retorne à respiração ao diafragma, envolvendo você em proteção – segura e protegida. Expire.
- No sexto degrau, sua respiração envolve o peito e o centro do coração em uma concha. Expire.
- No quinto degrau, puxe aquela respiração poderosa para o braço direito, até a ponta dos dedos. Expire.
- No quarto degrau, repita isso para o braço esquerdo. Expire.
- No terceiro degrau, leve a respiração até os ombros e pescoço. Seus pensamentos estão completamente estáveis. Expire.

- No segundo degrau, sinta sua respiração ativar sua mente para abrir o portal para o mundo mais profundo. Expire.
- No primeiro degrau, entre na caverna de Hécate. Completamente separada do mundo da forma, você é um ser energético. Expire.

Sinta seu corpo físico relaxando confortavelmente. O ar é carregado de incenso. A cada respiração, você fica mais sintonizada com a caverna. Abaixo dos seus pés, o caminho é negro como a noite. Ao seu redor, o vermelho da força vital brilha. Só há paz aí. Proteção. Segurança. Atenção.

Você vê fogo. Caminhe até ele. Ao levantar os olhos do fogo, observe que sua ave companheira está pairando em frente a um conjunto de portas duplas, convidando você a entrar. Você avança, observando os belos símbolos esculpidos nas portas. Sabe que está destinada a abrir essas portas, e o faz. Você entra em uma pequena câmara iluminada por velas. A presença de Hécate permeia esse espaço. Uma determinação constante preenche você. Sua ave companheira fica por perto, mas nunca fora de vista.

Você é guiada até o centro da câmara, percebendo que abaixo de seus pés está a Roda de Hécate, uma grande espiral na qual você é o centro. Ao seu redor, as paredes estão cobertas de símbolos semelhantes, girando, se misturando. Um zumbido suave vem deles. Concentre sua atenção na razão pela qual você está aí – para recuperar pedaços perdidos de si mesma. Libere essa intenção na câmara.

Você percebe que partes da Roda sob seus pés não estão iluminadas. Ao olhar ao seu redor, vê que partes das Rodas nas paredes brilham mais intensamente. Algumas emergem como belos fragmentos, como chaves. Sua ave companheira as coleta, uma de cada vez, e as traz para você. À medida que forem apresentadas, sintonize com essas chaves, as chamando de volta para você. Enquanto as segura, as partes escuras da Roda sob seus pés se iluminam. A energia das chaves e da Roda surge através de você. Você vê a Roda dentro de você; esse é o seu ser puro recebendo os fragmentos da alma de volta. Nesse momento, seu pássaro lhe traz um presente que é um símbolo da reunificação. Permita que esse símbolo seja o que deveria ser.

Fique algum tempo aí enquanto a reunificação ocorre. Uma sensação pura preenche você. Êxtase. Contentamento. Alegria. Faça uma pausa nesse momento enquanto seus fragmentos perdidos são reunidos. Todas as suas chaves, seus fragmentos de alma, estão juntos. Você é a guardiã de suas próprias chaves. Você é Psychopomp, a condutora de almas.

Agora, chegou a hora de sair da câmara. Sua ave companheira está voando mais uma vez, levando você de volta à consciência normal. Faça uma pausa para expressar gratidão a Hécate e sua companheira. Quando estiver pronta, comece sua jornada de retorno à consciência normal, ao seu ser físico. Conte de um a doze, com cada número subindo os degraus até o Mundo Médio.

- No primeiro degrau, você percebe que seus pés se reconectam à forma física.
- No segundo degrau, sua respiração começa a retornar ao mundo da matéria, assim como suas pernas, liberando sua concha protetora.
- No terceiro degrau, sua respiração libera a mortalha protetora e sobe pelo tronco.
- No quarto degrau, seu braço esquerdo retorna ao mundo material.
- No quinto degrau, o braço direito faz o mesmo.
- No sexto degrau, seu peito se reconecta ao coração e aos pulmões físicos. O fogo eterno do seu Templo Interior aquece a ambos.
- No sétimo degrau, sua respiração sobe até a garganta. Sua voz volta ao seu eu encarnado.
- No oitavo degrau, você libera sua coroa.
- No nono degrau, seus pensamentos começam a retornar.
- No décimo degrau, começa a ouvir o mundo da matéria mais uma vez.
- No décimo-primeiro degrau, sua respiração volta completamente ao Mundo Médio, absorvendo os aromas.
- No décimo-segundo degrau, você abre os olhos.

Tire suas cartas do Oráculo Enodia para obter mais orientações sobre a integração dos fragmentos devolvidos.

O símbolo da alma que você recebeu ao sair da caverna de Hécate é o seu objeto de poder para ativar suas habilidades de condutora da alma. Você conquistou isso completando sua própria recuperação de alma. Crie ou adquira uma representação material desse símbolo, conectando você às suas habilidades de Psychopomp e à Hécate (e talvez à sua ave companheira). Mantenha esse talismã em sua Cista Mística. Use-o ou segure-o sempre que desejar ativar suas habilidades de Psychopomp, incluindo aquelas para recuperação de alma e controle do tempo.

Prática: Carta Recupero

Você pode criar um mapa para ajudar a guiar os fragmentos devolvidos até o aqui e agora e, em seguida, incluir o destino imaginado. Isso é conhecido como *carta recupero.*

Aqui estão algumas questões para orientar você ao criar seu mapa:

- Peça aos fragmentos devolvidos que descrevam de onde vieram e como eram as coisas enquanto esperavam pelo reencontro. Ouça com aceitação e curiosidade. Ofereça seu apoio incondicional.
- Guie seus fragmentos perdidos para onde você está agora, discutindo sua jornada desde que eles partiram. Compartilhe suas experiências, realizações, tristezas, coisas favoritas, relacionamentos e assim por diante.
- Converse sobre onde esse mapa leva. Pergunte sobre os desejos, objetivos e sonhos deles e depois compartilhe os seus. Encontre o ponto em comum no destino.

Capítulo 13

Rixipyle: A "Que Quebra as Correntes"

Gire e agite,
Afrouxe e abale.
Pisoteie e pise,
Fale e cante.
Liberdade de dentro,
Liberdade de fora,
Movendo-se em direção à plenitude,
A libertação começa.
Venham juntas,
Permanecendo forte.
Rixipyle.
Rixipyle.
Rixipyle.

O antigo título de Rixipyle foi concedido a Hécate em *Os Papiros Mágicos Gregos*, traduzido por Hans Dieter Betz, como "aquela que derruba portões". Esse significado vai além da queda dos portões até a própria reviravolta do *status quo*. Na linguagem moderna, Rixipyle se refere às correntes que nos prendem – desde as normas sociais até os grilhões da sombra. Nós nos libertamos daquilo que nos impediu de transcender para nossa própria sacralidade. Esse é o retorno à nossa natureza selvagem – não o abandono irresponsável, mas a conexão natural com nossa alma. Essa é Hécate e seu mundo mais profundo sendo restaurados.

Rixipyle nos sacode para acordar. Nossas correntes não escorregam como um manto de cetim; precisam ser eliminadas por meio de nossa vontade e ações. A própria noção de uma deusa que quebra portões, quebra correntes e traz consigo reviravoltas pode evocar emoções fortes. Libertar a alma selvagem sempre exige que nos livremos das correntes que nos prendem. Frenesi, resistência e êxtase são experimentados. Podemos dançar? A Que Quebra as Correntes vem com seu dragão, queimando os velhos costumes e criando uma nova paisagem. Eu me lembro de Daenerys Targaryen, de *Game of Thrones*. Na verdade, Hécate também era chamada de Drakaina, e essa mítica serpente voadora pode ser uma aliada para nos libertarmos. Nossas aves companheiras nos recordam que é hora de voar livremente.

A Libertação

Cada vez que exploramos Rixipyle, meus alunos relatam grandes reviravoltas em suas vidas pessoais. Terminam relacionamentos que não servem mais. Eles se afastam de situações abusivas. Saem de seus empregos. Até se mudam por todo o país. Essa é a energia da deusa como a força que quebra correntes e quebra portões. Quando clamamos por Rixipyle, é porque estamos mais do que prontos para nos libertar e avançar. Provavelmente, antes de entrar na caverna não tivéssemos consciência de nossas algemas. Nossa carga fica mais leve; talvez nossas costas se endireitem; estamos nos abrindo. Isso muda as correntes, as trazendo para nossa consciência. O que antes estava fora da consciência agora está na frente e no centro.

Rixipyle simboliza tanto a quebra de correntes quanto a quebra de portões. Esse duplo papel é algo que podemos aplicar em nossas próprias vidas. Como guardiões dos portões, vigiamos nossos *temenos* pessoais, tomando cuidado com quem deixamos entrar e atentos para nutrir o que e quem está dentro. No entanto, também nos envolvemos no processo de libertação das correntes com as quais os outros nos aprisionam, bem como das que nós mesmos criamos. As correntes que nos entorpeciam agora ressoam em nossos ouvidos e pesam. Não dá para ignorá-las. Esse é o despertar de Hécate Rixipyle, quebradora de correntes e destruidora de portões.

Rixipyle não trabalha apenas na alma, mas também em nosso Eu físico. Coceira, dores e sentimentos de inquietação podem surgir assim que ela vem até nós. Quando eu estava nos estágios finais de um relacionamento no qual nunca deveria ter me metido, comecei a sentir uma coceira insuportável, sem sintomas físicos, como erupção na pele. Meu único alívio era tomar banhos escaldantes sempre que possível. O banheiro foi minha fuga das discussões e chateações intermináveis. Sim, muitas vezes usei o que ficou conhecido como "Toalha de Rosto Nunca Mais" nesses banhos.

Rixipyle não flui com tranquilidade; ela se empenha com determinação. Queima. Anseia. Vira suas chaves flamejantes em nossa direção, refletindo tudo o que somos e tudo o que é possível. Podemos ficar surpresos com sua presença. Para onde foi a gentil deusa? Em vez da deusa amável e tranquila, nos encontramos diante daquela que está em chamas. Refletidos em sua imagem, nós inflamamos. Ela é a rápida portadora da verdade. Fala por meio de suas ações, que são decisivas e contundentes. Pode ser uma deusa colérica – sendo chamada de Brimo, a Feroz, outro título de Hécate, Perséfone e Ártemis – e pode ser aquela que induz ao transe sagrado. Ela é Hécate preparando uma Perséfone mais sábia para voltar à luz do dia.

Um "efeito colateral" comum disso são mudanças radicais em nosso comportamento. Não nos importamos mais com o que os outros pensam sobre o que vestimos, por exemplo. Ao nos livrarmos de toda a programação que nos acontece em algum momento no início da adolescência, voltamos a ser a pessoa que éramos antes de a sociedade nos acorrentar. Eu me lembro de ter lido o agora clássico *O Resgate de Ofélia: O drama da adolescente no mundo moderno*, de Mary Pipher, aos 30 e poucos anos, sentindo, ao mesmo tempo, indignação e libertação. Nesse livro, Pipher descreve o processo pelo qual as almas das meninas são enjauladas e como elas podem se recuperar disso. Essa é a cura da Que Quebra as Correntes.

Rixipyle não está brincando. Mantenha-se centrada fazendo sua prática diária; confie nas mensagens que o oráculo traz. Romper essas cadeias de condicionamento social é um processo. Nos anos que se seguiram ao trabalho seminal de Pipher, muitos outros autores escreveram sobre a necessidade de sentir essas emoções durante todo processo para aceder à cura que nos aproxima do renascimento para nossa totalidade única. Como Pipher escreveu:

> A autenticidade é uma "propriedade" de todas as experiências, incluindo emoções e pensamentos que não são socialmente aceitáveis.

Rixipyle não tem a função de nos proteger de sentimentos fortes nessa fase da jornada, porque ela olhou dentro de nossas almas e nos encontrou prontos.

Liberando as Emoções

Depois de invocarmos Rixipyle, saímos do entorpecimento e entramos em nosso poder. A eletricidade foi ligada novamente. Ser capaz de se envolver totalmente com nossas emoções fortes é uma parte essencial da cura. As emoções residem no corpo – gire, agite e dance com elas.

Isso traz à tona fúria e frenesi, e nossa velha amiga, a sombra, pode tentar reprimir a liberação gritando mais alto do que nunca. Muitas emoções podem estar em jogo. O frenesi, que aparece em comportamentos obscuros como o excesso de atividades e o entusiasmo exagerado, em seu aspecto iluminado, é um convite para redirecionar o fluxo para expressões já incorporadas. São aventuras no mundo mais profundo que permitem que as emoções fluam livremente enquanto mantemos o impulso físico – com dança ou movimentos rítmicos, por exemplo.

Se você já teve suas mãos amarradas fisicamente, a sensação de libertação que surge quando é solto traz à tona emoções puras. É uma sensação incomparável. Nessa fase da jornada, pode estar pegando a onda Rixipyle, cheia de entusiasmo e altamente motivada para agitar sua vida. Os sonhos que você escondeu por tanto tempo agora exigem atenção.

A capacidade de reconhecer nossas próprias emoções e as dos outros surge do nosso vínculo inicial com nosso principal cuidador. Os arquétipos de apego são formados com base nessas interações emocionais, que contribuem para nossa orientação geral em relação a nós mesmos e aos outros. Se tiver dificuldade em identificar seu arquétipo, isso pode estar relacionado a uma insuficiência de vocabulário emocional, uma condição por vezes chamada alexitimia.[1] Esse problema está associado à falta daquilo a que os neurocientistas chamam de "oportunidades de espelhamento", e está frequentemente vinculada a traumas.[2] Certamente, quando estamos muito amarrados, o entorpecimento amortece as emoções e também causa um efeito rebote avassalador quando as sentimos.

Em *The Dance of Anger: A woman's guide to changing the patterns of intimate relationships*, Harriet Lerner atribui a dificuldade que muitas mulheres têm com sua raiva às normas de gênero sobre quais emoções são aceitáveis para o sexo feminino. Rixipyle pode provocar muita raiva. Podemos nos enfurecer contra aqueles que nos atam, desde a nossa família de origem até o nosso chefe atual. O problema é que, muitas vezes, estamos tão condicionados a não sentir raiva que direcionamos essa ira contra nós mesmos. Acho que é por isso que muitos de nós estamos estagnados, deprimidos e ansiosos. Precisamos sentir toda nossa raiva e canalizá-la de maneira produtiva. Quero que você pare de questionar sua raiva. Em vez disso, ouça o que ela tem a dizer. Dê a ela o respeito que merece. A raiva pode ser impulsionada pela alma ou pela sombra. Esse sentimento em si não é o problema, mas sim como funciona dentro de nós.

Ártemis não gostava das amarras que outros tentavam colocar nela. Até mesmo seu pai, Zeus, sabia que não deveria infligir a ela o tipo de algemas que ele gostava de usar, desde a gravidez até ser transformada em selvagem. Um dia, Ártemis estava celebrando sua vida indômita em um lago quando um homem se aproximou dela. Indignada – e com razão, porque ele estava invadindo seu ritual privado –, ela o transformou em um cervo e depois virou seus próprios cães de caça contra ele.[3] Consideremos, ainda, a raiva de Circe pelos homens que invadiram sua ilha e a fúria de Medeia quando foi traída.[4] Nesses mitos e em inúmeras outras histórias, a raiva justificável dessas mulheres era vista como desprezível. Mas será que, se um homem tivesse feito essas coisas, ele teria sido visto como mau? Muito provavelmente, receberia o rótulo de herói.

As algemas que as mulheres carregam em relação às suas emoções têm ganchos profundos e afiados por causa dessa programação cultural. O processo de aprender a dar à nossa raiva o espaço que ela merece começa com a tomada de consciência desses costumes sociais. Isso muitas vezes nos deixa com raiva, criando um altar sobre o qual toda a fúria reprimida em nossos corpos pode se posicionar. Pense nisso como um ritual para Rixipyle.

Nossa raiva justificada é um chamado. Frequentemente, a fúria desperta leva a uma cura profunda no mundo dos sonhos. Também abre a porta para os mistérios mais profundos, como experiências arrebatadoras e nosso próximo renascimento. Precisamos sentir o poder do Eu físico para nos conectarmos à infinitude do mundo mais profundo. Dionísio, um deus antigo associado a emoções e expressões da encarnação (entre muitas outras coisas), às vezes aparece em nosso campo de visão como um homem misterioso, talvez até com chifres. Já que, como mulheres, nós fomos programadas para evitar sentimentos fortes e assumir que estar presente com nosso Eu físico está fora dos limites, faz sentido que uma figura masculina apareça para nos guiar.

No entanto, antes de existir Dionísio, houve sua mãe mortal, Sêmele, que transmitiu abundância emocional e material, além de corporificação ao seu filho.[5] Nesse mito, Sêmele, que é extremamente bela, acaba sendo abatida pela esposa de Zeus, Hera, depois dele a engravidar. Hera representa a mulher civilizada, uma agente involuntária do patriarcado. Com o tempo, Sêmele renasce como uma deusa por meio dos esforços de seu filho. Em ritos antigos, ela era convocada para levar o êxtase espiritual às mulheres, que a chamavam de Sêmele Thyone, Inspiradora do Frenesi. E o frenesi nos convida a nos libertarmos do perfeccionismo e das inibições. Sem a sabedoria da alma para nos guiar, porém, isso pode causar problemas.

Uma mudança ocorre com a liberação dessas correntes, e é assim que a alma pode agora manter presença em nossa consciência. Nossa raiva e nosso êxtase se tornam impulsos para essa mudança. Desse ponto de vista, temos emoções em vez de elas nos dominarem. Mesmo quando a onda impetuosa de raiva ou entusiasmo parece prestes a nos afogar, a alma permanece. A prática da meditação diária desperta a alma enquanto fortalece o sistema polivagal, que é a base fisiológica da serpente interior.[6] Quando vemos o corpo em sintonia com a alma e o mundo mais profundo de Hécate, podemos observar como nossos traumas passados e as dores atuais são, na verdade, portais, em vez de bloqueios para esse reino, como normalmente podemos ser programados para acreditar. Rixipyle transforma aquele portal em pó.

O corpo é a alma expressada e as emoções são o combustível que une os dois. Podemos pensar que toda essa energia vai nos esgotar, mas, na verdade, ela nos revitaliza, pois vem da alma e não da sombra. Muitas vezes, quando vivemos na sombra, estamos preocupados em não sentir emoções, o que conduz a uma ampliação da nossa angústia.[7] A libertação, por mais excitante que seja, também pode levar a sombra a ter um ataque de histerismo sem precedentes. Ela pode gritar de medo de que simplesmente não façamos as coisas que nossas almas e nossa deusa nos incitam. Mas a raiva e o êxtase se combinam no superpoder da coragem. A ousadia da libertação nos obriga a recuperar nossas almas selvagens.

Rixipyle oferece a chave da soberania pessoal. Quando pegamos com ela a chave da libertação, escolhemos nos tornar os arquitetos de nossas próprias jornadas. Chega de culpar os outros, por mais que mereçam. Convido você ao diálogo, tanto com o poder de Rixipyle quanto com a sombra. Essa liberação pode levá-la a muitas primeiras vezes, incluindo (talvez) se permitir sentir emoções nunca antes experimentadas.

Renaturalização

O grito rebelde de Rixipyle reverbera enquanto solta nossas correntes. Ela oferece uma chave que guardou para nós até estarmos prontos: a coragem de retornar ao nosso sagrado selvagem. Chegou a hora de se libertar das algemas da autonegligência, da negação, da dúvida e da restrição. A reconstituição, renaturalização, é uma prática intencional impulsionada pelo ímpeto da Que Quebra as Correntes. É dançar, fazer viagens xamânicas, realizar rituais na praia para atar uma pessoa tóxica. E tudo isso profundamente movido pela emoção. Não é ficar sentado em seu quarto esperando que as cartas lhe digam seu próximo movimento. É enfiá-las no bolso enquanto você avança. Se você ainda não leu *Mulheres que Correm com os Lobos: Mitos e histórias do arquétipo da mulher selvagem*, de Clarissa Pinkola Estés, recomendo fortemente como uma exploração da renaturalização, junto com *Indomável*, de Glennon Doyle.

Parte do processo de renaturalização é abraçar uma espiritualidade que muitas vezes é contraditória àquela com a qual fomos criados. Liberar as algemas que cercam nossa espiritualidade faz parte do despertar. Embora eu não esteja aqui para difamar nenhuma religião, não se pode negar que a maioria prega um dogma baseado em nossos pecados essenciais, em nossa "falta de moral". As mulheres, em particular, são frequentemente difamadas. Além disso, as religiões mais populares veem Deus como masculino. Isso cria um coquetel inebriante de programação mental, de crenças errôneas.

A liberdade espiritual ocorre quando percebemos que temos uma escolha naquilo que acreditamos e praticamos. Isso muitas vezes traz à tona tanto a raiva quanto o êxtase. Você percebe que seus pais, parceiros e outras pessoas talvez vejam sua jornada espiritual com suspeita. E pode tentar justificar suas práticas porque está cheio de entusiasmo, mas isso raramente funciona. A melhor alternativa é usar a raiva como uma lente esclarecedora através da qual explora a programação espiritual e reserva o seu êxtase para aqueles que o apreciam.

Uma das minhas primeiras lembranças é de estar sentada no banco da igreja em uma manhã de domingo, com meu vestido curto de verão. A madeira embaixo de mim grudou em minhas pernas nuas. Quando criança, eu não conseguia articular como aquela dolorosa sensação de viscosidade permeava minha alma, mas sabia que meu desconforto era muito maior do que minhas pernas incomodadas. Eu não pertencia àquele lugar, apesar de estar cercada pela minha família. Minha alma selvagem estava completamente acorrentada. Ansiava pela liberdade da minha amada floresta, onde minha imaginação me atraía para o mundo mais profundo.

Avancemos cerca de dez anos e estou devorando todos os livros sobre espiritualidade que consigo encontrar. Mas, embora amasse muitos deles, e ainda ame, tive aquela sensação de pernas pegajosas novamente. Os sistemas oferecidos nesses livros não me agradaram. Mais uma década adiante, estou envolvida com um grupo que, embora bonito em muitos aspectos, parecia apenas mais um desconfortável banco de igreja. Algo dentro de mim disse para continuar procurando, então fiz isso. Depois de explorar o yoga, o budismo e outros caminhos espirituais, descobri o que fazia sentido para mim e deixei o resto para os outros. Cada vez que começava a me sentir "pegajosa", desocupava aquele banco em busca da libertação da minha alma.

A busca espiritual aparece como descrédito – tanto que o que sabemos ser verdade acaba precisando de algum tipo de validação externa. Tornar-se consciente de quantas vezes fazemos isso com nós mesmos é um processo. Se você está hesitante em relação às práticas e rituais deste livro, porque acha que os outros vão pensar que são estranhos ou até mesmo pecaminosos, pode ser que sua sombra esteja impedindo você de liberar sua alma selvagem.

Minhas deusas são selvagens e livres.
Inconvenientes, independentes.
Rebeldes.
Resistentes.
Vingadoras.
Minhas deusas são selvagens e livres.
Caçando os ímpios.
Conquistando monstros.
Transformando tolos em porcos.
Conduzindo carruagens de dragão pelo sol.
Brilhando raios de lua pálidos,
Tochas acesas.
Todas as estrelas acima,
E as profundezas mais profundas.
Minhas deusas são selvagens e livres.
Muitas faces, muitos humores.
Elas assustam a vida em mim.
Abalam.
Movimentam.
Quebram as correntes.
Assombrosas dos sonhos.
Gritando, sussurrando,
Silêncio mortal.
Resistindo, mudando.
Fugindo, permanecendo.
Meus desejos mais sombrios,
Meus sonhos mais iluminados.
Minhas deusas são selvagens e livres.
Caminhantes da morte.
Contadoras da verdade.
Causadoras de problemas.
Impacientes com falsidades.
Chamando aqueles que desejam,

Jogando outros no fogo.
Minhas deusas são selvagens e livres.
Respondendo ao meu chamado,
Aparecendo sem ser convidadas.
Sempre viajando em suas estradas,
Deixando para trás um rastro
Que eu escolho seguir.
Minhas deusas são selvagens e livres.

Prática: ESTAR no Momento

Essa prática envolve simplesmente dar uma pausa sempre que seu nível de estresse começar a aumentar e fazer a verificação ESTAR no Momento, que se originou nos programas de 12 passos. Explore o que está acontecendo em seu corpo fazendo as perguntas HALT (sigla do inglês *hungry*, *angry*, *lonely* e *tired*) usadas na recuperação de vícios: Estou com fome? Estou com raiva? Estou me sentindo sozinho? Estou cansado? Procure por sensações também. Onde estou segurando a dor em meu corpo? Onde há tensão? Numa escala de um a dez, quanto contentamento estou sentindo? Quanta raiva?

Você pode estabelecer isso como uma atividade regular, incluindo essas perguntas à sua prática diária, para que seja muito mais fácil fazer isso ao longo do dia. Ela traz você de volta ao seu corpo. Com o tempo, ficará sintonizada com isso e começará a praticar no "piloto automático". Use a abordagem ESTAR no Momento para se ancorar quando vivenciar uma abundância de sentimentos, esteja você exausta ou entusiasmada. Pergunte a si mesma: O que posso tocar? Ver? Ouvir? Cheirar? Que emoções cada uma dessas coisas traz à tona? Segure sua pedra granada para ajudar a equilibrar você durante o abalo.

Prática: Criando uma Religião Pessoal

Tente criar sua própria religião pessoal e incluir nela o que lhe parece certo. Explore como você entende o sagrado feminino, seja Hécate, Perséfone, Deméter ou uma das outras deusas. Celebre seus cristais e sua ave aliada. Talvez você se conecte ao sagrado apenas por meio de pedras, plantas ou animais. Ou sua ave aliada seja sua principal companheira do mundo mais profundo. Se as cartas ou outras ferramentas oraculares falam do sagrado para você, faça um altar para elas. Permita que o que anseia por expressão saia de dentro de você, quebrando as correntes de sua programação espiritual.

Recomendo o adorável livro de Thomas Moore, *A Religion of One's Own: A guide to creating a personal spirituality in a secular world*, como um guia útil para a libertação. O livro de Sue Monk Kidd, *Dance of the Dissident Daughter*, me inspirou a criar minha própria espiritualidade pessoal. De certa forma, estamos aqui juntos nas páginas deste livro por causa dessa espiritualidade. Veja algumas dicas sobre como proceder:

- Faça um inventário de suas práticas espirituais. Quais parecem verdadeiras para você? Você faz algumas só porque alguém mandou? Quais realiza com base no medo? Quais trazem liberdade para você?
- Desconecte-se da matriz espiritual – talvez por um dia, talvez por um ano. Enquanto estiver digerindo as opiniões dos outros, você terá dificuldade em se conectar com o que já sabe ser verdade.
- Crie espaço para o novo em sua vida. Desista de alguém de quem você não gosta, mas persiste porque não quer ficar sozinho. Você nunca fará novos amigos até liberar aqueles que já superou.
- Colete objetos que falem a verdade para você, seja um lindo cristal ou alguns seixos encontrados na praia. Não existem maneiras certas ou erradas de criar altares. Então, organize esses objetos em sua expressão pessoal de espiritualidade.
- Desapegue-se do consumismo espiritual. Adote uma política de não comprar nada para seu próximo ritual. Ou, melhor ainda, faça um sem absolutamente qualquer objeto externo. Você é o único ingrediente necessário na magia.

- Leia perspectivas diferentes das suas. Isso também se aplica a podcasts e vídeos. Experimente novas ideias como novas roupas: se não se sentir bem nelas, deixe-as.
- Expresse sua espiritualidade por meio da criatividade, seja fazendo um bolo ou pintando as unhas dos pés. Crie um altar que seja uma manifestação externa de como você vê o sagrado em sua alma. Faça o que parece espiritual para você. Criatividade e programação mental não podem coexistir.

Capítulo 14

Anassa Eneroi: A Rainha dos Mortos

Eu a saúdo, Hécate!
Anassa Eneroi, Rainha dos Mortos.
Ela que comanda todos os espíritos,
E guarda as chaves das almas.
Venha, eu a invoco.
Eu a saúdo, Hécate!
A Imperatriz Suprema,
Portadora da morte,
E doadora de vida.
Venha a mim agora.
Revele-se para mim.
Você que conhece os segredos de
todos os vivos e mortos,
Poderosa Anassa Eneroi.
Venho em busca de seus mistérios
Da morte e do renascimento.
Com você como testemunha,
Trago a morte para aquilo que não serve mais.

Abençoe-o com seu poder eterno,
Pegue meu fardo agora.
Minhas palavras são minha oferenda,
E minha alma purificada em sua presença.
Sou seu seguidor e testemunha do seu poder.
O renascimento ocorrerá; isso não pode ser negado.
Eu imploro a você essa mesma noite.
Eu a saúdo, Hécate!
Anassa Eneroi, Rainha dos Mortos.
Enquanto eu falo, isso se torna real.

– Inspirado pelo Hino à Lua Minguante em
Os Papiros Mágicos Gregos (IV. 2241–2358).

Anassa Eneroi é o conforto calmo da quietude após um período de grande sofrimento. Mas ela também é o caos, a energia vibrante da Roda. É tanto a Moira, que conhece os mistérios da Roda, quanto as Fúrias (*Erinys* – Erínias), que podem ser vistas corrigindo as coisas quando o destino é interrompido por malfeitores.[1] Ela controla o guardião do Mundo Inferior, Cérbero, o mantendo na linha. Coberta pelas serpentes que simbolizam a Grande Mãe, representa a serpente da alma e o ciclo interminável de ouroboros.[2] Ela oferece socorro às almas inquietas.

A voz furiosa de Anassa Eneroi grita para quem causa dor. Mas também atrai os feridos para sua horda protetora. A sua voz suscita um grande desconforto, nos sacudindo da morte em vida. Esse chamado dela nos faz vibrar profundamente, nos levando a ganhar vida e dançar em nosso caminho em direção ao seu grande caldeirão de renascimento, que aguarda ao lado de seu trono de ossos.

Nos antigos ritos de Elêusis, o estágio final da jornada pela caverna era o renascimento.[3] Tem havido muita especulação sobre os detalhes dessa cerimônia e de todos os rituais relacionados a ela.[4] Qual era o significado final da vida e da morte que foi revelado aos participantes? Aqueles que tiveram sua jornada pela caverna enfrentaram Anassa Eneroi, a Rainha da Morte, aprendendo a resposta para essa pergunta. Suspeito que foi a própria jornada que revelou a resposta – assim como a nossa fez ao longo dos capítulos anteriores, nos movendo do ritual inicial de catarse, passando pelo resgate da alma, até o estágio final do renascimento.

Perséfone, como esposa de Hades, tinha o título de Anassa Eneroi, assim como sua companheira próxima, Hécate. O epíteto foi aplicado a Hécate na história de Jasão, quando Medeia, cheia de amor pelo soldado, viajou ao templo para criar um feitiço que o tornasse invencível. Ela invocou sua mãe para abençoar seu talismã, criado usando o poder de Prometeu, clamando por "Brimo, Kourotrophos, Nyktipolis, Chthonia, Anassa Eneroi".[5] Essas denominações são traduzidas como "Feroz, Guardiã das Crianças, Andarilha Noturna, Deusa do Submundo, Rainha dos Mortos".

Sabemos, como Medeia, que Hécate é, ao mesmo tempo, doadora da vida e aquela que governa os que partiram. Ela é benevolente e assustadora. No entanto, pode ser difícil para nós compreendermos o aspecto destrutivo da deusa, devido ao nosso condicionamento social. Talvez tenhamos sido treinados desde o nascimento para que as mulheres sejam apenas nutridoras e que o poder sobre a vida e a morte resida unicamente em um Deus remoto e masculino, que é puramente "da luz". Nesse conceito, os mistérios das trevas, incluindo a morte, devem ser evitados a todo custo.

Muitos escreveram sobre a conexão entre a escuridão e o medo do sagrado feminino.[7] Vivemos numa época em que a deusa emerge da sua caverna, trazendo consigo os mistérios da morte. Pode ser que os iniciados em Elêusis tenham percebido que a vida é uma grande e eterna roda que marca os ciclos perpétuos de gestação, nascimento, declínio, morte e renascimento. Ao ensinar os mistérios do renascimento, descobri que alguns alunos antecipam ansiosamente o processo, enquanto outros ficam compreensivelmente intimidados com a perspectiva. Anassa Eneroi, como aquela que detém o poder sobre os mortos enquanto zela por suas almas, pode exercer um forte fascínio sobre nós. Esse é um arquétipo potente que ativa nosso medo natural da morte física, ao mesmo tempo que oferece a possibilidade de nascer de novo dentro de uma encarnação.

Eu sou aquela a quem eles chamam de Vida, e você chamou de Morte.[8]

A dualidade da deusa como vida e morte atinge aqui o seu ápice. Suas tochas iluminadas nos conduziram às lágrimas e à alegria. Agora estamos ao pé do seu trono. Tendo ido além de vê-la apenas como criadora, sabemos que ela é a Mãe de Todos, inclusive dos mortos. Uma das minhas descrições favoritas de Hécate foi escrita quando a força da Grande Mãe estava despertando há várias décadas:

> Na escuridão da lua, pequenos clãs a aguardavam perto de salgueiros caídos. Ela apareceu de repente diante deles com sua tocha e seus cães. Um ninho de cobras se contorcia em seus cabelos, às vezes caindo, às vezes renovando-se. Até a lua nova cortar o céu, Hécate compartilhou pistas sobre seus segredos. Aqueles que acreditaram entenderam. Eles viram que a forma não era fixa, observaram o humano tornar-se animal, tornar-se árvore, tornar-se humano. Eles testemunharam o poder de suas ervas favoritas: papoula preta, salsaparrilha, mandrágora, acônito. Impressionantes eram suas habilidades, mas Hécate sempre ensinava a mesma lição: sem morte não há vida.[9]

Morte, noite, magia e mistério. Eles são todos iluminados pela tocha de Hécate enquanto nos aproximamos dela corajosamente como Anassa Eneroi.

Essas são chaves que nos esforçamos para agarrar, mas que estão sempre fora de alcance. Lutamos para compreender a natureza cíclica do seu universo, no qual o mundo mais profundo está a apenas um passo do nosso mundo mundano. Aprofundar-se nos mistérios de morte dela é buscar seus dons do mundo espiritual – se tornar um oráculo e uma Psychopomp e domar nossos próprios fantasmas famintos.

A Rainha dos Mortos

Para os antigos, o seu papel como Enodia, deusa da estrada, estava ligado à sua associação com os mortos, pois acreditavam que os mortos sem descanso vagavam à noite. Ter seu favor era uma garantia contra ser vítima dos terrores da noite. Hécate guiou os que partiram para a vida após a morte e cuidou daqueles que não conseguiam descansar. Ela não ocupa o trono do Mundo das Trevas, que é domínio de Perséfone, mas atua como intermediária.

Começando no apogeu da Grécia Antiga, ampliada durante o Império Romano e crescendo ao longo dos séculos até agora, as feições de Hécate foram contorcidas até que ela se tornou uma figura puramente "sombria". Foi descrita como a devoradora de corações dos homens e a bebedora de sangue. Nas culturas antigas, essas características correspondiam originalmente ao ritmo natural de vida e morte. Mas, num mundo cada vez mais obcecado pelas atividades solares, elas têm sido difamadas.[10] Quando encaramos Hécate como Anassa Eneroi, contudo, vemos que seus aspectos aterrorizantes desempenham um papel importante no ciclo natural. Seus chifres de touro são símbolos do útero. Ela bebe sangue para poder regenerá-lo em energia curativa. Abre fendas na terra para permitir que sua escuridão sagrada retorne, nos libertando de sermos possuídos pela luz artificial e simulada. Isso está restaurando o sagrado feminino ao status de Grande Mãe – ela é, ao mesmo tempo, iluminada e sombria. Vida e morte. Criação e destruição.

Essas imagens assustadoras de Hécate podem trazer de volta a vida *para nós*. Nossa jornada pela caverna acalmou os fantasmas famintos que nos possuíam, curou as feridas e as lembranças do trauma, liberou o domínio da sombra. Fantasmas famintos como esses exigem constantemente comida, mas nunca ficam satisfeitos.[11] Eles são os mortos sem descanso dentro de nós, vagando eternamente pela noite. No trono de Anassa Eneroi, os colocamos para descansar uma última vez em preparação para sairmos da caverna. A tristeza, o desespero e o desgosto não parecem tesouros quando pesam sobre nós. Além disso, a alegria que acompanha o trabalho profundo da caverna é igualmente importante. A verdadeira iniciação – pois é isso que é o renascimento – só ocorre quando aprendemos que as dores de cabeça existem ao lado dos triunfos.

Encontramos grande contentamento quando entramos nos mistérios da Rainha da Morte. Sempre que nos conectamos com nossas cartas, realizamos nossas meditações e nos envolvemos em rituais profundos, estamos nos aproximando dos mistérios de Anassa Eneroi. As bruxas há muito tempo são associadas à morte, ao feminino, à cura e ao que se encontra no limiar do consciente. A própria vassoura de bruxa está relacionada à comunhão com fantasmas e espíritos e é um símbolo da Deusa da Morte.[12] Alguns de nós somos chamados a trabalhar diretamente com os mortos por meio da mediunidade, mas todos temos encontros com eles. Às vezes, vêm até nós em nossos sonhos, na "morte noturna", onde falam em sua linguagem simbólica e emocional. Carregamos o DNA dos mortos, nos lembrando de que a morte sempre faz parte de nós. Para alguns, essa herança é problemática. Podemos sofrer dores ancestrais que nunca nos foram infligidas diretamente. No entanto, tudo isso surge como presentes da Rainha da Morte.

Quando olhamos para a Grande Mãe como aquela que preside a morte e os mortos, temos a oportunidade de ver a possibilidade de uma nova vida. Eu me lembro bem de ter ouvido do meu pai, quando estava grávida do meu filho mais velho, que uma mulher nunca está tão perto da morte como quando está grávida. Honestamente, isso não ajudou. Eu era muito jovem e já morria de medo de gravidez, parto e de ser mãe. Era assombrada por pesadelos de que algo iria dar terrivelmente errado. No entanto, meu pai estava certo. Nascimento e morte formam uma encruzilhada, uma espécie de portal onde uma nova vida pode surgir – ou não. Quantas vezes sentimos crescer dentro de nós algo que deseja nascer, mas lhe negamos o alimento de que necessita para vir ao mundo?

Vejo os paralelos entre a observação do meu pai e a estrutura mais profunda do universo. Também entendo como neguei à grandeza dentro de mim o cuidado amoroso que ela merece. Durante anos, senti uma força maior do que eu em gestação no meu interior – uma força que, ocasionalmente, alimentei por meio de práticas espirituais. Mas passei mais tempo tentando abortar esse espírito dentro de mim do que lhe dando o devido cuidado. Eu tendia a desistir de tudo em que estava envolvida, na tentativa de "parecer normal". Há uma foto minha particularmente triste no batismo do meu filho mais novo. Estou vestindo um terno em um certo tom de marrom que, definitivamente, não combina com a minha pele. Lembro que, quando abri as fotos do fotógrafo, simplesmente olhei para aquela mulher e perguntei quem ela era. O dia em que parei de me vestir de uma maneira que acreditava que me faria passar por "normal" foi certamente uma cerimônia informal de renascimento. Minha alma se expressa ao usar preto, e é o que faço. A Rainha da Morte pode agir sobre nós de maneiras aparentemente pequenas, se apenas permitirmos.

Anassa Eneroi é a força regeneradora que pulsa pelo universo. Ela habita os espaços entre a vida e a morte enquanto governa os Três Mundos. É tanto o fôlego quanto a falta dele. A sua tutela especial sobre as crianças como Kourotrophos – especialmente meninas e mulheres – ilustra a ligação do feminino com a totalidade do ciclo natural. Como vivemos numa cultura que nega o sombrio, a morte e o feminino, sofremos de uma ilusão de separação entre a vida e a morte. No entanto, muitas vezes, os que partiram estão muito vivos para nós. Essa contradição entre o que nossa cultura dita e o que sabemos ser verdade cria uma tensão dentro de nós.[13] Essa tensão pode ser sentida profundamente enquanto estamos na jornada pela caverna. Ao encararmos Anassa Eneroi, fica claro que é hora de abandonar as regras sociais sobre espíritos, morte, morrer e assim por diante. Em vez disso, nos voltamos para a verdade sobre a Rainha da Morte.

Em sua tese de mestrado, Angela Hurley destaca que:

> Hécate sempre foi associada à morte, mas como um estágio natural da vida, não como uma oposição negativa à vida. Essas fases também estão intimamente ligadas às fases da colheita porque, na sociedade grega primitiva, a colheita e a vegetação em geral significavam vida e eram veneradas. Ao longo do tempo, existe uma correlação entre a diminuição da reverência pelas colheitas e pelos ciclos de vida associados a elas e Hécate.[14]

Para ver o tempo como cíclico, para saber que a morte é ao mesmo tempo fim e começo, essa é a fase final antes de trazermos a morte para nosso antigo Eu e para nossa pesada bagagem.

Tornar-se aquele que encara a Rainha da Morte de frente, buscando seus mistérios, é ousado. É saber que é hora da grandeza dentro de você vir ao mundo.

Perséfone, Orfeu e Eurídice

No *Hino Homérico a Deméter*, Perséfone é a rainha do Mundo das Trevas, pelo menos durante parte do ano. Hécate não é retratada governando o domínio de Hades, mas ocupando sua própria caverna. Vemos aqui a separação de Hécate do vasto terreno do reino subterrâneo dos mortos. Ela ocupa um espaço ctônico que é exclusivamente dela. Quando Hécate guia Perséfone de seu trono do Mundo das Trevas para lançar a primavera, Perséfone volta a ser Kore (Cora). Ela é a Renascida (a donzela).

A história de Perséfone começa como uma catarse, eliminando sua imaturidade e talvez até sua vaidade. Hécate a ajuda a navegar na transição para a rainha do Mundo das Trevas (Mundo dos Mortos) e depois a devolve à terra dos vivos. Perséfone não definhou durante seu tempo como rainha de Hades. Em vez disso, ela se tornou Anassa Eneroi, governando com paixão, bondade e integridade as almas em seu domínio. Sua perda se tornou seu poder. Ela foi vitoriosa sobre as mortes que sofreu. Com o sábio conselho de Hécate, ela aceitou seu destino e se apoiou nele.

Assim como Anassa Eneroi, Perséfone é uma ditadora benevolente – sempre justa, mas muito firme. Uma lenda em particular conta como ela concedeu uma dádiva a Orfeu, o talentoso poeta-músico.[15] Nessa história, descobrimos que é necessário confiar na Rainha da Morte. A simpatia de Perséfone por Orfeu se deu por ter perdido um ente querido. Isso é parte do que permite a ela autorizar o regate da noiva de Orfeu. Ele havia se apaixonado perdidamente pela bela ninfa Eurídice. Pouco depois de se casarem, Eurídice foi morta por uma víbora venenosa enquanto fugia de um pastor, Aristeu, que a perseguia. Com o coração partido, Orfeu usou seus talentos musicais para cantar pelo Mundo das Trevas até chegar aos tronos de Hades e Perséfone.

Sem dúvida, Perséfone simpatiza com a situação de Orfeu e Eurídice devido ao seu profundo luto por sua vida anterior. Todos ficaram imensamente comovidos com a dor de Orfeu – até mesmo Cérbero, o feroz cão de três cabeças que guarda os portões do Mundo dos Mortos. Perséfone e Hades concedem a Eurídice a liberdade do Mundo dos Mortos com uma condição: Orfeu não poderia olhar para Eurídice, que caminharia logo atrás dele, enquanto a conduzia de volta à superfície. Mas Orfeu não se conteve, e olhou para ela quando estavam prestes a emergir do Mundo dos Mortos. Eurídice foi imediatamente sugada de volta, nunca mais voltando ao mundo dos vivos.

Uma dúvida que tem me atormentado é: por que Orfeu olhou para trás no último minuto? Não havia razão para ele fazer isso. Ao contrário da maioria dos outros deuses, Perséfone e Hades eram conhecidos por serem confiáveis. Eles permitiram que Orfeu entrasse na vida após a morte e que ele partisse novamente, o que era proibido aos vivos. Foi o seu desejo por Eurídice que o levou a dar meia-volta? Ou foi a dúvida?

Você já se encontrou em uma posição semelhante? Durante uma meditação, recuou antes de se afastar muito do seu corpo físico? Às vezes, podemos sentir como se estivéssemos entrando nos mistérios, como fez Orfeu – pisando onde os mortais temem ir. E, em outros momentos, podemos questionar a cura do mundo dos sonhos, desacreditar das sincronicidades e evitar nossa prática diária. Tudo isso pode ser expressão do demônio da dúvida. Toda uma indústria multimilionária, focada em provar "cientificamente" a existência desses fenômenos, prospera porque nos permitimos duvidar do que sabemos ser verdade.

Os gregos usavam o termo *daimon* para se referir ao espírito, diferenciado da psique, a alma. Todas as coisas têm *daimons*, desde as pessoas até as plantas. Palavras e sentimentos podem assumir seus próprios *daimons*. São entidades vivas que parecem ter vontade própria. Pode haver ocasiões em que, agindo como sua própria Anassa Eneroi, você precise trazer a morte a esses espíritos perturbadores, o que pode incluir relacionamentos e situações. Temos que enfrentar nossos próprios espíritos sem descanso, que muitas vezes nos atormentam com a desconfiança. Esses são todos os nossos demônios que devemos suportar até que decidamos causar a morte deles.

Cura Ancestral

Somos a personificação de mil sonhos e estamos no topo de uma eterna pilha de ossos. De certa forma, funcionamos como Anassa Eneroi sobre nossa própria linhagem. O que está, de maneira surpreendente, ausente da cultura dominante é a veneração dos que partiram. Até o Halloween, que já foi um momento de conexão com os ancestrais, está totalmente comercializado. Mesmo assim, há a presença da morte em muitas das nossas festividades de Halloween – desde crianças em lindos trajes de fantasmas até decorações de esqueletos. Temos um desejo de nos conectar com a morte. Honrar intencionalmente os que partiram pode ser lindo.[16] Também podemos nos conectar aos "ancestrais do espírito", aqueles com quem sentimos um vínculo de parentesco, apesar da falta de laços de sangue. Isso pode incluir escritores, celebridades e outras figuras. Quaisquer que sejam as lembranças que tenhamos daqueles da nossa carne que partiram deste mundo – sejam elas perturbadoras ou belas, ou, mais provavelmente, ambas –, nós somos o resultado de suas vidas.

Há cada vez mais provas científicas que apoiam como somos profundamente moldados pelas vidas dos nossos antepassados.[17] Os descendentes das vítimas de atrocidades têm muitas vezes memórias dos crimes perpetrados contra seus antepassados, mesmo quando não possuem absolutamente qualquer conhecimento consciente desses acontecimentos.[18] A investigação epigenética tem demonstrado consistentemente que os filhos de vítimas de trauma têm sistemas de estresse alterados e uma probabilidade aumentada de uma vasta gama de problemas de saúde, mesmo quando não foram diretamente expostos ao trauma.[19] A chave para curar esse trauma é nos reconectar com os nossos antepassados por meio de técnicas e práticas espirituais, como honrá-los com rituais, aprender suas histórias e explorar nossos sonhos.[20] Os mortos estão sempre conosco. Os ancestrais são aliados poderosos, vindo até nós em nossos sonhos e nos enviando sinais. Podemos até sentir a presença física deles. E isso é verdade não só para nossos antepassados biológicos, mas também para aqueles com quem partilhamos uma linhagem espiritual.

Estudos revelaram uma correlação notável entre os problemas dos descendentes e as experiências dos seus antepassados.[21] Desde queixas extremamente específicas, como dores crônicas no braço, até doenças generalizadas, como a fibromialgia, o trauma dos nossos antepassados tem impactos profundos nas nossas vidas, para além das suas contribuições genéticas. Com Hécate como nossa guia, podemos explorar a existência de nossos ancestrais, aprendendo sobre suas jornadas usando meios cotidianos e místicos.

A vergonha e outras emoções associadas, como raiva e medo, também são transmitidas por meio de laços de sangue. Embora já tenha muito tempo que eu ensinei sobre os impactos dos traumas ancestrais, só há alguns anos é que aprendi como podem ser precisas as feridas que atravessam as gerações. Parte da minha cura dos meus antepassados maternos foi pesquisar os pais da minha mãe. Ela foi criada pela avó materna e pela tia. Quase nada foi falado sobre a mãe da minha mãe. Eu tinha apenas uma vaga lembrança de sua morte, quando estava com 4 anos. Lembro-me de que minha tia, que criou minha mãe, me disse que ela morreu por beber "Pepsi demais". Quando fiquei curiosa, já como adolescente, minhas investigações foram encerradas. Depois de anos de insistência, minha tia-avó finalmente revelou o nome do pai de minha mãe.

Há alguns anos, convenci minha irmã a fazer uma viagem de volta à nossa região ancestral. Eu tinha feito algumas pesquisas sobre o nome do meu avô, então sabia que ele havia morrido durante a Segunda Guerra Mundial. Numa tarde chuvosa de agosto, entramos aos tropeços no minúsculo porão, que abrigava o museu local, em busca de respostas. Descobrimos bastante sobre a família de nossa mãe e também obtivemos uma boa pista sobre a família do nosso avô. Mas só surgiram becos sem saída quando tentamos nos conectar com meus parentes paternos. Fiquei muito desapontada porque a identidade do meu avô permaneceu um mistério.

Alguns meses depois disso, sonhei com um homem misterioso que havia sido ferido em batalha no lado esquerdo. Meu filho mais velho nasceu com uma marca de nascença excepcionalmente grande no lado esquerdo, que me lembra um conjunto de ilhas. Desde a infância, ele sofre de dores intensas nessa área. Procuramos todos os tipos de tratamento, desde remédios alopáticos até a cura tradicional, mas sem sucesso. Se meu sonho fosse ancestral, poderia fornecer uma explicação para a condição inexplicável do meu filho. Quer o sonho fosse ancestral ou não, certamente trouxe uma mensagem do mundo mais profundo com um canal para ajudar meu filho. Eu criei um talismã de cura para ele e estabeleci a intenção de que se manifestassem formas de lhe trazer alívio. Na manhã seguinte, sem pensar, comprei um analgésico que nunca havíamos experimentado antes. Foi como se eu tivesse sido levada até lá pelo espírito do meu ancestral desconhecido. Isso finalmente lhe trouxe algum alívio. Preste atenção aos sonhos com os ancestrais e permita que eles o guiem para a cura.

Os mortos sem descanso, por dentro e por fora, costumam ficar incrivelmente ressentidos. Isso se deve, parcialmente, aos assuntos inacabados que fazem com que esses espíritos vaguem. Tanto pessoalmente como na minha vida profissional, observei que esse ressentimento pode ser absolutamente mortal.[22] É também um dos "fantasmas famintos" mais difíceis de eliminar. O ressentimento é insidioso. Podemos acreditar que progredimos na nossa cura, mas ainda guardamos profundos ressentimentos. É perfeitamente possível que esse sentimento persista muito depois de ocorrer a catarse e o resgate da alma. Em minha própria vida, sei que o ressentimento foi o último fardo do qual me livrei na minha jornada em direção à totalidade. Ele requer uma abordagem "de uma vez por todas". É como uma pedra gigante bloqueando a saída da caverna. Isso é ressentimento.

Reclamar que a vida não é justa e focar em como nossa educação imperfeita arruinou nossas vidas são sintomas de ressentimento. A mudança desse estado, que acredito ser a última posição da sombra, ocorre ao longo do tempo. Quando trazemos ressentimentos à luz do dia, queimamos seu poder. Explorar como ele ainda pode estar agindo sobre nós começa com nos perguntarmos se sentimos que a vida é injusta. Sonhos recorrentes com temas de ser deixado de fora, perdido ou incapaz de encontrar coisas também são sinais de um possível ressentimento persistente. Discutir essas questões com seu Conselho Íntimo pode ajudar muito a resolvê-las (veja o Capítulo 8).

O quartzo transparente é excelente para abandonar o ressentimento.[23] Como é um "fantasma faminto" específico para mim, tenho dois belos exemplares bem no parapeito da janela da minha cozinha. Um é uma ponta clássica e o outro é um geodo aberto, semelhante a uma caverna. Imagino essa ponta como uma forma de romper as armadilhas do pensamento nas quais posso cair quando me sinto ressentida com alguém que me decepcionou. Peço ao cristal que me ajude a compreender como o ressentimento está envolvido. Então, uso o geodo como recipiente para liberar esse sentimento. Outra técnica que cura muito é conversar com a pessoa por quem você guarda ressentimento. Essa prática também pode ser utilizada quando se deseja contatar o desencarnado para outros fins. Há muito que associei a pedra da lua arco-íris aos mistérios mais profundos do sagrado feminino, particularmente ao seu papel como Rainha da Morte.

Kalós Thánatos (A Bela Morte)

Para os gregos antigos, *kalós thánatos* era a bela personificação de uma boa morte. Tânato e seu irmão Hypnos, deus do sono – nascidos de Nix na maioria dos contos –, representavam juntos a partida noturna do mundo físico para o mundo dos sonhos e até mesmo a morte permanente.[24] Tânato poderia trazer uma bela morte, com paz e honra. Isso era importante porque, se a morte não fosse honrosa, a alma poderia ficar gravemente perturbada e acabar assombrando outras pessoas.[25] A jornada pela caverna é um longo e lindo adeus à pessoa que éramos. É muito nobre escolher honrar a alma.

No entanto, uma bela morte não é aquela sem sujeira, dor e sofrimento. Muitas vezes, pensamos que a melhor maneira de morrer é dormir em paz, evitando, assim, passar por isso. Mas, como Hécate nos ensina, é nas fases indesejáveis do desmembramento que encontramos o maior tesouro. Aprendemos sobre nossa compaixão, coragem e resistência. Sem sofrimento, não há necessidade de enterrar o que deseja morrer.

Hécate é a grande inquietação que encontramos na quietude absoluta da calada da noite. Esse silêncio grita para que paremos de viver como se já estivéssemos na outra vida, enquanto conduzimos uma série de fantasmas famintos. Ela é *psychais nekuōn meta bakcheuousa* (furiosa entre as almas dos mortos).[26] Responder ao grito da Rainha da Morte traz a compreensão de que somos muito mais do que essa encarnação específica.

Você atendeu ao chamado da deusa quando entrou na caverna dela. Agora, a aventura chegou ao fim. É aqui que você fica diante de Hécate em seu trono de ossos e encontra humildade e orgulho. O amplo campo de visão que a jornada à caverna traz se aplica não apenas às nossas vidas, mas também à misteriosa ordem do universo. Somos pequenas engrenagens na Grande Roda de Hécate, mas temos um papel vital a desempenhar no seu grande esquema. Parabéns pelo seu progresso; orgulhe-se deste momento.

Como sua guia ao longo dessa jornada, tomei muito cuidado para não glamourizar a necessidade do desmembramento espiritual, da morte e do renascimento. Mas essa tem sido uma jornada desafiadora e confusa. Velhas formas de ser são as oferendas que colocamos diante da Rainha da Morte. Hábitos, relacionamentos e até estilos de vida inteiros são colocados no altar de sacrifício. O preço de ser uma alma libertada, banhada na verdade e refletindo o fogo iluminado de Hécate é sacrificar tudo o que nos prende. Existe liberdade na morte e existe a promessa de uma nova vida. A morte nos traz um grande desconforto. Todos nós perdemos entes queridos. Talvez você tenha testemunhado alguém próximo a você que teve uma morte horrível. E nossos corações foram despedaçados de inúmeras outras maneiras.

Na psicologia psicodinâmica, thanatos se refere ao instinto de morte, enquanto eros está associado à força vital criativa.[27] Mas esse desejo de morte pode ser usado como uma justificativa para comportamentos de risco, desde o vício até o envolvimento em atos temerários. Proponho que Tânato – ou Thanategos, para usar o título preciso dado a Hécate – seja invocado dessa forma apenas quando esse instinto é negado, se tornando, assim, associado à sombra e não à iluminação. Podemos empurrar a inevitabilidade da morte tão profundamente em nossa consciência que ela apenas vaza de maneiras que prejudicam a jornada de nossa alma.

Começamos com o Ritual da Catarse para abordar tanto o nosso eventual desaparecimento dessa vida quanto a necessidade de permitir que o passado descanse em paz, porque tira o medo da morte da escuridão (veja o Capítulo 9). É irônico que enxerguemos essas coisas claramente na escuridão da caverna de Hécate apenas se nos recusarmos a ver as sombras nas paredes – os espectros do passado, os fantasmas de quem um dia fomos, as sombras daqueles que nos feriram, e sim, ancestrais e outros espíritos. Do ponto de vista da alma, a morte é, ao mesmo tempo, um fim e um começo. Embora seja natural temer nossa própria morte iminente nessa encarnação, quando estamos diante de Hécate Thanategos, enxergamos além desta vida. Quando vislumbramos a Grande Roda na qual habitamos, vemos os fios que nos conectam às encarnações passadas e futuras. Torna-se evidente que Freud e seus seguidores perderam uma parte importante do desejo de morte, que é saber o que está além desta vida. Por mais mal orientado que seja, temos um impulso tão forte quanto a fome de buscar o transcendente.

Também temos medo de atender às demandas da psique, que é a vontade de Hécate para cada um de nós. Pense em como você se sentiu antes de iniciar a jornada pela caverna. Você estava realmente vivo? Ser o ousado que vive de alma é renascer todos os dias. Muitos andam nessa terra já mortos. Eles cobrem os ouvidos aos gritos de Hécate, ignoram o barulho das chaves e permanecem em suas jaulas. Mas, como James Hollis nos diz, "A morte é apenas uma forma de morrer; viver parcialmente, viver com medo, é o nosso conluio diário mais comum com a morte."[28] Essa morte desperta é um sintoma de uma cultura que nega a Grande Mãe ou a reduz a uma caricatura puramente melosa. Estamos vivendo as consequências desse desastre individual e coletivo. Woodman descreve as consequências:

> Na nossa neurose coletiva, violamos a Terra, perturbamos o delicado equilíbrio da natureza e criamos mísseis fálicos de destruição em massa. Ironicamente, na nossa tentativa desesperada de manter a morte sob controle (ou evitar a dissolução, do ponto de vista do ego), chegamos à beira da extinção. Enquanto negarmos a Grande Mãe e nos recusarmos a integrá-la como Deusa no nosso desenvolvimento psíquico, continuaremos a realizar fantasias neuróticas e a colocar em perigo nossa própria sobrevivência como espécie.[29]

Ao completar sua jornada na caverna, você não apenas se cura, mas também contribui para o despertar da Grande Mãe em todo o mundo. Você está trabalhando para restaurar o planeta.

Existem casos bem documentados de pessoas que literalmente morreram de medo – mortificadas – pelo trauma. No nível fisiológico, podemos ficar presos em um "estado de congelamento" devido ao trauma.[30] No nível psicológico, podemos nos tornar fantasmagóricos em nós mesmos, presos na resposta ao estresse crônico provocado por sermos vítimas de um trauma inevitável – espíritos verdadeiramente sem descanso que estão acorrentados ao passado e incapazes de viver no presente. Hécate grita conosco, sacudindo as chaves, até que despertamos dessa falsa morte. Sem dúvida, seus apelos furiosos trazem à tona todas as nossas emoções, inclusive a raiva. Por meio da nossa fúria, podemos retificar as injustiças cortando os cordões e tendo conversas difíceis sempre que possível, e deixando o resto descansar. Com a nossa raiva transmutada em ágape e o nosso eros positivo restaurado, somos capazes de marchar mais fundo na caverna até estarmos no trono, no qual o caminho iluminado nos aguarda. Ao curar os fantasmas famintos que éramos, nós os colocamos para descansar com amor. Isso é *kalós thánatos.*

A Dança dos Ossos

Há momentos em que caminhamos calmamente pela Estrada Mãe, cuidando da nossa vida aqui na caverna. E depois há a dança que Anassa Eneroi desperta em nós quando grita o seu chamado de morte. Nessa dança, somos abalados em rodas giratórias que desintegram o nosso antigo Eu. A própria Hécate é a líder dessa dança – gritando e furiosa, comendo corações para reabastecer seus poderes e liderando a horda de almas. A imagem da morte como um espectro dançante que pode chegar a qualquer momento e sem aviso prévio é encontrada ao longo do tempo e das culturas.[31] Entrelaçados nessa dança estão Psychopomps, curandeiros e oradores espirituais, que voluntariamente dão dois passos com os espíritos associados à morte. Mas essa Dança dos Ossos – *Danse Macabre*, como é frequentemente chamada – tem sido insultada pela nossa sociedade.

A obsessão patriarcal por Deus Pai, que oferece a promessa do céu em vez do abraço frio do Submundo, pune aqueles que entram nos mistérios do além. Nessa tradição, se comunicar com os mortos é, na melhor das hipóteses, desaprovado e, na pior das hipóteses, um crime. Porém, Anassa Eneroi nos oferece a chave que abre as portas desse salão de dança espiritual. Nós a honramos quando nos juntamos à Dança dos Ossos. É primordial e eterno. Selvagem além das restrições do homem. Ela nos acena para deixarmos para trás o nosso antigo Eu, os nossos egos e nossas perspectivas limitadas. Mas também nos encoraja a ver que, sendo os nossos próprios Psychopomps, podemos abrir as portas de todo o salão de dança. Sonhar com os que partiram, sentir uma presença e se comunicar com os mortos são consequências naturais de nossa jornada na caverna.

Ao dançarmos a canção selvagem de Hécate, podemos experimentar um desmembramento espiritual espontâneo. É tudo muito civilizado nessa preparação para o Ritual de Renascimento (veja a seguir), mas acredito apaixonadamente que os rituais performativos são apenas um reconhecimento formal das iniciações inexplicáveis que temos sem qualquer aviso. Houve pelo menos três vezes em que fui completamente desmembrada no mundo dos sonhos. Se eu tivesse que optar pelo que foi mais curativo, pessoalmente escolheria o que aconteceu enquanto discursava em uma conferência sobre a saúde da mulher. Eu estava na fila do bufê na hora do almoço, depois da minha palestra sobre os impactos de cuidar de alguém com transtorno do estresse pós-traumático, diante de um grande público de mulheres das Primeiras Nações (um dos grupos de povos indígenas do Canadá). Uma linda mulher me pediu para segurar uma bengala que ela trazia para pegar uma lata de refrigerante. Assim que meus dedos tocaram sua bengala, senti um arrepio percorrer todo o meu ser. Enquanto tomava um gole de refrigerante, a mulher olhou para mim com conhecimento de causa.

Mais tarde naquele dia, eu estava tentando entender o endereço de uma vidente que deveria visitar. Essa mulher apareceu novamente, perguntando qual era meu problema. Respondi que tinha uma consulta com uma vidente e estava tendo dificuldade para compreender o endereço dela. Ela me informou que a vidente morava em Vancouver, Washington, e eu estava em Vancouver, Colúmbia Britânica. Os dois locais estão separados por várias horas de carro. A mulher disse que poderia me ajudar e combinamos de nos encontrar ao nascer do sol do dia seguinte. Naquela noite, tive um sonho horrível em que um grande demônio foi arrancado do centro do meu coração por uma mulher gentil. Assustada, percebi que a parede de cortinas que escondia as janelas soprava de um vento inexistente. Fui ao saguão em busca dessa curandeira. Ela nunca apareceu pessoalmente e jamais consegui localizá-la usando o nome ou número de telefone que ela me deu.

Em outro sonho, um falcão feroz me despedaçou a noite toda. Acordei me sentindo como se tivesse sofrido um acidente de carro e estivesse completamente desligada da vida cotidiana por horas. Quando fui ao deque para tentar me endireitar, encontrei um pequeno animal que havia sido dilacerado. Depois de cada um desses sonhos, emergi baqueada, mas renascida.

Hécate parece observar esses rituais de uma distância segura. Isso me lembra a jornada de Perséfone. Ela deve entrar em sua própria caverna, seja perseguindo sua alma-gansa, seja por causa da trama de Hades. Não anseio pelo renascimento profundo da morte e do desmembramento, mas me encontro desejando a dança mais confortável com os espíritos, deixando morrer intencionalmente o que não serve mais. Essas são as verdadeiras iniciações de Anassa Eneroi.

Hécate não nos desencaminha. Ela nos tira do nosso estupor de morte em vida por meios que são, ao mesmo tempo, mortificantes e vivificantes. Confiar nela é aprender a confiar em nós. Essa é uma grande recuperação de nossas feridas iniciais, que nos ensinaram que éramos indignos e que não se podia confiar nos responsáveis por cuidar de nós. A cada passo que damos ao longo da Estrada Mãe, a cada nova chave que pedimos, estamos nos curando dessas feridas. E aprendendo a enfrentar Hécate Thanategos.

Transcender os limites terciários da consciência egoica é obrigatório na cura para a totalidade. Enfrentar Hécate Thanategos é admitir que desejamos desvendar seus mistérios. Sem essa confiança, o nosso trabalho no mundo mais profundo será sempre, na melhor das hipóteses, superficial. Nossas meditações nos aborrecerão, as cartas não nos dirão a verdade e nossa criatividade sagrada ficará sem brilho. Se clamarmos à deusa, como imagino que as feiticeiras de *Os Papiros Mágicos Gregos* fizeram, sentiremos como se nossos esforços caíssem em ouvidos surdos.[32] Mas quando confiamos em nossa capacidade de ir mais fundo e nas forças com as quais trabalhamos, e na própria Hécate, podemos alcançar a transcendência.

Eu a saúdo, Anassa Eneroi.
Eu a saúdo, Kore.
Morte. Vida.
Ela que gira a Roda.
Guardiã do tempo,
Senhora da lua,
Que surge e se põe em sua caverna.
Mãe Negra, conceda-me entrada
Em seu covil secreto.
Ilumine sua tocha
Para a câmara interna
Onde seu caldeirão eterno

Do renascimento faz morada.
Eu venho, como tem acontecido desde antes dos tempos,
Para ser reduzido a nada,
Reduzido ao fogo da minha alma,
Para ser reconstruído na verdade.

Prática: Ritual de Renascimento

Comparo esse processo de despertar a um caldeirão gigante que fica bem na frente da própria Rainha da Morte. A lua nasce e se põe nele, e é guardada por seus poderosos companheiros. Nessa fase da sua jornada, pode estar se sentindo pronta para dar à luz o novo você. A grandeza dentro de si pode estar prestes a explodir.[33] Esse ritual pode ajudá-la a se livrar da antiga vida e a renascer.

Esse ritual é mais bem realizado durante a lua cheia. Recomendo se adornar com uma chave para simbolizar a abertura do portal para sua nova vida. Se você criar um cordão sagrado como parte da prática apresentada no Capítulo 15, poderá adicionar sua chave a ele. Limpe seu corpo seguindo as recomendações dadas para os dois rituais anteriores (veja os capítulos 9 e 12).

Antes de começar, crie um altar de renascimento que reflita a morte e o início de uma nova fase. Inclua símbolos de ambos. Você pode querer preparar um santuário especial para sua ave companheira em homenagem ao seu apoio diligente durante sua jornada. Monte o altar com todas as 13 pedras de Hécate. A obsidiana é uma excelente aliada para o renascimento, e recomendo colocá-la no centro do arranjo, ao lado de uma selenita, que ajudará a revigorar sua nova vida após o ritual.[34] A pedra da lua é um cristal de iniciação e totalidade, e você pode se adornar com ele para significar a conclusão de sua jornada.

Comece com sua prática diária enquanto se prepara para esse ritual, para se manter ancorada e centrada. Você pode querer relembrar seu registro dos rituais e práticas que experimentou durante sua jornada na caverna e passar algum tempo com os símbolos em sua Cista Mística.

Para esse ritual, você vai precisar de:

- Todas as 13 pedras de Hécate.
- Plantas do renascimento, como áster, bétula, lavanda, artemísia, carvalho, romã e rosa.

- *Oleum Spirita* ou outro óleo sagrado que abra caminho para o transcendente.
- Uma vela de "vida nova" (*phos vita nova*) – uma vela branca adornada com símbolos apropriados para o renascimento. Recomendo não acender até o ritual.
- Uma oferenda a Hécate como expressão de gratidão por guiá-la através de sua caverna.[35]

De pé, diante do altar, chame sua ave companheira para acompanhá-la até a caverna nessa última vez. Assim que estiver pousada em seu ombro, faça uma petição a Hécate, dizendo:

"Eu a saúdo, Hécate, portadora da morte e geradora da vida.
Acendo essa vela sagrada para representar minha intenção de renascer."

Acenda a vela e execute o processo de três etapas de purificação, proteção e bênção que você usou nos rituais anteriores. Então, diga:

"Eu unjo a mim mesmo com esse óleo para me abrir ao ritual."

Unte-se com o óleo e pegue a oferenda, dizendo:

"Ofereço isso (diga o que é) como um sinal de gratidão por me guiar através de sua caverna sagrada."

Invoque os arquétipos, usando seus nomes completos. Ao falar cada nome, pegue a pedra que corresponde ao arquétipo e a coloque de volta em seu lugar no altar:

Triformis, a Transformadora.
Drakaina, a que Desperta.
Enodia, a Guia do Caminho.
Propileu, a Guardiã dos Portais.
Chthonia, a Protetora.
Borborophorba, a Catarse.
Lampadios, a Luz.
Skotia, a Escuridão.
Psychopomp, a Alma.
Paionios, a Curandeira.
Rixipyle, a Libertadora.
Anassa Eneroi, a Portadora do Renascimento.

Quando você terminar de invocar os arquétipos, diga:

"Guie-me para o seu caldeirão para que eu nasça de novo.
Minha intenção é pura; minha vontade, forte; e meu coração, verdadeiro."

Abrande seu olhar para a vela, permitindo que ela se torne a entrada da caverna. Aventure-se, se sentindo animada, confiante e pronta para o que está por vir. Visualize Hécate no topo de seu trono, cercada por suas companheiras. Permita que sejam quem precisam ser para você.

Sinta o incentivo e a segurança. Veja Hécate e suas companheiras guiando você em direção ao caldeirão. Aproxime-se do caldeirão e inclua as ervas, depois entre nele. A água, cheia de ervas, está fumegante, mas não muito quente. Ela limpa suavemente sua pele, a lavando até os ossos. À medida que esse processo ocorre, em vez de se sentir reduzido, você se sente maior, mais você mesmo. Tudo o que não faz mais parte de você está sendo removido.

Ao sair do caldeirão, as companheiras de Hécate lhe dão as boas-vindas e tecem você de novo a partir da essência da sua alma. Não se apresse. Sinta o processo enquanto renasce. Cada célula, músculo, órgão, cabelo. Tudo criado a partir da sua verdadeira essência. Permita que o processo progrida suavemente, apoiado por suas aliadas que as estão tecendo como um todo.

Quando você terminar, Hécate desce de seu trono para abençoá-la, beijando o topo de sua cabeça e lhe entregando um símbolo que é a chave para sua nova vida. Ela abre o caminho para fora da caverna. Passe pela abertura que ela cria, retornando ao seu corpo físico.

Não tenha pressa com esse processo. Ao retornar, observe as sensações físicas. Mova-se lentamente para cima, dos pés até a coroa, se desconectando do mundo mais profundo. Reconecte-se ao físico sentindo o chão abaixo de você, abrindo o centro do coração para o ambiente material, e alongue a coroa de volta em direção à Estrada Estrelada. Gentilmente, quando estiver pronta, registre suas impressões.

Prática: A Cadeira Vazia

A técnica da Cadeira Vazia é uma prática eficaz da psicologia clínica que também é encontrada nas práticas mediúnicas.[36] A diferença é um ponto bastante delicado de distinguir entre imaginação pura e diálogo com um espírito. Não se deixe levar por essa distinção. Os espíritos falam por meio da maior parte da sua imaginação, embora você também possa ter sensações de presença ou ver uma aparição.

Se houver um ancestral, vivo ou morto, com quem tenha assuntos inacabados que geraram ressentimento, essa técnica pode ajudar a afrouxar o rancor. Se você quiser conversar com qualquer antepassado, independentemente de haver ou não uma cura intencional a ser feita, é útil criar um altar em uma mesa ao lado da cadeira da pessoa, incluindo objetos que a simbolizem e aqueles que acolhem espíritos. Certifique-se de incluir uma vela nova.

Existem dois métodos básicos para ter essa conversa. Um deles é escrever uma carta com antecedência ou preparar o que você vai dizer. O outro é definir a intenção de trazer à tona o espírito da pessoa. Arrume duas cadeiras e monte o altar ao lado daquela para seu convidado.

- Defina um cronômetro para 15 a 20 minutos. Os espíritos, às vezes, podem demorar muito para se sentirem bem-vindos. Limites firmes funcionam melhor com eles.
- Crie um espaço sagrado conforme descrito no Capítulo 7, para garantir que esteja livre de perigos e protegido contra intrusos. Aquileia (milefólio) é excelente para a defumação sagrada.
- Quando estiver pronta, acenda a vela e acione o cronômetro.
- Fique confortável em sua cadeira e desperte sua alma serpente.
- Veja através dos olhos da alma, voltando sua atenção para seu convidado. Visualize a pessoa da melhor maneira possível. Sinta o cheiro dela; sinta sua presença. Você pode manter os olhos fechados durante a prática, se desejar. Isso pode ser extremamente útil.
- Dê as boas-vindas ao seu convidado em seus *temenos* e explique seu objetivo.
- Leia suas cartas ou faça perguntas para iniciar a conversa.
- Quando for a vez do seu convidado falar, não resista a tudo o que vier à sua mente. É o seu convidado se manifestando, não você. Ouça sem recriminações. Use o princípio da gentileza para filtrar suas reações.
- Quando a conversa terminar, registre suas experiências. Veja como sua opinião sobre a pessoa foi transformada ao permitir que ela fale em vez de ouvir os velhos pensamentos que você tinha antes.

Se quiser repetir a conversa, ou usar a técnica com outros antepassados, recomendo não tratar isso como um encontro rápido. Dê um espaço de tempo entre as sessões, especialmente se você for novo nas práticas mediúnicas.

A técnica da Cadeira Vazia é uma maneira fabulosa de aprimorar suas habilidades mediúnicas. Você pode já estar as desenvolvendo se estiver trabalhando com o Oráculo Enodia diário, visto no Capítulo 5. A cartomancia costuma ser a porta de entrada para a comunicação com os falecidos. O que pode estar faltando é conectar conscientemente as mensagens que passam na leitura com seus sonhos e sincronicidades durante as horas de vigília. Buscar essas conexões aumenta suas habilidades mediúnicas. Quanto mais você vê como tudo faz parte da teia infinita, melhor se torna em viajar nessa Roda do mundo mais profundo.

Capítulo 15

Kore: A Renascida

Kore.
Kore.
A sem nome.
Infinita.
Retornando.
Emergindo.
A Fiandeira as Estações.
Portadora do Devir.
Abertura.
Crescente.
A Criadora.
A Destruidora.
Pegue minha mão.
Mostre-me o caminho.
Kore.
Kore.

Assim como Perséfone emergiu após seu tempo no Mundo das Trevas, nós também. Concluída a jornada através das trevas até a plenitude, agora saímos para a luz de um novo dia. Tal como Perséfone, podemos não ter tido escolha sobre o que nos levou às profundezas, mas, também como ela, escolhemos aprender a reinar sobre nossa dor. Saímos da caverna mudados e inteiros. Mais sábios, mais fortes, melhores. Preparados no limiar de uma nova forma de viver a partir do centro do nosso ser.

Isso marca o nosso regresso ao jardim de Hécate – o reino solar, onde a magia e o mistério abundam nas plantas, pedras e animais que são nossos aliados. O jardim da deusa também abriga nossos entes queridos. É um lugar para nutrir relacionamentos e cultivar uma vida enraizada na sabedoria da deusa. Aqui no jardim dela, cultivamos uma vida que tem um significado profundo, desde nosso trabalho remunerado até nossas práticas sagradas diárias.

Nos contos de Perséfone, pouco se fala sobre o tempo entre sua entrada no Mundo das Trevas e sua ascensão. Podemos imaginar que Hécate a puxou para dentro da caverna para que pudesse se adaptar ao seu chamado. Durante esse período, se transformou de donzela ingênua em rainha soberana. Ela se tornou plenamente santa. E aqui estamos nós, milhares de anos depois, ainda nos beneficiando da sua jornada e a usando como modelo para compreender a nossa.

Assim como Perséfone, emergimos de volta à vibração do Mundo Médio. Nosso retorno de nossos trabalhos nas profundezas ilumina a vida de outras pessoas. Nós nos tornamos aqueles que espalham vitalidade. Não mais aqueles que vivem sem intenção, aplicamos a sabedoria subterrânea à forma como nos envolvemos com o mundo físico. Caminhando pelo mundo com "costas eretas e boa disposição", demonstramos nossos princípios de bondade, paixão e integridade.

Somos Perséfone – a soberana benevolente que emerge da caverna cheia de alegria e entusiasmo para uma nova jornada. Como ela, podemos estender a outros o autocuidado que aprendemos no Mundo Subterrâneo, ao mesmo tempo que mantemos limites fortes. O mundo físico nos oferece amor, responsabilidade, realização e satisfação. A exuberância de Perséfone ao retornar ao mundo dos mortais pode se tornar nossa própria curiosidade e entusiasmo. Ela conquistou sua alegria durante seu tempo no Mundo das Trevas, e nós também. É nosso direito encontrar contentamento, prazer nas dádivas do mundo e amar intensamente.

Moderando a excitação do nosso regresso está Deméter, que nos lembra que há muito trabalho a fazer. Estamos plantando as sementes que nos foram dadas na caverna, porque acabarão por produzir a totalidade de nossas almas. É assim que cultivamos o jardim que nos rodeia nessa nova jornada. A selenita é nossa "varinha mágica", nos ajudando a trazer ao mundo tudo o que esperávamos.

A Rainha Renascida

No curso que levou a este livro, exploramos o significado da "donzela iniciada" à medida que emergimos para a plenitude. Considere como a jovem Perséfone foi apanhada na teia do destino e depois tomou decisões que pareciam ruins na época. Ela foi como esposa do Senhor dos Mortos. Sofreu muito e fez tudo o que pôde para evitar ter que descer para "Hadestown".[1] Mas foi em sua difícil espiral descendente que ela encontrou seu poder.

Uma das lições mais fortes da nossa jornada na caverna é que aprendemos a manter a riqueza do nosso passado doloroso enquanto nos livramos dos fardos. Comparo isso a se tornar "Kore iniciada", alguém esperançoso, mas sábio. Kore não é um nome próprio, e sim, simplesmente, um substantivo que significa "menina".[2] Dessa forma, antes de Perséfone descer, ela não tinha qualquer identidade própria. O mesmo se aplica a nós, à medida que forjamos nossas próprias identidades quando examinamos o nosso mundo interior, desde a prática da magia natural à exploração dos nossos sonhos, à experiência dos rituais. Enquanto você entrelaça essas peças em seu manto único de totalidade, permita que o otimismo natural de se tornar a "donzela iniciada" crie raízes.

O epíteto Kore era frequentemente atribuído a Hécate e a outras deusas além da jovem Perséfone, incluindo a amada Ártemis. No Hino Órfico a Hécate, ela é chamada de Kore, e outros textos, como *Os Papiros Mágicos Gregos*, reforçam esse título:

> Desci para a caverna e fui iniciado.
> Eu vi as coisas lá embaixo – Kore, Anassa Eneroi e todo o resto.[3]

Essa passagem vem do encantamento destinado a proteger a oradora de danos. Começa fazendo com que a praticante diga que ela é Ereshkigal e que não está brincando. Essa figura fala como a iniciada Kore, que cumpriu sua pena no Submundo e não está prestes a ser vitimada novamente. Essa é a sabedoria dos iniciados.

A esperança flui ao longo da jornada na caverna - esperança de um dia mais brilhante, de cura, de sermos capazes de viver a partir do centro de nossos seres. Essa não é a ignorância de Perséfone antes de ser iniciada; é a escolha intencional de ter esperança.

Esperança e a Lua

Quando considero minha totalidade pessoal, tanto a esperança quanto a lua aparecem como uma corda trançada que entrelaça todas as peças. A lua sempre foi minha companheira, aquela a quem revelei todos os meus segredos. Quando não havia mais ninguém, a lua ouviu meus problemas e me ofereceu consolo. Falo com a lua todas as noites, mesmo quando ela está escondida atrás das nuvens. A esperança e a lua estão entrelaçadas nas memórias que tenho tanto de momentos alegres, como nadar pelada à meia-noite na lua azul - a terceira lua cheia em uma estação que tem quatro -, quanto de alguns que são profundamente dolorosos.

Quando considero a esperança da totalidade, eu me lembro de uma noite em que me enfureci contra esse sentimento. Com lágrimas escorrendo, levantei o punho para a lua e gritei: "Maldita esperança!". No entanto, não importa o quanto as coisas tenham sido ruins, sempre houve uma centelha de esperança dentro de mim que simplesmente se recusava a se apagar. Na época, percebi que, mais uma vez, acabei no relacionamento amoroso errado. Eu havia buscado a totalidade a partir do relacionamento, em vez de ter a coragem de encontrá-la internamente. Mantenho a Cyndi, que depositou suas esperanças em fontes externas, na mesa do meu Conselho Íntimo e pergunto a ela, de vez em quando, o que pensa. Mas agora penduro meu chapéu de esperança nas coisas que refletem o que sei ser verdade no centro do meu ser.

Os iniciados entendem que esperança, contentamento, felicidade - como você quiser chamá-los - vêm do cuidado do fogo interno da alma. Para mim, esse fogo está ligado à lua. Encontrei maior alegria em dialogar com ela do que em qualquer experiência feita pelo homem. Perséfone, Hécate e outras deusas que empunhavam tochas também foram identificadas com a lua.

Na mitologia, a Donzela está frequentemente associada à lua, especialmente na sua fase crescente. Ela é potencialidade. No entanto, o desenvolvimento da crescente tem mais escuridão do que luz. A jornada para a totalidade, simbolizada pela lua cheia, ilumina o que está na escuridão. Ao sair da caverna, caminhe para a luz da lua crescente, encarando como um talismã que a guiará adiante. Sempre ouça a sabedoria dela, pois é a da sua própria alma.

As deusas lunares eram frequentemente vistas como figuras solitárias vagando pela noite. Além disso, às vezes eram retratadas como virgens. Para os antigos, porém, a virgem feminina era aquela virtuosa em todos os sentidos. Podemos interpretar isso como viver as chaves da bondade, paixão e integridade. Ártemis era uma virgem que manteve sua independência.[4] Até seu pai, Zeus, sabia que não deveria tentar controlá-la. Evocar Ártemis neste último capítulo traz sua liberdade sexual à tona. Você pode ser chamado por ela para se libertar de ideias restritivas sobre gênero e sexualidade. Na verdade, na antiga visão da virgindade, ter relações sexuais, especialmente com outras pessoas do mesmo sexo, não estava fora dos limites. Assim, Ártemis se tornou legitimamente um ícone *queer* por sua destruição de papéis de gênero e liberdade sexual.[5]

O que quer que pareça esperançoso e certo para você, corra em direção a isso enquanto a lua fica mais brilhante. Há anos, escrevi um artigo sobre Hécate como guardiã dos marginalizados, citando a evidência histórica de que ela tinha sido uma deusa associada aos excluídos da sociedade.[6] Desde então, o artigo ajudou muitos a encontrar o seu caminho dentro da horda de Hécate. Imagino que todos nós no "ônibus Hécate" estamos indo em direção ao nosso destino comum de totalidade e cantando uma canção de muita esperança. Sempre haverá aqueles que nos atacarão porque gostariam de ter nossa esperança, nossa audácia e nossa coragem de espírito. Se o seu otimismo estiver acabando, olhe para a lua. Ela lhe dirá para ser mais você, seja lá o que isso lhe pareça. E para não perder tempo com aqueles que são movidos pelo medo de causar transtornos. Um dos meus elementos gráficos favoritos que criei é o da lua cheia refletida no oceano. E com a legenda: a energia flui para onde vai a atenção.

autora e pesquisadora norte-americana

Autenticidade e Doce Liberdade

Uma famosa estátua antiga que os estudiosos acreditam ser Hécate é conhecida como a Donzela Corredora de Elêusis.[7] Nessa obra, a deusa está se movendo em uma direção, mas olhando na outra. Essa peça foi interpretada de muitas maneiras diferentes. Alguns postulam que retrata a Donzela escapando do Hades; outros dizem que representa uma ninfa iluminando o caminho. Acredito que seja Hécate guiando a jornada através dos mistérios. Ela precisa olhar para trás para ter certeza de que estamos seguindo suas tochas enquanto ela ilumina o caminho a seguir.

Outra maneira de ver isso é examinar a dicotomia entre ser aquele que foi criado pelos outros e ser aquele que foi criado por si mesmo. Quando seguimos as tochas de Hécate até a luz, estamos permitindo que ela nos mostre que o código de nossa alma foi escrito muito antes de entrarmos nesta vida.[8] Mesmo que as Moiras possam ter tecido nosso fio, é nossa escolha como seguiremos esse fio. Quando entramos na caverna, escolhemos tecer no escuro e depois na luz. Quando saímos da caverna, abraçamos nosso Eu autêntico – escuridão, luz e todo o resto. Nós nos tornamos os tecelões da nossa própria narrativa mítica, em sintonia com a tecelagem mais profunda das *Fates*.

A definição de autenticidade que melhor me cabe é a dada pela autora norte-americana Brené Brown:

> Autenticidade é uma coleção de escolhas que temos que fazer todos os dias. É sobre a escolha de aparecer e ser real. A escolha de sermos honestos. A escolha de deixarmos nosso verdadeiro Eu ser visto.[9]

Ser autêntico não significa nos irrompermos aos olhos dos outros ou andarmos por aí vomitando arrogantemente nossos segredos mais profundos para estranhos. Autenticidade é passar pela vida com coluna ereta e boa disposição. É saber quem é digno da nossa verdade e quem é uma perda de tempo. A verdadeira autenticidade flui de vivermos nossas vidas como sagradas; nos vendo como templos e honrando a alma da maneira que acharmos melhor para nós.

A verdadeira autenticidade tem uma relação difícil com a vergonha. Uma abordagem simplista diria que não podem ocupar o mesmo espaço, mas acho que sim. Parte do problema com a positividade tóxica é que muitos dos "especialistas" fazem parecer que fazemos uma coisa – escrevemos uma anotação no diário, carregamos uma pedra, praticamos uma meditação – e então, como num passe de mágica, nossa vergonha desaparece. Quando isso não acontece (e nunca acontece), acabamos ficando envergonhados por nossos esforços não funcionarem, sejam eles quais forem. Mas a verdadeira autenticidade é um processo de desvinculação consciente da vergonha com bondade, paixão e integridade.

A vergonha é a moeda da sombra. Eu consulto a minha de vez em quando porque ela é especialista em vergonha e em meus medos implícitos. Conversar com sua sombra quando você se sente provocado por alguém ou alguma coisa é uma excelente prática de autenticidade. Pergunte à sua o que é tão provocador para que você possa ajudar a diminuir a angústia. Muitas vezes, aqueles que estão fora da estrutura de poder sentem vergonha por simplesmente aparecerem nos espaços onde precisam estar. O autoquestionamento natural, falando com a sombra interior, é retratado por quem está no poder como evidência da "síndrome do impostor", que é um rótulo muito difamatório.[10] Mas você não é a única errada, caso se sinta ignorada e indesejável nessas circunstâncias. Eles são o problema. Você tem muito a trazer para esses lugares, embora seja certamente compreensível achar isso assustador. Somente descobrindo e falando a partir da nossa verdade poderemos trazer mudanças a esse mundo. Nossa autenticidade nos fortalece à medida que caminhamos pela incerteza da paisagem cultural de hoje. Tornar-se quem você é por fora cria uma sensação de segurança interior – uma sensação de que, não importa o que aconteça, você pode sobreviver.[11] Porque o curioso sobre a autenticidade é que ela nos dá o poder de superar praticamente qualquer coisa e inspira os outros a se tornarem melhores.

Perséfone e o Touro

Era uma vez um touro selvagem chamado Cerus, que aterrorizava as boas pessoas da terra. Seus ataques chamaram a atenção de Perséfone, que havia retornado recentemente ao mundo dos vivos para iniciar a primavera. Ela acalmou Cerus, o tornando uma criatura dócil e completamente sujeita aos seus encantos. Montada nas costas dele, trouxe generosidade para todo o mundo. Quando ela retornou ao Mundo das Trevas, Cerus se tornou a Constelação de Touro.

O nome desse touro pode estar ligado à personificação da sorte, que se chamava Caerus.[12] Também está relacionado ao conceito de *kairós*, o tempo eterno dos deuses. Isso dá algum contexto à história. Perséfone emerge do Mundo das Trevas e literalmente aproveita a oportunidade, em vez de deixar o destino permanecer totalmente fora de controle. Afinal, a sorte aparece quando a experiência encontra a oportunidade.[13] Enquanto os touros míticos, em geral, devastam as mulheres, aqui a deusa doma a criatura.

No contexto do mundo agrícola, quando esse mito foi criado, simbolizava o poder de Perséfone de conceder bênçãos se apoiando na ordem natural de *kairós*, ou destino. Esse mito fala de como cultivamos nossa selvageria interior para que se torne uma fonte de poder e não um obstáculo. O ciclo do mito de Perséfone trata, acima de tudo, da nossa necessidade de reconciliar nossa selvageria, o que podemos ver como aspectos da sombra, com o nosso Eu civilizado. O touro de Perséfone passou a incorporar as características mais associadas às qualidades do signo de Touro – calma, carinho, fertilidade, estrutura e estabilidade. Touro é um símbolo de confiabilidade e estabilidade.

A pergunta que podemos fazer a nós mesmos é: como faço para domar meu touro-sombra interior para se tornar um aliado como esse? Essa história demonstra como a donzela iniciada usa sua força criativa para navegar pela vida com sucesso. Por meio da sabedoria que adquiriu no Mundo das Trevas, ela entende como usar seu poder para controlar tanto sua fera interior quanto aqueles que encontramos ao longo da jornada. Como Perséfone se tornou diferente depois de seu tempo lá embaixo!

Ela perde sua inocência nas mãos de falsos profetas e príncipes traiçoeiros. Recuperamos seus dons quando saímos da caverna. As crianças estão cheias de curiosidade e criatividade. Cheias de admiração. Elas têm uma noção de onde querem ir, seja sair para tomar um sorvete, seja fazer grandes planos sobre quem se tornarão. Talvez Perséfone tivesse grandes sonhos para sua vida antes de começar sua jornada no Mundo das Trevas. Possivelmente, nós também tenhamos feito isso. Agora é a hora de começar de novo, de perseguir esses sonhos da mesma forma que Perséfone vitaliza o mundo a cada primavera. Extrair energia da juventude nos revigora. É a energia vivificante da autenticidade que dá impulso à nossa jornada no caminho de Enodia. Nós nos apoiamos na nossa grandeza, nos permitindo florescer enquanto nutrimos a terra para os outros.

A sociedade sente fascinação e repulsa pela energia feminina que Perséfone incorpora como Kore, a Criança Eterna. Nossa cultura celebra a beleza das mulheres jovens – seios grandes, pele impecável e uma figura incrivelmente esbelta – e há uma enorme pressão para manter essa aparência. A ascensão das redes sociais apenas tornou esse estereótipo mais poderoso, e nossa sociedade patriarcal certamente não fez nada para diminuir esse poder. Esse estereótipo forçou muitas jovens a permanecerem presas à imaturidade e a se entregarem a comportamentos infantis. Por outro lado, vemos como algumas jovens reagiram contra as normas sociais e trabalharam para mudar o mundo por meio da sua coragem e entusiasmo, continuando a incorporar a curiosidade, a determinação e a alegria de Perséfone à medida que ela assume o seu próprio poder.[14]

Como afirmou James Hillman, "crescer" é a chave da jornada iluminada.[15] Ser adulto demais nos rouba a alegria e a criatividade, mas ficar encantado com os estereótipos juvenis nos nega as "costas eretas" da disciplina. Nossa tarefa, agora que atravessamos a caverna, é nos tornarmos Kore renascida. Como podemos trazer a energia dela para a jornada que temos pela frente? Mantendo espaço dentro de nós mesmos para sermos e nos tornarmos Kore e Crone (e todas as faces arquetípicas da deusa) enquanto cuidamos de nossas próprias vidas e das vidas daqueles que são importantes para nós com o amor feroz que Perséfone concedeu de seu trono.

Amar como a Perséfone emergente é reivindicar as chaves da bondade, paixão e integridade. Perséfone foi quem reconstruiu seu coração depois que ele foi despedaçado. Seu amor é o mais feroz de todos porque conhece tanto as alturas do êxtase quanto as profundezas da perda. Ela sabe dançar a espiral com os pés descalços na terra, celebrando a totalidade do amor. Perséfone se tornou inteira ao viajar pela escuridão e agora emerge para a luz do sol. Ela se abriu aos mistérios do mundo natural e é uma amante de tudo o que nasce do grande caldeirão de Hécate. Vive no estado de despertar que a jornada lhe trouxe.

Essa passagem fala sobre como nossa prática diária nos conecta à energia ágape que fervilha dentro de nós e emana de todo o universo. Perséfone está agora desperta para seus próprios desejos, os perseguindo com o vigor da juventude, ainda que com limites saudáveis. Como jovens não iniciadas, as mulheres podem ser seduzidas por falsos profetas que prometem muito, mas cumprem pouco. Sem a consciência de como manifestar a missão da nossa alma, podemos ser vítimas da paixão, pensando que é o amor verdadeiro.

Agora é a hora de aceitar, com o amor iniciado, que é íntegro e verdadeiro, os momentos em que fomos ingênuos, precipitados ou mesmo ignorantes. O passado está verdadeiramente no passado. Podemos olhar para isso com carinho, talvez até rir dos nossos erros. Temos a compreensão que advém da ampliação do nosso olhar para perceber que estamos vivendo os muitos mitos que compartilhei ao longo deste livro. A perspectiva é uma dádiva da caverna – ver que fizemos o melhor que podíamos e que outros estavam fazendo o mesmo. Isso não quer dizer que não sejamos responsáveis, nem infere que aqueles que nos feriram saiam impunes. Como a sábia Kore, podemos ver o outro lado da história. Sabemos que estamos percorrendo um caminho tecido para nós pela grande Hécate e suas filhas. Confiar no mistério da vida é a bênção mais poderosa do caldeirão de Hécate. A confiança é o caminho para a transcendência. Essa é a jornada da Renascida.

Prática: Criando um Talismã R-E-A-L

Um talismã R-E-A-L é aquele que atribui palavras a cada uma dessas letras como correspondências a tudo o que você está trabalhando. Eu a encorajo a criar um ao embarcar nessa nova vida e a fazer um novo sempre que se sentir chamado a isso. Se você está manifestando um trabalho alinhado à sua autenticidade, o acróstico pode incluir: Responsável, Emprego, Autêntico e Local (se você não quiser se mudar). Se o seu desejo é começar seu próprio empreendimento espiritual, pode ser algo como: Realizando um Empreendimento Abundante e Louvável. Você entendeu a ideia. Em seguida, escolha símbolos que representem cada palavra do acrônimo – um coração para o amor, cifrões para qualquer coisa relacionada a dinheiro, um olho para clareza e visão, e assim por diante. Você pode fazer isso em uma cor cujas propriedades correspondam ao significado da palavra. Procure inspiração em seus livros sobre símbolos.

Em seguida, escolha seus discos – podem ser qualquer coisa, desde tampas de potes ou latas até azulejos artesanais. Certifique-se de fazer um furo em cada um deles para tecer o "fio das Moiras". Coloque o símbolo de um lado e a letra correspondente do outro e passe um pedaço de barbante pelo buraco. Eu gosto de adicionar pedaços de ervas também. As folhas de louro são sempre um bom complemento para qualquer manifestação mágica.

Junte os discos com cordão em um só e amarre-os com três nós ao redor dos cordões agrupados. Ao dar o primeiro nó, diga:

"Com um nó, esse trabalho começou.’

Passe para o segundo, dizendo:

"Pelo nó de dois, isso será verdade."

Finalize com um nó final, dizendo:

"Pelo nó de três, o real está livre."

Mude o encantamento para atender às suas necessidades.

Enquanto você está elaborando o talismã, repare como esse processo é diferente em comparação às cerimônias anteriores de corte e limpeza dos cordões. Mantenha seu talismã por perto. Tenho o original que fiz há sete anos pendurado ao lado da minha mesa. Sempre que começo a sentir vergonha, eu me conecto com ele. Faço um novo para projetos específicos e quando me sinto numa encruzilhada.

Caldeirão de Renascimento da Deusa Hécate

Tão fundo que me aventurei pela caverna de Hécate.
Que eu encontrei o caldeirão dela,
De onde a lua nasce e se põe.
Cuidado por suas companheiras mais próximas,
Aquelas parteiras me chamando para esse lugar.
Entrarei no caldeirão?
Isso já foi decidido,
Quando comecei essa jornada de caminhada mortal.
Meu caminho de transformação em
Plenitude.
Aqui está o destino final.
Ela quem é o verdadeiro Eu
Emerge,
Pegando a mão da minha sombra.
Não tema, amada.
A cura é encontrada no caldeirão de Hécate.
Através da fumaça purificada,
Chamas queimando toda dor.
Limpa na verdade da essência da lua.
Nascido de novo.
Os sussurros de suas companheiras me cercam agora,
Assim como a horda da pálida Hécate.
Perséfone os silencia.
Ela sabe que o trabalho é meu.
Ártemis me protege com suas flechas ferozes,
Enquanto a Mãe Negra observa de seu trono,
Aqui em sua câmara sagrada.
Sim.
Eu entro no caldeirão.
Lavando as feridas,
Diminuindo a pressão da pele do passado.
Limpando meu corpo dolorido,
Até que finalmente tudo o que resta
É a minha alma.
Perséfone levanta um dedo.

A horda leva tudo o que descartei.
Perséfone e Deméter, inúmeras outras
Passos adiante,
Trabalham rapidamente,
Me tecendo de volta à forma
Usando os fios da minha alma.
Eu renasci de seus trabalhos,
Aqui na caverna de Hécate.
Do caldeirão eu me levanto.
Perséfone sorri,
Deméter está vigilante.
As parteiras prendem a respiração,
E a horda permanece quieta.
Eis que renasci.
A Rainha Hécate me chama para vir,
Enquanto caminho em direção a ela,
A lua me adorna,
Fundindo-se ao meu ser
Um manto de pura luz e da noite mais escura,
Ungindo-me com o fogo vermelho de suas tochas.
Elas me queimam com força,
E minhas mãos agora seguram
As chaves da minha própria alma.
Sabedoria e verdade,
Soberania,
Paz.
Plenitude.
Hécate saúda meu renascimento
Enquanto abre o caminho para mim.
Eu corajosamente me aventuro em direção à luz.

Conclusão

Não importa como você entende Hécate ou quais podem ser suas crenças espirituais. Ela é o espírito da vida interior. Embora eu a chame por esse nome, o espírito feminino do mundo profundo tem milhares de nomes e de manifestações, de santas a deusas. Hécate transcende todos os nomes e mitologias. Ela é a essência da *anima*, a alma feminina do mundo que vive dentro de cada um de nós.

Acima de tudo, saiba que há momentos em que simplesmente concordamos com o destino. Em nosso mundo moderno, que está estabelecido no indivíduo como todo-poderoso, não conseguimos compreender que nos encontramos numa dança sem fim com Hécate e seu mundo mais profundo. É nossa missão mergulhar na totalidade dessa dança. Obrigada por confiar em mim para guiá-la através da escuridão até a plenitude. Se alguma vez se tornar pesado demais, você sempre será bem-vinda no porto seguro da caverna.

Terminemos com as sábias palavras de uma das minhas alunas mais queridas e perspicazes, que se tornou uma verdadeira "alma irmã" para mim:

> Demorou anos e uma jornada completa ao Submundo para entender o que significava a jornada de Perséfone. Primeiro, deixei a empresa que iniciei e uma área de atuação da qual gostava. De repente, não havia nada a fazer senão refletir. Considerei como tudo o que fiz foi impulsionado pelas forças do mercado ou por outras pessoas. O que eu faria por mim? Escrevi um livro. Comecei a pós-graduação. Até forjei uma faca, saboreando as cicatrizes que recebi enquanto trabalhava. Com tudo isso veio muita destruição. Deixei meu parceiro de dez anos, desestabilizando nossas vidas, e consegui meu primeiro apartamento solo desde a faculdade. Investiguei meus desejos, me conectando a desejos maiores na vida. Comecei a priorizar o tempo em vez do dinheiro nas

decisões de carreira. Perdi amigos. Aprendi onde eu começo e os outros terminam. Diante do caos do meu novo cosmos, senti medo. Mas, ao passar de Kore para Perséfone, finalmente ouvi a voz dela: mudar é transgredir. Às vezes, você deve comer a fruta. Esse é o meu presente do Submundo. O custo foi alto. A recompensa foi meu poder.

Notas Finais

Introdução

1. Para uma discussão detalhada sobre as diferenças entre as jornadas do herói e da heroína, leia *A Heroína de 1001 Faces*, de Maria Tatar.
2. De Susan Cain, *Bittersweet: How sorrow and longing make us whole* explora os benefícios de não ser feliz o tempo todo.
3. Hans Dieter Betz (ed.), *The Greek Magical Papyri in Translation: Including the demotic spells*, Vol. 1 (1997).
4. Hino à Lua Minguante, em *Os Papiros Mágicos Gregos*, IV, 2280–2285.

Capítulo 1

1. *Os Arquétipos e o Inconsciente Coletivo em Obras Completas*, de C. G. Jung, Vol. 9, Parte 1. Veja também *Obras Completas de C. G. Jung (48) e O Homem e Seus Símbolos.*
2. Apostolos N. Athanassakis e Benjamin M. Wolkow (tradução, introdução e notas), *The Orphic Hymns.*
3. Você pode explorar como Hécate pode ser conectada aos meses e estações em *Keeping Her Keys.*
4. Eu recomendo fortemente o livro de exercícios de Douglas Bloch e Demetra George, *Astrology for Yourself: How to understand and interpret your own birth chart*, para começar seus estudos dos céus.
5. Use livros de correspondências e símbolos como os oferecidos por Llewellyn para ajudar a compreender os símbolos. *O Homem e Seus Símbolos* e *O Indivíduo Moderno em Busca de uma Alma*, de Jung, também são imensamente úteis. *O Livro dos Símbolos*, de Kathleen Martin, é excelente, assim como os livros esotéricos da mesma editora. Eu também recomendo *The Woman's Dictionary of Symbols and Sacred Objects*, de Barbara G. Walker, embora possa parecer um pouco antiquado.
6. De Judika Illes, *Encyclopedia of Spirits: The ultimate guide to the magic of fairies, genies, demons, ghosts, gods and goddesses*, de 2009, é um maravilhoso compêndio sobre espíritos.
7. *Setenta e Oito Graus de Sabedoria: Uma jornada de autoconhecimento através do tarô (Uma nova edição do tarô clássico)*, por Rachel Pollack, é um texto maravilhoso sobre as cartas.
8. *Blackthorn's Protection Magic: A witch's guide to mental and physical self-defense* (2022), é um ótimo recurso se você estiver preocupado com todas as formas de segurança pessoal.

9. Recomendo o texto clássico de Ted Andrews, *Animal-Speak*, para aprender mais sobre as características padrão e a possível cura de suas aves companheiras, juntamente com o fabuloso *Livro dos Símbolos,* de Kathleen Martin.
10. C. G. Jung e C. Kerényi, tradução de R. F. C. Hull, *Essays on a Science of Mythology: The myth of the divine child and the mysteries of Eleusis,* (1941).
11. Jan N. Bremmer, *Initiation into the Mysteries of the Ancient World,* em Münchner Vorlesungen Zu Antiken Welten (2014).
12. Você pode encontrar orações para Hécate em *Keeping Her Keys*, e há um capítulo inteiro dedicado ao Hieros Pyr em *Entering Hekate's Garden*.

Capítulo 2

1. Para uma discussão detalhada de Hécate como Guardiã das Chaves, consulte *Hekate Soteira*, de Sarah Iles Johnston.
2. Joseph Campbell, Safron Rossi e David Kudler, *Deusas: Os mistérios do divino feminino (Obras completas de Joseph Campbell).*
3. Yulia Ustinova, *Caves and the Ancient Greek Mind: Descending underground in the search for ultimate truth* (2009).
4. Barbette Stanley Spaeth (ed.), *The Cambridge Companion to Ancient Mediterranean Religions* (2013). Daniel Ogden, *Magic, Witchcraft and Ghosts in the Greek and Roman Worlds: A sourcebook* (2002).
5. Johanna Best May, *Religion of the Roadways: Roadside sacred spaces in Attica*, Bryn Mawr College, Dissertação de Doutorado (2015).
6. *Mystery Cults in the Greek and Roman World*, de Kiki Karoglou, é um ótimo resumo.
7. Para aprofundar o estudo da consciência, recomendo, de Rupert Spira, *The Nature of Consciousness: Essays on the unity of mind and matter.*
8. Marion Woodman, *A Virgem Grávida: Um processo de transformação psicológica.*
9. Erin Woo, *Teenage Girls Say Instagram's Mental Health Impacts Are No Surprise*, disponível em nytimes.com.

Capítulo 3

1. Por exemplo, Erich Neumann, *A Grande Mãe*, e Marija Gimbutas, *The Language of the Goddess.*
2. *The Triple Goddess and the Queen*, disponível em medusacoils.blogspot.com.
3. Adaptado de *Os Papiros Mágicos Gregos*, IV, 2441–2621.
4. *The Alphabet versus the Goddess: The conflict between word and image,* por Leonard Shlain, é um estudo fascinante sobre a relação entre a deusa e o mundo, tanto natural quanto civilizado.
5. Sorita d'Este, *Circle for Hekate – Volume 1: History and mythology* (Londres: Avalonia, 2016).
6. Por exemplo, Imagens XVI-XVII: Hécate como uma deusa de três cabeças, com suas três cabeças como um cachorro, um javali e um cavalo. jstor.org/stable/community.11674120

7. Por exemplo, Jean Shinoda Bolen, MD, *Goddesses in Older Women: Archetypes in women over fifty.*
8. Disponível em jstor.org/stable/community.11674120.
9. *Jornada Xamânica: Um guia para principiantes,* por Sandra Ingerman, é um ótimo lugar para começar a explorar o xamanismo moderno.
10. Mais sobre isso pode ser encontrado em *Demeter and Persephone: Lessons from a myth,* por Tamara Agha-Jaffar (2002).
11. Stephen Ronan (ed.), *The Goddess Hekate* (Hastings, Reino Unido: Chthonios Books, 1992).
12. Eckhart Tolle, *O Poder do Agora: Um guia para a iluminação espiritual.*
13. *What Does It Mean When They Say the Universe Is Expanding,* Everyday Mysteries, disponível em www.loc.gov.
14. James Hollis, *What Matters Most: Living a more considered life.*
15. John H. Lee, *Growing Yourself Back Up: Understanding emotional regression* (2010).
16. Aprofundar o modelo terapêutico em que se baseia Pyriboulos (Aquela do Conselho do Fogo) em *Internal Family Systems Skills Training Manual: Trauma-informed treatment for anxiety, depression, PTSD and substance abuse,* por Frank Anderson, Richard Schwartz e Martha Sweezy.
17. Thomas Moore, *Dark Nights of the Soul: A guide to finding your way through life's ordeals* (2005).

Capítulo 4

1. Drakaina vem de *Os Papiros Mágicos Gregos,* "Mare, Kore, dragão fêmea, lâmparina, relâmpago, estrela, leão, loba".
2. Glenys Livingstone (ed.), *Re-visioning Medusa: From monster to divine wisdom,* (2017), é um belo compêndio de insights e arte para explorar sobre a Medusa.
3. Leia, de Chanel Miller, *Eu Tenho Um Nome,* para uma excelente narrativa sobre a cura da violência sexual e de ser feito de "Medusa".
4. Tarana Burke, *Unbound: My story of liberation and the birth of the me too movement* (2021).
5. Gurmukh Kaur Khalsa, Dorothy Walters, Andrew Newberg, MD, Sivananda Radha, Ken Wilber e John Selby, *Kundalini Rising: Exploring the energy of awakening* (2007).
6. Kevin J. Tierney e Maeve K. Connolly, *A Review of the Evidence for a Biological Basis of Snake Fears in Humans,* disponível em link.springer.com.
7. *The Cognitive Neuroscience of Human Decision Making,* disponível em citeseerx.ist.psu.edu.
8. Peter Gay, *Freud: A life of our time* (Londres: W. W. Norton and Company, 2006). [Procure pela edição em português: *Freud: Uma vida para o nosso tempo*].
9. Marianne Williamson, *A Return to Love: reflections on the principles of "A Course in Miracles"* (HarperPerennial, 1996). Publicado no Brasil como *Um Retorno ao Amor: Reflexões sobre os princípios de "Um Curso em Milagres".*
10. Joan Halifax, *Presente no Morrer: Cultivando compaixão e destemor na presença da morte* (lançado em inglês em 2009).

Capítulo 5

1. Sarah Iles Johnston, *Restless Dead: Encounters between the living and the dead in Ancient Greece.*
2. Maria Mili, *Religion and Society in Ancient Thessaly.* Veja também, de Myrina Kalaitzi, Paschalis Paschidis, Claudia Antonetti, Anne-Marie Guimier-Sorbets (eds.), *Βορειοελλαδικά: Tales from the Lands of the Ethne. Essays in honour of Miltiades B. Hatzopoulos.*
3. Sofia Petrogianni, *The Cult of Deities of Eastern Origin in the Black Sea Region.* Dissertação de Mestrado. International Hellenic University.
4. Sophocles, *Fragments*, tradução de Hugh Lloyd-Jones (Loeb Classical Library No. 483).
5. Daniel Ogden, *Magic, Witchcraft and Ghosts in the Greek and Roman Worlds: A sourcebook* (2002).
6. Homero, *A Odisseia*, tradução de Emily Wilson. Veja também, de Ovídio, *Metamorphoses: A new translation by Charles Martin* e a versão moderna de *Circe*, de Madeline Miller.
7. Escrevi mais sobre essas pedras em meu livro *Keeping Her Keys.*

Capítulo 6

1. Veja, de Sorita d'Este, *Circle of Hekate: Volume 1,* para obter uma lista de fontes de Hécate como Propileu.
2. Aynur-Michèle-Sara Karatas, *Key-bearers of Greek Temples: The temple key as a symbol of priestly authority*" (2019).
3. Para mais informações sobre Hécate como Propileu, leia, de A. Zografou, *Chemins d'Hécate: Portes, routes, carrefours et autres figures de l'entre-deux,* Kernos Supplément 24 (2010).
4. A. Seiffert (2006), *Der sakrale Schutz von Grenzen im antiken Griechenland–Formen und Ikonographie*, Dissertação, Julius-Maximilians-Universität Würzburg (2006).
5. AMS Karatas, *Key-bearers of Greek Temples.*
6. Sarah Iles Johnston, *Hekate Soteira: A study of Hekate's roles in Chaldean Oracles and related literature* (1990).
7. Eu exploro extensivamente a mitologia e o simbolismo de Circe e Medeia em *Entering Hekate's Garden.*

Capítulo 7

1. Um dos livros que mais influenciou minha maneira de pensar sobre o *self* é *Anatomy of the Spirit: The seven stages of power and healing,* de Caroline Myss.
2. Simon Hornblower e Antony Spawforth (eds.), *The Oxford Classical Dictionary.*
3. Douglas Stone, Bruce Patton e Sheila Heen, *Conversas Difíceis: Como discutir o que é mais importante* (lançado em inglês em 2010).
4. Matthew McKay, PhD, Jeffrey C. Wood, PsyD e Jeffrey Brantley, MD, *Terapia Comportamental Dialética: livro de atividades. exercícios práticos para aprender atenção plena, regular as emoções, se relacionar melhor com os outros e lidar com o sofrimento* (lançado em inglês em 2019).
5. Oxford English Dictionary Online.

Capítulo 8

1. "Hieros Pyr" é um epíteto masculino, sugerindo Hécate como *Anima Mundi*, transcendendo os limites do gênero.
2. Por exemplo, Erich Neumann, *A Grande Mãe.*
3. Esses dois termos são explorados em profundidade em *O Livro Vermelho: Liber Novus,* de C. G. Jung, com edição de introdução de Sonu Shamdasani.
4. *Dark Nights of the Soul: A guide to finding your way through life's ordeals,* de Thomas Moore, explora isso com detalhes fabulosos.
5. Jean Shinoda Bolen, MD, *Goddesses in Older Women: Archetypes in women over fifty.*
6. A individuação é um princípio central da psicologia analítica. Veja em, de C. G. Jung, "As Relações Entre o Ego e o Inconsciente", em *Obras Completas, Vol. 7.*
7. Margaret S. Mahler.
8. Minhas primeiras pesquisas exploraram a transição da adolescência para a idade adulta. Veja, por exemplo, "Attachment Styles, Social Skills and Loneliness in Young Adults", em coautoria com Enrico DiTommaso, Lynda Ross e Melissa Burgess, em *Personality and Individual Differences,* Volume 35, Edição 2.
9. Roger Brooke, *Jung and Phenomenology: Classic Edition.*
10. Marion Woodman e Elinor Dickson, *Dancing in the Flames: The dark goddess in the transformation of consciousness.*
11. A conexão desse arquétipo com o feminino divino foi explorada por Toni Wolff e, desde então, tem sido articulada por muitos outros, embora muitas vezes o chamemos por outro nome.
12. Marie-Louise von Franz em *Adivinhação e Sincronicidade.*

Capítulo 9

1. *Catharsis in Psychology and Beyond,* disponível em primal-page.com/cathar.htm.
2. *Tlazolteotl,* disponível em en.wikipedia.org.
3. *Oxford English Dictionary*
4. Stephen Ronan (ed.), *The Goddess Hekate.* (Hastings, Reino Unido: Chthonios Books, 1992).
5. Carl S. Sterner, *A Brief History of Miasmic Theory,* disponível em www.carlsterner.com.
6. Marcus West, *Complexes and Archetypes,* disponível em thesap.org.uk.
7. Consulte o excelente trabalho de Brené Brown sobre vergonha, como sua palestra *Listening to Shame,* no TED, disponível em ted.com.
8. Dr. Susan Schwartz, *How to Love a Narcissist.*
9. Diane J. Rayor, *The Homeric Hymns: A translation, with introduction and notes, Updated Edition.*
10. De *Goddesses in Everywoman: Powerful archetypes in women's lives,* de Jean Shinoda Bolen, MD.
11. Christopher Patrick e alguns de seus colegas publicaram uma extensa revisão da literatura na qual argumentavam que os psicopatas eram pessoas que expressavam níveis elevados de três características básicas: maldade, desinibição e ousadia.

12. Explore a bondade neste livro incrível: *Dare to Be Kind: How extraordinary compassion can transform our world*, de Lizzie Velasquez. Quando considero líderes inovadores apaixonados, penso em Elizabeth Gilbert. O livro dela, *A Grande Magia: Vida criativa sem medo*, foi absolutamente fundamental para que eu fosse capaz de aceitar minha "grande magia" única e compartilhá-la com outras pessoas. Um excelente guia para viver com integridade é *Por Inteiro: O caminho para o seu verdadeiro eu*, de Martha Beck.
13. Jaspe Vermelha, *O Livro das Pedras: O que elas são e o que ensinam*, Edição Revisada, de Robert Simmons e Naisha Ahsian.
14. Saiba mais sobre as ervas de liberação em *Entering Hekate's Garden*.

Capítulo 10

1. Livro de Michelle Obama, *Minha História*, é um ótimo companheiro nessa fase da jornada pela caverna.
2. James HIllman, *The Soul's Code: In search of character and calling* (1996).
3. The Britsh Critic and Quarterly Theological Review, Vol. IV, disponível em play.google.com.
4. Há algum debate sobre quaisquer possíveis conexões entre Hécate e Heka. Mergulhe na discussão em *Is the Greek goddess of witchcraft Hecate related to ancient Egyptian Heka magic?*, disponível em quora.com.
5. Hans Dieter Betz (ed.), *The Greek Magical Papyri in Translation: Including the demotic spells, Volume One* (1997).
6. *Scota: Mother of Scotland and daughter of a pharaoh*, ancient-origins.net
7. *Tuatha Dé Danann*, disponível em en.wikipedia.org.
8. *The Pharaoh's Daughter Who Was the Mother of All Scots*, scotsman.com
9. C. G. Jung, *Alchemical Studies*, par. 335.
10. C. G. Jung, *Psicologia do Inconsciente* (brochura, lançado em inglês em 2003).
11. Jeffrey E. Young, Janet S. Klosko e Marjorie E. Weishaar, *Schema Therapy: A practitioner's guide (1st Edition)* (2006).
12. John Bowlby, *Uma Base Segura* (brochura, lançado em inglês em 1988).
13. James HIllman, *The Soul's Code: In search of character and calling* (1996).
14. De Michael Singer, *A Alma Indomável: Como se libertar dos pensamentos, emoções e energias que bloqueiam a consciência.*
15. *Asteria*, disponível em theoi.com.
16. James Hillman, *O Sonho e o Mundo das Trevas.*
17. C. G. Jung, *Dreams* (Volumes 4, 8, 12 e 16, das *Obras Completas*), prefácio de Sonu Shamdasani, traduzido por R. F. C. Hull (2010).
18. Erich Fromm, *A Linguagem Esquecida: Uma introdução ao entendimento dos sonhos, contos de fadas e mitos.*
19. Sorita d'Este e David Rankine, *Visions of the Cailleach: Exploring the myths, folklore and legends of the pre-eminent celtic hag goddess* (2009).
20. Leanne O'Sullivan, *Cailleach: The hag of Beara* (2009).

Capítulo 11

1. Hino à Lua Minguante, adaptado de *Os Papiros Mágicos Gregos*, IV, 2241-2358.
2. Axel Michaels, Cornelia Vogelsanger e Annette Wilke, *Wild Goddesses in India and Nepal*, anais de um simpósio internacional, Berna e Zurique, novembro de 1994.
3. *Egregore*, disponível em theosophy.wiki.
4. Karin Ikas e Gerhard Wagner (eds.), *Communicating in the Third Space* (2009).
5. Jean Shinoda Bolen, MD, *Transitions as Liminal and Archetypal Situations*, disponível em mythicjourneys.org/passages/july2005/ transitions_bolen.pdf.
6. *Myth of the Week: Psyche and Eros*, disponível em madelinemiller.com.
7. *Hedone*, disponível em theoi.com.
8. "Eros é um sujeito questionável e sempre será assim. (...) Ele pertence, por um lado, à natureza animal primordial do homem, que perdurará enquanto o homem tiver um corpo animal. Por outro lado, ele está relacionado com as formas mais elevadas do espírito. Mas ele só tem êxito quando o espírito e o instinto estão em perfeita harmonia." De "The Eros Theory", *Obras Completas 7*, par. 32.
9. "Onde reina o amor, não há vontade de poder; e onde a vontade de poder é primordial, falta amor. Aquele é apenas a sombra do outro: o homem que adota o ponto de vista de Eros encontra seu oposto compensatório na vontade de poder, e o homem que coloca a ênfase no poder é Eros." De "The Problem of the Attitude-Type", *Obras Completas 7*, par. 78.
10. "Um Eros inconsciente sempre se expressa como vontade de poder." De "Psychological Aspects of the Mother Archetype", Obras Completas 9i, par. 167.
11. *Jungian Agape*, disponível em feelingmywayalong.blogspot.com, setembro de 2009.
12. Cyndi Brannen, disponível em scholar.google.ca.
13. *Attachment Styles, Social Skills and Loneliness in Young Adults*, disponível em semanticscholar.org.
14. Cyndi Brannen Caregiving, *An Alternative Framework for Understanding Women's Caregiving Stress*, disponível em scholar.google.ca.
15. Daryl Sharp, *Personality Types* de *Studies in Jungian Psychology by Jungian Psychology* (1987).
16. Kim Bartholomew e Phillip R. Shaver, *Methods of Assessing Adult Attachment: Do they converge*, disponível em scholar.google.ca.
17. Embora eu não concorde com tudo o que ela diz, considero útil o trabalho de Caroline Myss sobre arquétipos. *Arquétipos: Quem é você?* (2013) pode ser muito útil para explorar os que atuam em nós.
18. James Hollis, PhD, *The Archetypal Imagination*, prefácio de David H. Rosen (2002).
19. Volume 1 das Obras Completas de Marie-Louise von Franz: *Archetypal Symbols in Fairytales: The profane and magical worlds* (2021).
20. Bessel van der Kolk, *Overcoming Trauma – The body keeps the score*, disponível em medium.com.
21. Gabor Maté, MD, *When the Body Says No: Exploring the stress-disease connection* (2011).
22. James S. Gordon, MD, *Transformação: Como buscar a cura para o trauma.*
23. Veja, de Nicholas Pearson, *Crystal Basics: The energetic, healing, and spiritual power of 200 gemstones*, para obter detalhes sobre essas pedras.

Capítulo 12

1. *Dark Nights of the Soul: A guide to finding your way through life's ordeals*, de Thomas Moore, contém uma excelente discussão sobre Hécate e a alma.
2. Para um breve resumo das ideias gregas sobre a vida após a morte, consulte *The Concepts of Heaven and Hell in Ancient Greece*, disponível em greekreporter.com.
3. Sarah Iles Johnston, *Restless Dead: Encounters between the living and the dead in Ancient Greece* (1999).
4. Para saber mais sobre recuperação de alma, leia *Resgate da Alma: Reencontre os pedaços da alma que você perdeu*, de Sandra Ingerman.
5. *Azrael*, disponível em britannica.com.
6. *Ammit*, disponível em ancientegyptonline.co.uk.
7. Por exemplo, *A New Classical Dictionary of Greek and Roman Biography, Mythology and Geography* (1884), de Charles Anthon. Disponível em archive.org.
8. Johnston, *Restless Dead* (1999).
9. Hugh G. Evelyn White (tradutor), *Hesiod, the Homeric Hymns, and Homerica*, (Londres: William Heinemann Ltd., 1941).
10. Mead, G. R. S., *The Chaldean Oracles* (Theosophical Publishing Society, 1908).
11. *Os Oráculos Caldeus*, Fragmento 34.
12. Sarah Iles Johnston, *Hekate Soteira*.
13. Joseph Campbell, *Na Trilha do Entusiasmo: Mitologia e transformação pessoal* (Obras Completas de Joseph Campbell), prefácio de David Kudler (ed.) (lançado em inglês em 2018).
14. Paulo Coelho, *O Alquimista* (Edição do 25º aniversário) (lançado em inglês em 2015).
15. De *The Return of the Feminine and the World Soul*, de Llewellyn Vaughan-Lee.
16. *Obras Completas de C. G. Jung*, Volume 9, Part 1.
17. Para uma discussão sobre *anima* e *animus*, ouça o podcast *This Jungian Life*, Episódio 076 – *Animus and Anima*, disponível em open.spotify.com.
18. Para uma grande discussão crítica sobre a abordagem de Jung ao gênero, ouça Medicine Path, com Brian James, MPP57, *Thomas Moore: Care of the Soul*, disponível em open.spotify.com.
19. De *Re-Visioning Psychology*, de James Hillman.
20. Marion Woodman, *Bone: Dying into Life*.
21. *Indigenous Knowledge and Shamanic Ways: Inner journeys and soul retrieval*, disponível em psychospiritual.org.
22. Veja *O Mundo Interior do Trauma: Defesas arquetípicas do espírito pessoal*, de Donald Kalsched.
23. *Dark Nights of the Soul: A guide to finding your way through life's ordeals*, de Thomas Moore, discute os problemas da psicologia convencional.
24. Roman Krznaric, *Empathy: Why it matters, and how to get it* (2014).
25. Brené Brown, *A Coragem Para Liderar: Trabalho duro, conversas difíceis, corações plenos* (2018)
26. *Elevated Empathy in Adults Following Childhood Trauma*, disponível em ncbi.nlm.nih.gov.

27. Brooke Nawrocki, *The Correlation Between Complex Childhood Trauma and Adult Empathy Outcomes*, disponível em csustan.edu.
28. *The War for Kindness: Building empathy in a fractured world*, de Jamil Zaki (2019), é uma excelente análise da empatia.
29. *Active Listening: Connect with a partner through empathy and understanding*, The Pathway to Happiness Program, disponível em ggia.berkeley.edu.
30. Saiba mais sobre as ervas e o resgate da alma em *Entering Hekate's Garden.*

Capítulo 13

1. Susan David, *Agilidade Emocional: Abra sua mente, aceite as mudanças e prospere no trabalho e na vida.*
2. Para obter mais informações sobre neurônios-espelho, consulte *Mirror Neurons, Embodied Emotions, and Empathy*, de Ferrari e Coudé, disponível em www.sciencedirect.com/science/article/pii/B9780128053973000061.
3. Leia mais sobre a ira de Ártemis, em press.rebus.community/mytholo gyunbound/chapter/artemis.
4. Cyndi Brannen, *Entering Hekate's Garden: The magick, medicine and mystery.*
5. Para mais informações sobre Sêmele, consulte travelingtothegoddess.wordpress.com.
6. Stephen W. Porges, *The Polyvagal Theory: Neurophysiological foundations of emotions, attachment, communication, and self- regulation* (Norton Series on Interpersonal Neurobiology).
7. *Burnout: O segredo para romper com o ciclo de estresse*, de Emily Nagoski e Amelia Nagoski, está repleto de conselhos fantásticos para lidar com os estressores do dia a dia.

Capítulo 14

1. Andrew Delahunty e Sheila Dignen, *Adonis to Zorro: Oxford dictionary of reference and allusion.*
2. Erich Neumann, *A Grande Mãe.*
3. R. Gordon Wasson, Albert Hofmann e Carl A. P. Ruck, *The Road to Eleusis: Unveiling the secreto f the mysteries* (2008).
4. Por exemplo, *The Immortality Key: The secret history of the religion with no name,* de Brian C. Muraresku com Graham Hancock (2020), explora em profundidade o papel dos psicodélicos nos rituais de Elêusis.
5. Discuto a maternidade mitológica de Medeia em *Entering Hekate's Garden.* Veja também *Prometheus: Gods and heroes of the ancient world,* 1ª edição, de Carol Dougherty (2005).
6. Apollonius Rhodius, *The Argonautica*, Livro 3, tradução de Rieu, disponível em theoi.com.
7. Por exemplo, Demetra George, *Mistérios da Lua Negra: Lilith, Kali, Hécate e a cura dos arquétipos femininos sombrios no mundo moderno*; Tamara Agha-Jaffar, *Demeter and Persephone: Lessons from a myth*; Marion Woodman, *Bone: Dying into life.*
8. George W. MacRae (tradução), *The Nag Hammadi Library – The thunder, perfect mind.*
9. De *Lost Goddesses of Early Greece,* de Charlene Spretnak (1978).

10. Demetra George, *Mistérios da Lua Negra.*

11. Eu recomendo fortemente *In the Realm of Hungry Ghosts: Close encounters with addiction,* do Dr. Gabor Maté, para entender como eles podem nos consumir.

12. Marija Gimbutas, *The Language of the Goddess* (Londres: Thames and Hudson, 2001).

13. Mergulhe profundamente na história e no mistério de como a cultura vê a morte em *Restless Dead: Encounters between the living and the dead in Ancient Greece*, de Sarah Iles Johnston. Inclui uma seção detalhada sobre Hécate e os mortos.

14. Angela Hurley, *An Examination of the Maleable Representation of Medea*, dissertação de mestrado apresentada ao corpo docente da Escola de Pós-Graduação em Artes e Ciências do Programa de Pós-Graduação em Estudos Gregos e Romanos Antigos da Universidade Brandeis (2018).

15. Christine Scarfuto, *The Myth of Orpheus and Eurydice*, disponível em wiki .uiowa.edu.

16. Mallorie Vaudoise, *Honoring Your Ancestors: A guide to ancestral veneration.*

17. *It Didn't Start with You: How inherited family trauma shapes who we are and how to end the cycle*, do Dr. Mark Wolynn, é um excelente guia para a compreensão da transmissão intergeracional de traumas.

18. Por exemplo, *The Intergenerational Trauma of Slavery and Its Aftermath*, por Gilda Graff, *The Journal of Psychohistory*; Inverno 2014; 41, 3.

19. Martha Henriques, *Can the Legacy of Trauma Be Passed Down the Generations?*, disponível em bbc.com.

20. Wolynn, *It Didn't Start with You.*

21. Wolynn, *It Didn't Start with You.*

22. Uma excelente discussão sobre os impactos do ressentimento pode ser encontrada no episódio 153 de This Jungian Life, *Chronic Anger: Trapped in Resentment*, disponível em open.spotify.com.

23. Nicholas Pearson, *Crystal Basics: The energetic, healing, and spiritual power of 200 gemstones.*

24. E. M. Berens, *Myths and Legends of Ancient Greece and Rome.*

25. Eu recomendo *Restless Dead*, de Sarah Iles Johnston, para uma análise aprofundada das práticas de morte na Grécia Antiga.

26. Veja Johnston, *Restless Dead.*

27. Danielle Star, *The Death Drive in Psychoanalysis: Decoding three prominent theories from Spielrein, Freud and Klein.* Carleton University (2018).

28. James Hollis, *What Matters Most: Living a more considered life.*

29. Marion Woodman e Elinor Dickson, *Dancing in the Flames: The dark goddess in the transformation of consciousness.*

30. Stephen W. Porges, *The Pocket Guide to The Polyvagal Theory: The transformative power of feeling safe.*

31. Veja *Restless Dead*, de Sarah Iles Johnston.

32. Há algumas evidências de mulheres envolvidas em *Os Papiros Mágicos Gregos*; veja *Women and the Transmission of Magical Knowledge in the Greco-Roman World: Rediscovering ancient witches*, de Miriam Blanco Cesteros (2017). Em *Magikê Technê. Formación y consideración social del mago en el mundo antiguo.* disponível em researchgate.net.
33. Com gratidão ao incrível romance de Sue Monk Kidd, *O Livro dos Anseios*, por plantar a semente da grandeza dentro de mim.
34. Robert Simmons e Naisha Ahsian, *O Livro das Pedras: O que elas são e o que ensinam*, Edição Revisada (lançado em inglês em 2015).
35. Você pode ler minhas recomendações de oferendas em *Keeping Her Keys*.
36. *Unfinished Business: Emotion-focused therapy and 'empty chair work'*, para uma visão geral da técnica da Cadeira Vazia na terapia focada na emoção, incluindo uma planilha útil que você pode adaptar. Disponível em goodmedicine.org.uk.

Capítulo 15

1. Se você ainda não ouviu ou assistiu a *Hadestown*, eu recomendo fortemente.
2. Aynur-Michèle-Sara Karatas (2019). *Key-bearers of Greek Temples: The temple key as a symbol of priestly authority*, Kleidouchoi nei santuari greci: la chiave del tempio come simbolo dell'autorità sacerdotale, por Aynur-Michèle-Sara Karatas, em Rivista di Storia delle Religioni, 13 (2019).
3. Adaptado de *Os Papiros Mágicos Gregos* (LXX, 4–25).
4. Jean Shinoda Bolen, *Goddesses in Everywoman*, edição do 30º aniversário (2014).
5. *Artemis Is the Queer Girl Goddess BFF of Your Dreams*, disponível em autostraddle.com.
6. *Hekate, Guardian of the Marginalized*, disponível em academia.edu.
7. Charles M. Edwards, *The Running Maiden from Eleusis and the Early Classical Image of Hekate*, disponível em jstor.org.
8. James HIllman, *The Soul's Code: In search of character and calling.*
9. Brené Brown, *A Coragem de Ser Imperfeito.*
10. Ruchika Tulshyan e Jodi-Ann Burey, *Stop Telling Women They Have Imposter Syndrome*, disponível em hbr.org.
11. Se você ainda não leu *Man's Search for Meaning*, de Viktor E. Frankl, recomendo que o faça.
12. *The Taurus Myth*, disponível em gods-and-monsters.com.
13. Atribuído ao escritor romano Sêneca, mas Oprah Winfrey também disse isso.
14. *A História de Malala*, disponível em malala.org.
15. James HIllman, *The Soul's Code* (1996).

ELOGIOS AO *ENTRANDO NA CAVERNA DE HÉCATE*

"Entrando na Caverna de Hécate, de Cyndi Brannen, é o livro sobre como as sombras atuam, sobre o trabalho do oculto, que eu gostaria de ter tido acesso anos atrás. Brannen combina perfeitamente o ofício de uma bruxa com os objetivos terapêuticos de cocriar espaços mentais saudáveis. Adorei ver como ela alinha os benefícios dos cristais com as etapas mais difíceis dessa jornada interna. Voltarei a este livro por muitos anos."

– Amy Blackthorn, sacerdotisa de Hécate e autora de*Blackthorn's Botanical Wellness*

"O melhor livro de Cyndi Brannen, Entrando na Caverna de Hécate, combina o racional, o prático, com as condições mentais e emocionais, o psicológico com o transcendente e o mágico para ajudar você a viajar até a parte mais profunda da psique e realmente conhecer a si mesmo. Com o crescente interesse pelo trabalho do oculto, este é o livro de que precisamos – oportuno, sensível, bem pesquisado e enraizado na experiência vivida."

– Nicholas Pearson, autor de *Crystal Basics* e *Stones of the Goddess*

"Com Entrando na Caverna de Hécate, a Dra. Brannen se colocou firmemente entre os grandes pesquisadores e educadores psicoespirituais de nosso tempo – este livro pode descansar orgulhosamente na prateleira ao lado de títulos de Jean Shinoda Bolen, Marion Woodman e James Hillman. Com este trabalho, Brannen garante seu lugar – e o de Hécate – entre os melhores recursos para a cura sensível de traumas, e orientada espiritualmente, para nossos tempos."

– Carmen Spagnola, praticante de recuperação de trauma somático e autora de *The Spirited Kitchen*

"Cyndi Brannen nos leva a uma jornada da alma em seu livro Entrando na Caverna de Hécate. Neste tomo magistral, seguimos a orientação de Hécate enquanto olhamos para as nossas sombras, para que possamos transformar nosso espírito e entrar em nosso poder pessoal. Este livro nos fornece um mundo de informações e técnicas práticas que ajudarão o leitor a se conectar com Hécate e seus vários epítetos, cada um nos dando força para abraçar completamente nossa luz interior."

– Chris Allaun, autor de *A Guide of Spirits*

“Em Entrando na Caverna de Hécate, Cyndi Brannen oferece uma visão e abordagem únicas do trabalho espiritual necessário de cura da alma e de como se tornar um ser pleno. Ela não apenas consegue mostrar ao leitor os meios para fazer isso, mas também o faz de uma perspectiva distintamente ‘hecateana’. Na verdade, as orientações do livro remontam às experiências e à gnose que eu me submeti nos estágios iniciais do meu relacionamento de devoção à Hécate. Além dos limites da tradição ou da história, Brannen consegue se relacionar com a sabedoria antiga e a inovação moderna. Este livro será especialmente valioso para aqueles que se envolvem com sua espiritualidade a partir de um aspecto psicológico, embora quase todos sejam bem servidos pelo trabalho de Brannen.”

– Stefanos Chelydoreus, autor e criador de *The Greek Witch* e *The Equine Serpent*

“Com Entrando na Caverna de Hécate, Cyndi Brannen mais uma vez se mostrou uma professora, guia e sacerdotisa de desdobramento profundo. Este livro nos conduz pela parte mais essencial da jornada que todos devemos explorar se procurarmos nos curar por inteiro, de modo pleno. Passo a passo, Cyndi nos guia através da caverna de Hécate, recuperando as partes fragmentadas das almas, nosso poder integral e a capacidade de conhecer e entender intimamente a potência dos muitos aspectos de Hécate. Com as práticas rituais e sagradas, o leitor encontrará uma profunda transformação e cura em todas as páginas.”

– Elena Rego, criadora e proprietária do *The Witches Box* e do *The Holy Witch*

“Com uma voz poderosa, mas gentil, Cyndi Brannen deu aos devotos de Hécate uma ferramenta deslumbrante para explorar os mistérios da deusa a uma profundidade ainda maior. Sabedoria, beleza e força – todas são encontradas neste excelente livro.”

– Courtney Weber, autora de *Hécate: A deusa das bruxas*